博士林业文库

我国农村林业增长问题研究

谢 晨 著

中国林业出版社

图书在版编目（CIP）数据

我国农村林业增长问题研究/谢晨著. －北京：中国林业出版社，2009.4
（博士林业文库）
ISBN 978-7-5038-5568-9

Ⅰ. 我… Ⅱ. 谢… Ⅲ. 林业经济－经济发展－研究－中国
Ⅳ. F326.23

中国版本图书馆 CIP 数据核字（2009）第 041304 号

出版 中国林业出版社（100009 北京西城区刘海胡同 7 号）
网址 www.cfph.com.cn
E-mail forestbook@163.com **电话** 010－83222880
发行 中国林业出版社
印刷 北京林业大学印刷厂
版次 2009 年 4 月第 1 版
印次 2009 年 4 月第 1 次
开本 880mm×1230mm 1/32
印张 8.75
字数 270 千字
印数 1～1000 册
定价 45.00 元

序

经济增长是经济学永恒的主题。在我国集体林权改革不断走向深入的背景下，作者把这本研究农村林业增长问题的博士论文润色修改后正式出版，公开发行，具有特殊意义。

要想做出好的博士论文，首先要凝练出好的问题。农村林业是纯粹的森林采育问题，还是农民和农村发展问题？农村林业发展的源泉是什么？经历了同样的经济发展过程，为什么无林少林的山东、河北等地的农村在林权改革、林产品市场开放及林产工业发展等方面一直领先于森林资源丰富的南方集体林区？农村林业在城乡一体化过程中将扮演什么样的角色？是像传统乡村那样在工业化大潮中凋零、消失，还是像欧美发达国家那样成为国民的后花园和经济社会可持续发展的生态资源基础？

作者通过思索这些问题逐渐形成了分析农村林业的独特视角，建立了本书的理论分析框架，以及研究我国农村森林供给的宏观和微观理论模型，并出色地完成了以下几项工作：

第一，运用经济增长和农村发展理论，分析国内外农村林业发展的进程与趋势。总体而论，发达国家已经跃过资源陷阱，基本实现了森林资源利用与经济发展的良性循环，发展中国家仍处于保护与发展的两难困境，甚至面临着经济快速增长带来的大范围的生态退化。与这种状况相对应，最近30年一方面林业发展主题经历了从工业林业依次过渡到社会林业、环境林业、可持续经营林业的变化；另一方面，以林权改革为切入点改善森林治理结构，减缓林区贫困，成为发展中国家的林业发展主题。我国农村林业的发展状况与其他发展中国家有所不同，我国从20世纪70年代末就开始了大规模的森林生态恢复实践。这些实践活动是以农民放弃原有土地利用方式和收益为代价的，而农民没有义务为了顾全大局而无偿地提供生态公共品，所以，政府必须对他们的付出给予应有的补偿。

第二，运用理论模型和宏观、微观层面的数据，论证经济增长是农村林业发展的源泉。作者采用 1973 ~ 2004 年我国农村林业用地面积、生态林业投资、木材进口、人均 GDP 等时间序列数据，从宏观层面验证了经济增长是我国农村林业发展的源泉的命题。主要结论有四：①农村森林供给量增长的主要因素是国家增加林业生态投资和木材进口，前者增加了农村森林面积，后者通过减少国内森林消耗间接地增加了农村林地面积；②我国农村林业地域范围的扩展，包括宜林地造林引发的林地扩张，农林产品比较收益变化造成林作物对农作物替代引发的林地扩张，实施退耕还林工程引发的林地扩张和新农村建设中的乡村绿化引发的林地扩张，都与经济增长有关；③经济增长推动了森林需求的变化，推动了林业技术进步，推动了农村林业的诱致性制度变迁，推动了工业反哺林业、城市反哺林区的宏观政策环境的形成；④从短期和局部看制度创新能起到推动发展的作用，从长期看农村林业的制度创新内生于经济增长，即林业改革和政策出台源于经济增长对林业的需求。作者利用全国 220 个村 1986 – 2004 年的面板数据，从微观层面验证了经济增长是我国农村林业发展的源泉的命题。主要结论有四：①我国 20 多年的经济增长对改善村级森林供给施加了显著的正面影响；②林权制度改革有利于扩大林地面积；③我国农村林业用地的利用效率、经济产出与其占有的林地资源不相称；④森林丰富地区存在贫困陷阱。1986 ~ 2004 年，16 个林业收入比重最高的林业村，林业收入比重下降幅度最大，人均收入增长幅度都低于全国平均水平，说明只有森林资源而没有市场发育和经济发展，过度依赖森林的社区和农户的生计将落入“富裕的贫困”陷阱。

作者之所以要从宏观与微观两个层面论证这个观点的理由是：在经济增长和农村发展的框架下研究我国农村的森林供给，可以更清楚地把握宏观经济背景下我国农村林业发展的路径、机遇、潜力和制约因素，更妥善地处理好农村林业发展与农民收入、农村土地利用之间的关系，更有力地推动我国农村林业可持续发展。

第三，运用制度经济学理论与方法，论证制度创新是我国农村林业发展的另一个重要源泉。我国农村林业曾经有过重视森林资源总量、重视社会福利改善、重视国有部门利益而忽视农民集体和个体利益的政策取向。这种政策取向造成森林增加对林农收入增长的贡献甚微，森林生态状况改善与森林产业发展脱节，山权林权、林业税费等农村林业存量改革举步维艰等一系列问题。要扭转这种政策取向，必须建立有效的制度创新机制和政策激励机制，加速推进林权改革和林业税费改革，以消除阻碍农村林业发展的制度约束，扭转林地生产率低下的局面，提高林业对农民收入的贡献率，确保土地利用方式和农户生计朝着可持续的方向转变。我国是森林资源稀缺的国家，所以可以相信，农村和农民借助于速生丰产林、防护林体系、天然林资源保护和退耕还林等工程项目增加森林面积、蓄积，不仅会对我国生态环境的改善作出重大的贡献，而且会对农村社区和林农生计状况、农业生产环境和土地利用方式的改善作出重大的贡献。随着我国经济的继续发展，农村林业必将为我国生态环境的改善和国民尤其是农民生活质量的提高作出更大的贡献。这也是作者执着地研究农村地区森林供给问题的初衷。

第四，利用计量经济模型，分析要素和制度对农村林业发展的影响。作者利用林地供给、林业收入供给和林业劳动力供给三个方程，分析林业重点地区与全国村级层面上的差异，进而找出影响农村林业发展的各种因素的关系。研究结果表明，在这3个方程中，人口变量都显著为负，说明人口增长是制约我国农村林业发展的制约因素；农户承包经营林地变量在3个供给方程中都显著为正，说明林地权属的清晰和安全有助于促进农村林业增长；林地面积与园地面积呈显著负相关，说明林地与其他农地之间存在明显的替代关系。

第五，通过平原村、山区村和林业村的森林资源禀赋与经济改革发展的关系，验证了“资源的诅咒”假说，同时对我国无林少林的华北中原地区林业快速发展和南方重点林区林业发展滞后的现象给出了解释。

此外，书中的下列观点和政策建议也很精彩，值得把它们提出来与读者分享。第一，我国农村林业发展大都归功于经济体制改革和政策激励，但市场配置资源的力量日渐壮大。第二，虽然退耕还林等增量改革进展顺利，但森林权属、林业税费等存量改革进展缓慢；在增量改革不断出台的背景下，协调林业存量改革与林业增量改革的关系变得越来越重要了。第三，与木材产品相比，非木质林产品对农民收入和生计的贡献更大，这些活动必须纳入国家林业政策和发展规划之内。要通过应有的政策支持，提高我国非木质林产品的国际竞争力，带动国内非木质林产品的资源培育，扩大农村林业的就业。第四，生态恢复项目的实施将改变农村的土地利用结构，并影响农业生产和农民生计，所以生态恢复必须建立在国家、地方和国民尤其是农民可承受的基础之上，以确保森林生态项目具有可持续性。第五，农民在长期的林业生产实践中积累的植被恢复的经验往往具有成本低、效益高、实用性强的特征。这些经验在森林生态恢复实践中必须得到应有的重视。

我国的农村林业是"三位一体"的林业，既是林业生产问题，也是农民和农村发展问题，还是资源与环境问题，它承载着发展林业生产、增进农民福利和改善森林生态三重责任。作者对农村林业的这个定位是准确的。像中国这样的大国，无论发展到什么阶段，都会有一部分人口留在乡村继续从事农林业生产。让这部分人拥有更充分的就业机会、更稳定的收入预期、更满意的社会福利，更全面的发展能力，是确保我国农村与农林业持续发展、森林持续供给和森林生态供给总量持续增长的关键所在。因此在城乡建设一体化过程中，要预见全面小康社会建设目标实现后对农村林业的新需求，要为农村林业发展预留出足够的空间，要为更高水平的农村林业发展做出更加完善的政策设计。这些工作都做好了，我国农村发展的远景就会像发展经济学家梅尔和劳赫所描述的："让乡村具有经济上的生存能力，拥有更多的耕作用地，更高的农业生产力，更多的乡村工业以及更好的社会公益事业。"

这本书是作者对我国林业发展长期、深入和系统研究的记录，是作者3年攻读博士学位期间的学习、交流、思考的记录，也是作者展现自己学术造诣、政策水平和工作能力的纪录。虽然这本书在理论和方法上有某些不足，但总体上不失为一本好书。在该书出版之际，作为导师，写下以上表示赞许和肯定的话，是为序。

李　周

2009年3月

目　录

1 导　论

1.1　研究的背景

（1）森林过量消耗所带来的生态退化已经严重地影响了我国的经济社会可持续发展。生态状况局部改善、总体恶化的趋势没有得到根本改变。我国已成为世界上水土流失最严重的国家之一，水土流失面积已达到367.4万km^2，占国土面积的38.2%，2000年全国水土流失土壤接近60亿t。全国荒漠化总面积为262.2万km^2，占整个国土面积的27.3%，分布在全国30个省（自治区、直辖市）的841个县（旗），有近4亿人受到荒漠化的威胁和影响。我国的生物多样性正面临严重威胁，野生动植物栖息地破坏、湿地干枯及污染、自然保护区被蚕食等情况十分严重（中国可持续发展林业战略研究项目组，2002）；我国森林资源总量不足，资源利用率低。目前我国森林面积、活立木总蓄积量和森林覆盖率分别达到17490.92万hm^2、136.18亿m^3和18.21%，人均占有森林面积和蓄积量分别只有世界人均水平的15%和12%，森林覆盖率也只有世界平均水平的一半强，森林资源总量不足和结构不合理的问题十分突出（中国可持续发展林业战略研究项目组，2002）；由于国内森林资源远远不能满足市场需要，我国木材及其制品的进口不断增加，尤其是1998年实施天然林资源保护工程后，我国已成为世界上最大的木材进口国，2005年我国的木材进口量已达10027万m^3，木材对外依存度从1985年的10%增加到2005年的30.3%，在最高年份的2002年，木材对外依存度曾达到39.3%。

（2）农村和农民已成为我国重要的森林资源、林产品和森林生态供给者。据全国第六次森林资源清查，我国农村地区林业用地面积16987.7万hm^2，占全国的60.1%，活立木蓄积435177.0万m^3，占全国的32.0%；农村地区森林面积9885.5万hm^2，经济林面积2029.9万hm^2，竹林面积452.3万hm^2，人工林面积2448.3万hm^2，分别占全国的58.5%、94.9%、93.4%和46.0%，森林资源总量占全国的一半以上，经济林和竹林资源占全国的绝大多数。2004年，乡村木材产量2459万m^3，占全国商品材产量的50%以上。纵观世界发展中国家，农户是与环境最接近的人群，是农村生态系统的直接使用者和管理者，农村人口的土地利用决策和许多环境与发展问题相关，在经济发展与生态改善的交互进程中，他们在保护和可持续利用土地、水和森林方面有广泛的潜力。为了改变生态环境日益恶化的趋势，增加森林面积、扩大林产品和森林环境的供给，我国政府实施了许多大型森林生态恢复和保护项目。从20世纪80年代的三北防护林工程，到目前的天然林资源保护工程、退耕还林工程以及京津风沙源治理工程等。这些森林生态工程的规模、政府投资及影响在我国森林生态恢复史上是空前的。这些森林生态工程的突出特点是农户的广泛参与，其中，退耕还林工程涉及全国25个省（自治区、直辖市）的1897个县，2万多个乡（镇），10万多个村，涉及2000多万农户9700多万农民。

（3）农村林业改革不断地推动农村地区的林业发展。从不同地区的林业发展情况看，自20世纪80年代初农村实行家庭联产承包责任制以来，传统的南方集体林区改革滞后，林业发展缓慢，以华北平原为代表的无林少林地区在林业改革、林木资源增长以及林产加工业的发展方面远远领先于森林资源丰富地区，2006年，华北平原4省的人造板产量已占全国的50%以上。自2003年以来，以福建、江西为首的南方集体林区又开始了第二轮林权改革，制度创新将怎样再次激活农村林业发展成为关注的焦点。

（4）从全球看，人口增长对森林资源的压力仍然存在，但发达国家已经出现了耕地向林地的逆转，表明人类发展进入了一个新阶段。热带国家尤其是热带非洲国家和南美洲农用地向林地的扩展还在继续，根据联合国粮农组织预测，到2010年，除我国以外的发展中国家的农业用地面积将需要增加7.6亿~8.5亿hm^2，才能满足粮食的需要。发达国家以及东亚的韩国、马来西亚以及我国已经出现了退耕还林的趋势，发达国家已经打破了资源陷阱，实现了森林资源总量长期稳定增长，森林资源的利用方向更多地转向文化、历史、精神和科学价值。

（5）对人口、资源和环境问题的共同关注，推动了森林资源可持续利用的进程。世界森林面积总体仍在下降，但下降的幅度明显放缓，改变世界森林资源总量格局的主要力量一是欧洲、北美地区以及新西兰、澳大利亚和日本这些经济发达地区，这些地区自第二次世界大战结束后，就开始了大规模的植树造林，到了20世纪80年代，这些地区的森林资源都已实现了恢复性增长。另一个增加全球森林资源的重要力量是以中国、印度为首的经济快速发展国家，这些国家自20世纪90年代以来开始了大规模的植树造林，2005年同2000年相比，亚洲地区的森林面积首次出现100万 hm^2 的增长，主要归功于这些国家快速发展的人工林。

1.2 问题的提出

（1）一国农村地区林业发展的根源是什么？是经济增长还是制度创新？在不同的发展阶段，制度创新和经济增长对农村林业发展的作用是否不同？作为市场转轨国家，到目前为止，我国农村林业发展的动力大多归功于经济体制改革和政策激励方面，经济增长的作用是什么？是推动还是阻碍了我国农村地区的林业发展？是什么力量使中国在经济发展不到30年的时间内实现大范围的从毁林开荒到退耕还林的历史转变？

（2）经历了同样的经济发展过程，为什么我国农村地区的林业发展出现巨大的地区差异？无林少林的山东、河北等地在林权改革路径、市场开放程度以及农村林产工业发展等许多方面一直领先于森林资源丰富的南方集体林区，原因何在？资源的丰裕度也会造成发展的差异？“资源的诅咒”这个发展经济学的经典命题在市场转轨国家是否有不同的传导机制？

（3）从毁林开荒到退耕还林是否意味着我国农村地区的林业发展已经从总体上跨到了环境库兹涅茨曲线的右段？农村地区的生态造林不仅提供外部生态效益，而且也可以改善当地的农业生产环境，扩大农地生产可能性边界，但农户为什么没有自主造生态林的动机和行为？是贫困的原因还是缺乏政策激励？

（4）作为发展中的农业人口大国，农村林业的发展是否有特别的意义？农村林业发展不仅能增加我国森林资源、林产品和森林生态供给总量，而且可以增进林业生产者的福利水平（就业、收入和良好的生活环境）。退耕还林工程是我国数千年农耕文明的一个转折点，是经济增长反哺环境的重要开端，在这个过程中考察农村土地由毁林开荒到退耕还林的转变及其结果是有意义的。从木材生产的角度看，农村林业不是我国林业生产的重点地区，但退耕还林等森林生态工程将农村林业推到了当前我国林业发展的前沿，使我国林业进入与农村发展相互影响最深刻的时期。

（5）我国农村林业发展的长期预期是什么？能否实现森林资源从生计、产品利用向主要生态保护和城乡居民未来高质量生活的资源基础转变？如果能够实现这种转变，需要做什么准备？或适应这种转变，需要怎样调整目前的农村林业发展路径？

（6）我国农村地区林业发展的理论支撑是什么？存在不存在一般规律？我国农村林业问题的研究一直是孤立的，就林业论林业。事实上，林木占有的土地具有潜在价值，土地的利用有机会成本问题，受政策和市场的影响农村地区的农地和林地一直在转换之中，农村林业的发展与此紧密相关，但没有引起重视。

发展不足是生态破坏的根源，也使森林丰富地区落入贫困陷阱。因此，在经济增长、农村发展和制度创新的框架下研究我国农村地区的森林供给问题，可以清楚地把握宏观经济背景下我国农村林业发展的路径、机遇、潜力和制约因素，确定农村林业发展与农业、农村土地利用之间的相互联系，避免资源利用冲突，推动我国农村地区林业的可持续发展。

1.3 选题的意义

森林资源短缺及其造成的生态退化问题是近年来我国经济社会可持续发展的重大问题，国家投入巨额资金推动六大林业重点工程建设，目标就是提高我国森林资源的供给总量，解决林产品短缺问题，扭转日益恶化的生态环境；农村是我国森林资源和林产品供给的主要地区，也是生态退化危害严重地区。退耕还林工程的实施使我国的农民和农村成为我国历史上最大规模的森林生态供给的主要实施者和地区，因此，农村林业问题既是生产问题，也是资源与环境问题，还是发展问题，即贫困与收入增长问题；发展不足既是生态退化的根源，也使森林丰富地区落入贫困陷阱；我国经济发展对森林的需求日益增加和多元，但森林供给缺口巨大。因此，在当前社会主义新农村建设的形势下，运用工业反哺农业、城市反哺农村的有利时机，积极推动农村林业的增量改革，化解旧体制的矛盾，增加农村地区森林资源、林产品和森林生态供给总量，具有重要的理论和现实意义。

1.4 研究方法与创新

1.4.1 研究方法

本书试图在经济增长、农村发展和制度创新的框架下，研究新中国成立以来，尤其是改革开放以来我国农村地区的森林供给问题。本书的理论基础、历史回顾以及实证研究都围绕这一框架而展开。本书认为1978 年实施改革开放政策、逐步实现从计划经济向市场经济的转轨之后，制度和政策就成为经济增长的内生变量，因此，在本书中，制度经济学不作为与经济增长和农村发展并行的理论基础进行阐述，但在实证分析中，制度创新将作为解释变量。

本研究的方法包括 3 种：一是建立理论框架，包括经济增长和农村发展理论。二是历史回顾和文献综述，包括对国内外相关研究的总结和归纳，以及通过查阅林业志等史料，总结新中国成立以来我国农村林业生产和生态恢复实践。三是实证分析。实证分析分为两个部分：第一部分是检验经济增长对农村林业发展的作用，用 1984 ~ 2004 年间我国农村林业用地面积、木材进口、林业生态投资等时间序列数据，验证经济增长对我国农村地区林地供给的宏观实证模型，用全国 220 个行政村1986 ~ 2004 年农地、农林业生产和收入以及农村劳动力等方面的面板数据，采用多元回归分析，估计经济增长、制度创新、农村发展对村级林地、林业收入和林业劳动力供给的影响。第二部分是检验制度供给的决定因素以及制度创新对农村林业发展的作用，在220个村中，找出华北平原村、山区村和林业村，研究不同森林资源禀赋条件下的农村林业改革途径选择及其作用机理。本研究的技术路线如图1-1。

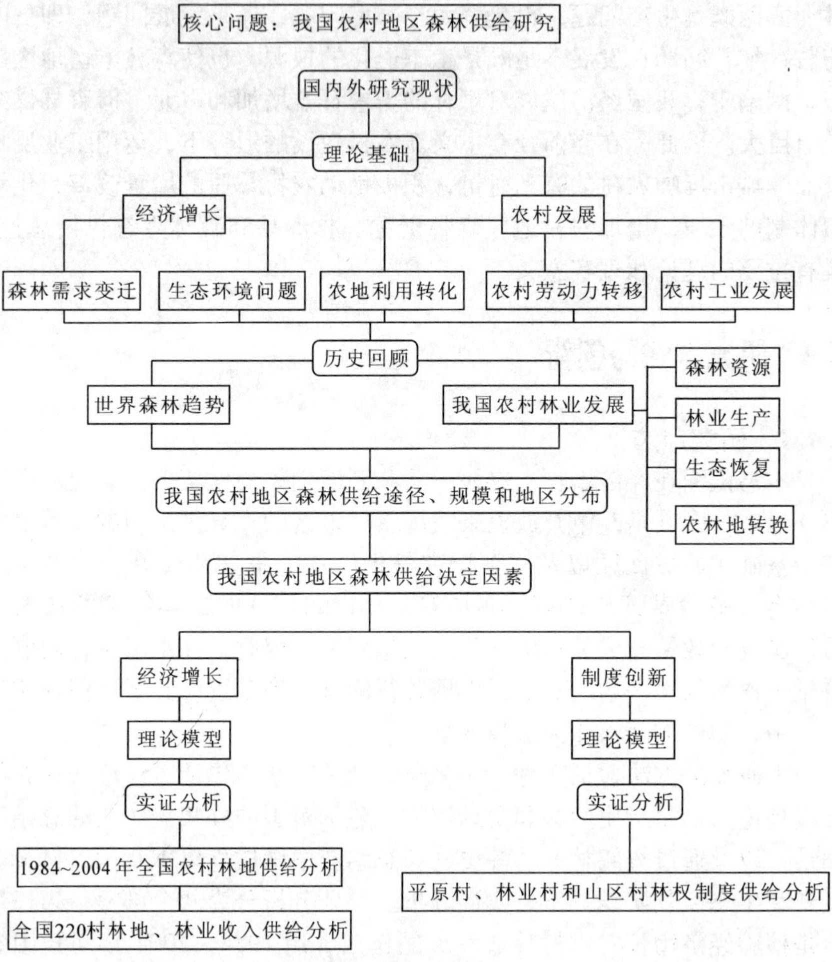

图1-1 研究的技术路线

1.4.2 创新与不足

本研究的创新之处：

（1）首次在经济增长和农村发展的理论框架下研究我国农村地区

的森林问题，建立经济增长与我国农村地区森林供给的宏观和微观理论模型。

（2）采用1973～2004年间我国农村地区林业用地面积、生态林业投资、木材进口、人均GDP等时间序列数据量化经济增长与我国农村地区森林资源供给之间的宏观关系；采用1986～2004年期间我国220个行政村的林地、林业收入和林业劳动力方面的面板数据量化经济增长和体制创新与我国农村地区森林供给之间的微观关系。

（3）首次采用计量经济方法验证了“资源的诅咒”在市场转轨国家新的作用机理，指出森林资源禀赋成为转轨成本，导致我国南方集体林区的林业改革和发展滞后于华北平原地区。

（4）首次运用森林供给概念研究我国农村地区的林地、林业收入和劳动力问题，将农村地区的森林供给分为地方森林供给和外部森林供给，为今后制定农村林业产业和生态政策提供借鉴。

（5）按经济发展的进程对农村进行分区，突破了以往按森林资源状况进行分区的方法，可以较清楚地看到经济增长和体制改革对农村林业发展影响的地区差异。

本研究的不足之处：

（1）首次在森林供给的概念下整合我国的农村林业发展问题，研究的框架和内容设计尚欠成熟。

（2）改革开放前的我国林业重点是国有林区和国有林业企业，因此，到目前的林业统计体系基本是建立在国有林和林业系统基础上的，近几年，随着退耕还林等涉及农村发展的工程的实施，有关农村林业的资料数据开始增加，但指标很少。能够反映全国范围农村林业发展的年度系列数据寥寥无几，这给本研究造成很大的数据支持障碍。

（3）作者对计量经济方法的使用尚不十分熟练，实证分析部分只是初步地建立了森林供给与其他解释变量的关系。

2

国内外农村林业增长研究进展

2.1 经济增长与森林供给

对经济增长与森林供给的密切关注应当是从20世纪70年代热带毁林问题出现后开始的。经济增长在发达国家工业化初期曾造成森林资源的急剧下降，但第二次世界大战结束后，大多数发达国家都相继实现了森林资源的恢复性增长，突破了资源陷阱，因此，经济增长对森林供给的研究多在经济增长造成森林破坏的发展中国家展开。经济增长究竟是推动还是限制森林供给是争论的焦点。

Demurger和Yang用25个省（自治区、直辖市）1984~2001年的数据研究了在经济快速增长下我国农村造林的激励因素。他们发现在我国的农村地区，收入增长对造林没有明显的激励作用，他们的研究证明了经济动机在造林决策中的重要性，追求经济利益是植树造林最关键的因素，农户的造林决策是在权衡了农业和林业的比较利益以及它们的风险后做出的。同时，造林也是投资，这个投资决策受到土地压力和农户财产两方面的重要影响。他们还发现林产品价格相对于农产品价格的提高、农业生产和价格风险的加大等因素提高了土地用于林地的比例。农户财产增加有利于造林。农村人口对土地的压力不利于造林，但改进土地质量和农业生产力可以减轻人口对土地的压力。

Foster和Rosenzweig对58个发展中国家经济增长与森林覆盖率增加的研究中发现，收入和人口增长对林产品需求的增加是森林增长的决定因素，在开放经济下，经济增长和森林覆盖率变化之间没有明显的联系，在封闭经济中，收入增长对林地面积增加有明显的正相关关系。他们对印度经济增长与森林覆盖率增加的研究表明，收入增长诱致的林产品需求增加与造林面积呈明显的正相关关系，但如果没有利润驱动，收入增长不一定带来对以环境保护为目的的造林需求，也就不会增加森林供给。他们的研究还发现农业生产力的提高，没有通过减少农业用地的扩张或增加就业机会将伐木者转移出去而增加林地面积，相反，由于农产品相对的可贸易性，农业生产力的提高会对增加森林覆盖有负面作用。

Deacon（1994）用120个国家的数据验证毁林与人口压力、收入增长和不安全林地权属之间的关系，他发现人口压力和不安全权属是毁林的主要因素，经济增长与毁林的关系不显著。

田宝强和关萍（1995）是国内最早尝试测度林业经济增长因素的学者，由于当时计量水平的限制，他们仅计算出了森工和营林投入与林业产值的相关系数。

王会兰和刘俊昌（2003）利用计量经济学方法对改革开放以来我国森林覆盖率变动的因素进行了分析，对我国大陆的30个省（自治区、直辖市）按照东部、中部和西部的行政区划，分别考察了森林覆盖率的影响因素及程度。他们发现国民生产总值是影响森林覆盖率的重要因素。对于东部经济发达的地区来说，国民生产总值的增加是以消耗森林资源为代价的。但是对于中部地区来说，经济的增长促进了森林覆盖率的提高，因而模型结果表现出来的是国民生产总值与森林覆盖率呈正相关的关系。国民生产总值对西部影响不显著，这表明西部经济的发展还没有带动对森林资源的保护。

森林供给研究最早源于经济学供给与需求理论，立木供给是研究的核心问题；经济增长对木材需求的增加引发了木材供给问题的研究，研究的重点包括国内木材供给和供给弹性的测定等；资源与环境问题出现后，特别是热带地区大规模毁林问题的出现和迟迟得不到解决，使林地和森林环境服务供给问题受到重视；当制度和政策因素被用于解释林业发展问题时，森林供给成为林业政策分析的理论框架。至此，森林供给内涵从经济学的核心的产品供给问题延伸到资源环境及制度经济学领域。森林供给研究对于像我国这样森林资源短缺、生态问题严重以及经济转型的国家来讲，提供了一个将新古典经济理论与改革、发展实践相结合的理论框架，易于建立实证模型并进行检验，可以作为长期林业政策分析模型。森林供给的内涵应当包括立木、木材及林产品、林地和森林生态供给等方面。

格雷戈里（1985）用严格的经济学方法研究了木材供给问题，他指出木材供给的决定因素包括立木价格、采运成本等，他发现了地理位置对木材供给的影响，他还以美国为例指出公有林木材供给与私有林木材供给的差异，私有林木材供给主要由价格和成本决定，公有林因为承担生态保护任务，有可采量限制，在可采量范围内，公有林木材供给完全弹性，在可采量外完全无弹性。20 世纪 80 年代末由于进口材增加，木材价格低落，日本林业经营者的立木供给行为发生变化，出现立木即使到了采伐期也不采伐，而是在观察木材价格动向的同时，把立木作为资产保存起来的现象。土田志郎（1990）为此研究了立木作为资产的供给问题，他发现立木供给受过去的造林、育林费用的影响较小，而受现在时点的可采立木蓄积量、立木价格以及将来时点的预期立木价格，特别是采伐迹地更新、营林费用等因素的影响较大。Krutilla，Xu，Barnes 和 Hyde（2000）通过 8 个发展中国家的案例，研究了不同地理区位的林木与经济供给之间的关系，他们的研究证实了屠能的森林供给区位理论，即距离市场越远，木材的有效供给越下降。研究的政策意义在于告诉决策者远离市场的森林采伐和环境服务供给，往往成本大于收益，但大多数国家都忽视了这一点，在不可及的林地投入了大量生产和保护投资。

侯知正（1985）和刘晓丽（1989）是我国较早研究木材供需问题的学者，他们分析了我国 1949 ~ 1989 年木材供应结构和产品结构，指出我国木材供需的特点：一是木材供给缺口很大，表现为数量失衡；二是现有木材利用率低，产品加工层次不高，品种、规格及质量等不能适应社会的需求，表现为结构失衡。他们还提出了解决我国木材供给不足的途径，其中最重要的是发展速生丰产林。随着我国对外开放程度的不断加大，进口木材成为我国木材供给总量中的重要组成部分，一些学者开始将进口木材作为国内木材供给总量的一部分（中国木材市场供需研究课题组，1999）。由于有森林资源采伐限额的限制，加之近年来实施的一系列森林生态保护政策，如天然林禁伐等，我国国内的木材供给总量基本上无弹性，尽管在局部地区存在随价格变动的木材供给。由于没有计划外采伐的准确资料，国内木材供给总量实际上是根据计划内木材产量和全国木材消耗量推测出来，没有国内木材供给总量的准确数据。因此，自20世纪90年代后期起，我国木材供给的研究基本上就停留在供给总量的研究上，全国和各地区木材供给弹性研究没有进展。尹润生（2000）通过比较我国华北平原地区和南方集体林区林业改革的进展发现，实施家庭联产承包责任制后，华北平原地区的林业发展要好于南方集体林区，他认为其中的差异在于华北平原地区改革政策的执行要好于南方集体林区。在研究中，他建立了这两个地区1978～1989年森林生产供给模型，在模型中，家庭承包林地比例和木材价格作为政策解释变量，被解释变量是立木蓄积量/林地面积，尹润生的研究首次将政策变量作为森林供给的量化因素，但他没有解释这两个地区选择不同改革路径的原因。

2.2 农地利用与农村土地利用转换

国外对发展中国家森林问题的研究大量地集中在热带毁林问题以及农业土地的扩张上，对相反的研究——森林植被恢复的研究关注较少。

Barbier（2003）对发展中国家农业土地扩张和热带毁林的研究发现，许多中低收入国家的土地利用正在发生剧烈变化，大量的林地、疏林地和其他自然资源被开垦成耕地和其他基于土地的发展项目。在世界所有的热带地区，毁林是农业土地扩张的主要原因。

Barbier 和 Burgess 在对墨西哥毁林的经济分析研究中运用农地边界作为分析的理论框架，通过1970～1985年间农地面积和牛养殖头数的变化，研究毁林开荒的决定因素。他们发现玉米和化肥的价格是农地扩张和毁林的重要因素，牛肉价格和信贷影响牛的数量，人口增长影响牲畜数量和农业生产的扩张，人均收入与牛数量的增加成正相关。

Barbier 和 Burgess 在他们对热带林地利用选择的经济学研究中发现热带毁林的特征是林地开垦为其他土地利用，主要是耕地，认为这需要建立热带林地与其他竞争用地的优化土地配置决策。因此，他们提出了在林分和森林水平上的木材和农产品最优土地利用规则，并建立了森林水平上的优化林地转农地的 Complementary Intertemporal 模型。

Lubowski, Plantinga 和 Stavins（2003）用计量经济分析方法研究了美国48 个州耕地、林地、草地、牧场、城市用地以及保护地计划（conservation reserve program）等6 种土地利用变化。他们用 nested logit specification 估计这 6 种土地利用变化在 3 个时期（1982～1987 年，1987～1992 年和 1992～1997 年）的转换参数，计量分析结果表明经济收益以及政府政策是土地利用变化最重要的驱动因子，并将继续影响全国未来的土地利用变化。关于林地变化，他们的研究表明，木材利润的提高是 1982～1997 年林地面积增长最重要的因素，还发现农作物利润的下降也是影响这一时期林地面积的重要因素之一，因此得出结论，增加林业净收益的政策如对碳汇的支付将非常有利于增加林地面积。他们的研究还表明，城市用地净收益的提高对增加林地面积不利。

Babiar（1998）认为在发展中国家，土地退化和毁林是交织在一起的，许多退化的或边际农耕地是毁林开垦得来的，同样地，许多农村贫困农户在林缘地区寻找新土地的时候，退化的耕地将会被弃耕。在所有发展中国家，农户的土地利用决策是许多尖锐的环境和发展问题的关键。

国内研究初期集中在农地利用定义和变迁方式上。随着生态环境的恶化，西北地区的土地利用变化成为研究重点，研究较多的包括西北农牧交错地区的土地利用以及退耕还林带来的土地利用变化等；近年来，东部经济快速增长地区的土地利用变化受到关注，耕地大幅度减少以及对粮食安全问题的担忧，引起了全国范围内对长期耕地利用变化的研究，GIS 等信息技术引入到土地利用变化中来；农户层次上的土地利用行为近年来也成为焦点。

温亚利和陈丽荣（2002）从农林用地配置效益的角度分析了退耕还经济/用材林和还生态林对农户收益的理论影响。

刘成武和李秀彬（2005）较清晰地定义了农地范围。一般来讲，凡供农业生产用的土地均可称为农地（agricultural land）。由于农业生产的意义有广义与狭义之分，所以农地一词也有广义与狭义之别。广义的农地包括耕地、园地、牧地、草地与林地等，狭义的农地则专指耕地（cultivitied land）一项。但依照一般国家的统计惯例，大多将林地与渔业用地列在农地的范围之外。如德国、美国、英国、法国与日本等国家农业统计年报或统计年鉴所指的农地，均指耕地与牧地二项而言。根据国家土地管理局 1996 年进行的全国土地资源详查及其分类系统，我国农地类型主要涵盖耕地、园地、林地与草地；但 2001 年国土资源部在调整土地分类体系时，在保持原有农地类型不变的情况下，新增了以农田水利用地与水产养殖水面为主要内涵的（其他农用地）类型。

赵敏娟（2002）将我国西部地区农村资源的利用方式变迁分为四个阶段：第一阶段是传统大规模粗放型利用方式阶段（新中国成立至 20 世纪 50 年代末）。这一时期以大规模屯田开发为代表。第二阶段为人工传统掠夺式利用方式阶段（20 世纪 50 年代末至 70 年代末）。受人口激增的压力、科技落后的制约和政策偏颇的影响，这一时期农村资源的利用是以人工投入为介质的传统掠夺式利用。一是滥垦并导致了严重的沙化，从 20 世纪 50 年代初至 70 年代末，草场面积的减少幅度分别是：新疆为 64.9%，青海为 61.1%，甘肃为 65.5%；二是只垦不养，土地退化；三是地表植被破坏殆尽。第三阶段为依赖“非良性”投入的掠夺式利用方式阶段（20 世纪 80 年代初至 90 年代），这一时期，农村经济体制改革，使农村资源配置主体的独立地位迅速膨胀，与此同时并没有与之相配套的、系统的资源管理制度的变革。由于农村资源制度滞后，形成了资源产权虚置的局面和利用过度、轻视资源的长远收益的资源利用特征。第四阶段是工业化倾斜利用方式阶段（20 世纪 80 年代中后期以来）。20 世纪 80 年代中期以后大量乡镇企业应运而生。在农村产业的选择和调整中，受经济目标的驱使，经济迅速增长型产业成为重点选择对象，而忽视了这些产业对农村自然资源、环境资源乃至人力资源造成的破坏。

海春兴等（2002）对农牧交错带典型地段河北省坝上张北县土地沙化因素分析后，发现影响土壤风烛和土地沙化的主要自然因素是冬季平均气温和降水量，而并非年降水量和年平均气温。人类活动只是在气候变化的背景上，加速或减缓土壤风烛和土地沙化过程。根据冬季平均气温和降水量的变化，人类可适当调整农业生产结构和生产方式，以减轻土壤风烛和土地沙化，实现农业的可持续发展。

刘新平和韩桐魁（2004）通过对干旱区农用地无节制扩张带来的

土地生态问题分析，认为新疆耕地面积近43年间有8%左右的增加，不是开荒的贡献，是节水技术以及农业科技进步促进土地集约利用的结果，也是以生态环境恶化为代价换来。

在某个区域范围内，如果地形、气候条件差异不大，农户行为是土地质量状况及其变化的最主要和最直接的影响因素。在市场经济环境下，农户生产决策（实质上是土地利用行为）是根据生产资料和农产品价格变动做出的，它以农户自身可能获得的经济效益为依据。其生产决策主要通过土地利用方式选择和经营投入行为，对土地质量和环境发生影响（欧阳进良等，2004）。

陈江龙等（2003）以经济发达地区江苏省江阴市为例，研究经济发达地区近期内可能的土地利用结构变化规律。结果发现经济发达地区土地利用结构变化存在着非农化趋势加快、农地数量减少加速的现象。如果为保证耕地的数量平衡，则可能导致农地内部结构极其不合理。他们提出适当释放农地，提高非农用地利用效率，重视耕地质量，改善生态环境的政策建议。

周青等（2004）得出了与陈江龙等人相似的结果，他们对无锡市3个分别代表农村、郊区和城镇的3个乡（镇）农地利用变化的研究，更进一步发现了农地利用变化的驱动因素，他们认为农地数量的变化与区域经济发展、城市化水平、农业集约化水平、城市（上海）辐射力以及耕地保护政策之间存在明显的关系，城市化水平越高，农地变动的速度和幅度就越大。

刘成武和李秀彬（2005）指出许多发达国家的土地利用历史表明，在工业化与城市化过程中，往往伴随着农地利用的边际化。我国正处在快速工业化和城市化的发展阶段，在农地利用过程中已经出现了“农地非农化进程加快、耕地面积持续递减、弃耕撂荒、劳动力资源从农村严重流失、东部沿海地区农业出现萎缩迹象等重大变化。

陈江龙等（2004）从比较优势的角度在理论上分析了土地资源空间效率配置与土地可持续利用的关系。通过计算省级区域建设用地和耕地产出效益发现：我国的土地利用效益存在明显的区域梯度差距，东部和西部地区在建设用地方面具有比较优势，而大部分中部地区则在农地利用方面具有比较优势。他们应用C-D生产函数测算了我国不同区域

1989~2001年农地非农化对区域经济增长的贡献率，发现东部地区农地非农化对经济增长的贡献率分别是中部地区的1.24倍，西部地区的1.39倍。文章据此对我国当前的土地利用政策进行了反思，认为当前耕地保护政策中的“耕地总量动态平衡”以及土地利用规划控制指标的分解方法没有考虑到区域的经济发展水平和自然资源禀赋，没有发挥土地利用的空间比较优势原则，并提出了基于空间效率差异的土地利用政策调整的思路。

王鹏等（2003）在分析区域农业产业结构调整与土地利用变化的相互作用机理的基础上，研究了江西省上饶县农业产业结构调整下土地利用变化的基本特征，他们发现，上饶县土地利用动态变化总体上具有农业型特点，在市场规律的作用下，单位土地面积的收益差距明显增大，导致农业内部耕地、园地、林地和水域之间的相互转换，耕地和园地变化幅度最大，林地变化幅度较小，林地减少的主要去向是园地；同时，由于农村工业化和城镇化的发展占用了大量的农用地，使得农用地尤其是耕地（水田）面积不断减少，农用地向建设用地转化。

马鹏红等（2004）在对农户水土保持投资行为的实证研究中发现，城市化、农地细碎化以及农户劳动力不足将减少农户对包括植树种草等水土保持的投资。

2.3　我国农村林业发展与相关林业政策

2.3.1　南方集体林区的林权研究

南方集体林区的林权改革是我国农村地区林业经济研究的重点。自20世纪80年代以来，林权改革的研究主要集中在林权改革变迁、改革的进展、影响以及改革的建议上。

郭正谟（1995）等指出林业产权制度要有利于林业生产专业化和形成规模经营，过去硬套耕地大包干形式按人头平均分配集体林地，使林地分散细化、界线不清、盗伐严重、山林纠纷多、农民缺乏稳定安全感，这不是林业经营的较好模式。关于林业产权制度建设的方向。他们提出三种模式：①认为我国林业产权制度建设应当适应社会主义市场经济发展，实行林地、林木资源的优化配置，应按照“林业分工论”将森林按经营目的划分为“生态公益林”和“商品林”两大类，分别给予指导和管理，从而理顺林业的产权制度及政策、法规。②认为应依照马克思的地租理论，使林业资源商品化，实现林权有序的合理流动和生产要素的最佳组合，走林业规模经营的道路。集体林地产权制度要体现出农民对林地使用权，应按照马克思“共有制”的思想，通过明确加入“共有制”实体的成员都拥有公有林地的一定份额，使劳动者成为生产资料的共同主人，为股份制经营提供经济基础。③认为林业产权制度也可考虑为建立国有、公有、私有和以公有为基础的权属结构制度。应修改《中华人民共和国森林法》（以下简称《森林法》），改全民所有（实际上是国有）中一部分林地为省、县、乡（镇）公有制；对已明确为农民自留山的划为私有制。国有林属中央，公有林分属省、地、县、乡等法人单位，私有林属农户个人。林业部门要按政企分开原则，建立各类股份公司、社会化服务公司，为林业进入市场经济开辟道路。

关于林权转让流动的意义与形式，他们提出三种形式。一种认为多年来我国实行山林权无偿、无期、无流转的制度，林权呆滞，是林业生产落后，林业发展滞后的重要原因。林业产权制度改革要适应市场经济的要求，必须尽快改变林权呆滞状态，使林业资源在流转中合理配置，同时也吸引更多的资金、技术、劳力等生产要素投入到林业产业化生产经营中来。林权中除林地所有权外，都可以通过市场转让和出售。当前除某些荒山可实行无偿划给使用权外，都应实行有偿转让。林权流转包括林地和林木权属的流转。具体形式包括租赁、赠与、合股经营、承包经营、拍卖等多种形式。林权转让要打破行政界限、部门界限，允许使用权等再转让。还认为林权流转在许多情况下与林业生产客观要求的林权稳定有矛盾，与现行政策也有某些抵触。第二种观点认为在当前市场经济发育不足、市场规则不健全的情况下，可能形成垄断、投机、炒卖等现象。由于林地、林木拍卖掌握在少数干部手中，当地农民如何从林权流转中获益还需要有相应的制度保障。第三种观点认为在一些贫困地区，林权转让可能造成当地贫困农民进一步失去生存的资源条件，这与扶贫目标和“社会林业”宗旨相违背，这些都应当加以考虑。

陈根长（1985）曾对湖南怀化地区的会同、靖县、沅陵、辰溪、麻阳五县百村 1.75 万户进行林业“三定”结果调查，他发现，自 1981

年以来，自留山、责任山、统管山造林进度不快。帅宗和，张国民等（1994）调查了贵州省黔东南16县（市）中出现了14个宗森林产权有偿转让，发现林木转让主要发生在集体和私人个体。1988年，福建省林业厅政研室组织开展了200例中幼林转让调查，发现主要的买主是集体和林业部门。白建信等（1994）研究了1992年到1993年底，陕西省吕梁地区“四荒”拍卖问题，他们发现，“四荒”拍卖治理面积大大低于预期。孔繁文等（1999）阐述了我国南方集体林区的从林业“三定”、活立木拍卖、“四荒”拍卖、林业大户的出现等林权改革变迁。程云行（2005）提出集体林区林权改革的三方面内容：一是稳定集体林权，稳定所有权就是不要随意改变林地的集体所有制，林地的集体所有权应受到法律的保护，其理由是林业具有的生态和经济双重功效的特性，林业的产权必须体现国家意志。二是在稳定集体林权的基础上采取家庭经营形式，强化使用权、收益权及转让权，并把使用权上升为物权。为此，必须从产权制度角度重构集体林区的微观经济组织。在坚持公有制的基础上，针对目前集体林地产权制度的缺陷进行改革，把被侵占的林地权利归还给林农，确立家庭经营模式，使林业生产者拥有较完整的产权，并以对自身利益的追求促进林业的发展。因此，强化林地使用权，并将其物权化，创立具有私人产权性质的林地使用权成为林地产权制度改革的理想选择。三是坚持分山到户为基础，创新林地产权制度的次生制度安排，即通过合约方式/市场方式实现林地制度变迁，如建立股份合作林场、林地使用权拍卖等制度，改变农户分散经营存在的管护难、经营难，林地生产力低等问题。文中，他举了湖南省怀化地区集体林权改革在分林到户后，实行股份合作制林场的成功经验。但实际上，湖南怀化地区的林业股份制改革恰恰不是市场交易而是市政府安排的结果，使“林业股份制”成为一些地方林业的一大浩劫，其引起的乱砍滥伐森林数量仅次于“大跃进”（黄福源，1994）。黄少安等（2005）运用计量和统计分析的方法，对1949～1978年我国大陆农业生产效率进行实证分析，他们发现在不同的土地产权制度下，所激励的生产要素投入量不同，从而农业总产出有较大不同；在投入相同的生产要素和政策要素下，农业的产出也有不同。综合比较后认为：所有权农民私有、合作或适度统一经营，是相对较好的制度，因为在这种制度下，能较大程度地激励各生产要素的投入，土地和劳动等要素的利用率也较高，从而使农业总产值高速而稳定增长。

2.3.2 林业税费

有关林业税费负担的研究自20世纪80年代初林业实行改革开放政策就开始了，研究的主要内容包括税费的种类、标准、税费的组成、税费的成因、对林业生产和地方经济的影响以及减轻林业税费负担的建议等（徐晋涛等，1987；侯知正，1993；国家林业局经济发展研究中心课题组，1999；张晓静，2000）。孔凡斌（2003）认为我国南方农村林区的林农负担问题由来已久，但真正成为林农与农村社会问题则开始于20世纪80年代后期的南方集体林区全面改革。进入90年代，林业与林农社会负担问题显得更加严重，制约林业发展的力量超过80年代初期南方农村林业“三定”政策对林业发展的推动力，严重束缚着林业的可持续发展。他认为同农业和农民问题一样，林业税费负担的产生和发展既有二元经济格局的历史原因，也有财政、公共产品分配等体制原因，也有政策原因，因此，林业和林农负担问题是多种社会、经济和政治因素交织的结果。近两年，一些学者开始从公共财政和制度经济学的角度分析我国的林业税费问题，田明华（2002）运用经济学的基本工具——供给和需求曲线，以商品林为研究对象，探讨了林业税费的作用机理和内涵。由于林业税费属于公共财政体制问题，减轻税费负担的决策力量在林业范围之外，国家的经济实力、公共财政体制改革的进展决定了林业税费问题解决的时间表。因此，尽管有大量关于此方面的研究，但没有太多的突破和进展。2003年起福建和江西启动的林权改革，开始真正触动林业税费问题。2006年全国取消农业税，对木竹征收多年的农林特产税也随之取消。

2.3.3 森林生态效益补偿基金政策

杨湘洪在1991年就提出了生态林业的经济补偿机制问题，他以马克思的价值理论为基础，根据当时我国三北防护林资金短缺以及国营生态林场的困境，提出了外部和内部两种森林生态效益补偿途径，外部补偿途径包括：把生态林的生产和再生产资金纳入国民收入再分配之中。国家作为整个社会受益者的代表，对关系国家全局的生态林业工程建设所需资金，不仅需纳入国家预算，并应以无偿的、连续的、无盈利的投资形式实现生态林的价值补偿；征收森林生态补偿费；从森林旅游收入中划出一部分给有关林业部门；对以生态林建设为主开展多种经营的单位给予优惠政策。内部经济补偿能力指利用森林的资源优势，挖掘内部潜力，增强自身的再生产能力，如调整树种结构、开展林粮间作、森林旅游等，提高林业经营者的收益。杨湘洪的外部森林生态补偿设想，目前基本上都得到了实现。

温作民（2002）分析了森林生态税政策设计的前提，进行了诸种主要生态经济政策利弊的比较，认为森林生态税是一种兼有公正和效率的生态经济政策，探讨了森林生态税要素的设计、税收的归属，并对森林生态税制定的政策效应问题，诸如森林生态质量等级价格与差别税率、税负转移对国际贸易的影响，进行了较为系统的探讨。

姚顺波（2005）认为我国现行生态林业政策既不能有效刺激林农投资于造林营林，增加森林植被，也不能有效保护现有森林资源。其原因：一是现行森林资源保护制度不适应市场经济发展需要，现行森林资源保护制度是计划经济的产物，主要由森林限额采伐制度和采伐许可证制度构成，该政策与市场经济规则背道而驰。市场经济运行的条件是市场经济主体必须拥有对自己产品的处置权，而我国现行林业政策剥夺了林农对自己经营林木的处置权，降低了林农营林造林的积极性。二是林权权属支离破碎，我国森林资源绝大部分属国家和集体所有，但使用森林资源的权利一般由国有森林工业局、林场及乡村林场所享有。表面上看这种所有权与经营权分离适应了市场经济发展的需要，但正是这种林权权属的支离破碎导致了林业生产经营的无序与无奈。其次林农大多是承包经营，他们想从中获得经济利益，但林农的这种承包经营权缺乏强有力的法律保障，林业政策缺乏稳定性更是加剧了林农的担心和对林业政策的不信任。三是尚未建立森林生态效益补偿制度，西北地区林业是生态林业，其私人成本高于社会成本，存在正外部性。政府应通过使外部性内在化来纠正市场失灵，建立森林生态效益补偿机制以弥补由于私人成本高于社会成本而给林业经营者带来的经济损失。四是现行森林资源保护政策执行成本太高，森林面积大、执法人员多、技术复杂导致了政策执行成本高。加之执行过程中政策执行人与政策制定者的利益并非一致，即林业政策制定者代表国家整体利益，而林业政策执行者则代表行业、部门、地区乃至个人利益，使林业政策的制定者与执行者间出现利益的过滤机制。政策执行者往往以执行者利益损益值作为决策参数，得益越多，越乐于执行；反之受损越多，越不乐于执行，乃至抵制、变换，加上寻租现象的出现，往往使政策形同虚设。

2.3.4 退耕还林政策

退耕还林政策的实证研究目前仍集中在工程运行和社会经济影响评价方面，理论研究的领域主要用外部性理论、公共选择理论、博弈论等分析退耕还林工程中政府与农户的行为，国外退耕还林的经验主要集中在欧洲国家和美国，发展中国家的研究不多。

Francis S（1996）指出弃林耕农的实践将最终结束，原因是没有更多的林地可被移作农用，或者是农业利用土地的效率更高，这二种可能性的模式均已存在。发达国家通过工农业的技术进步生产出足够供其余部分人使用的食物，其余部分人为城镇区新兴工业和服务业所吸收。许多先前的农地已转为林地，对森林的压力已经缓解，结束采伐天然林或成熟林。这种土地利用方式在发展中国家也已出现，由于工业化，马来西亚经济结构已发生了很大的变化，以致在20世纪80年代末期，森林转化为农地几乎已结束。边远地区和弃耕地转为林地的活动进展良好，预计同样的变化在整个东亚实现工业化的过程中将会出现。

朱芬萌等（2004）总结了美国保护地计划（CRP）对农村经济的影响。CRP除了直接带来了环境的改善，也改变了农业结构，并反过来对农业环境有影响。据JJWUdeng研究，由于退耕引起粮食产量下降，从而粮价上升，农民又将一些原本休闲的土地用于农业生产，美国每退耕41hm^{2}耕地就有8hm^{2}的非耕地重新被用于农业生产，这分别抵消了因退耕而降低的水蚀和风蚀程度的9%和14%。Robbin Shoemaker的研究表明，CRP影响了土地价格，从而影响了地租水平，以致影响到农民对退耕补助的期望。PBSiegel等运用盈亏平衡分析研究了CRP对经济的综合影响，有利影响如娱乐经济活动增加，不利影响是服务类企业减少和农业就业率降低，并给出了盈亏平衡点所对应的补助水平和休闲消费水平。RJBeck等运用IMPLAN投入产出模型评价了CRP带给农村经济的得与失，说明项目实施增强了经济活力。Saltiel等研究认为，一些经济负面影响不是因为CRP，而是农业经济本身特性的变化。

有些研究对 CRP 持反对态度，JrForbes 等认为，参与 CRP 的大多数耕地都是完全可以进行农业生产的好地，将这些地退出农业生产，减少了农产品产量，影响了美国在国际市场的地位，并因为相关农业服务类企业的倒闭而威胁着农业城镇经济体系。Daniels 和 Parks 等认为，CRP 是一个成本高而持续期相对短的项目，其他同类项目比 CRP 更有效。Jim Sinner 通过成本分析，提倡实施保护性耕作项目（Conservation Compliance Program）。

在工程运行方面，徐晋涛等（2004）通过西部三省退耕还林地区进行的农户抽样调查数据，对退耕还林工程的成本有效性和工程在经济上的可持续性进行了评估。他们的研究发现工程有较高的瞄准率和较低的成本有效性，同时工程在促进农民增收和结构调整方面作用甚微，因此，其经济可持续性存在很大的疑问。张军连和陆诗雷（2002）认为退耕还林补贴政策的远期效益是将生产可能性边界外推，谢晨等(2003)、李燕凌（2004）等主要研究了退耕还林的政策执行和社会经济效益评价的理论、方法，提供了一些实证经验。

在退耕还林工程对农村社会经济的影响方面有大量实证研究。国家林业重点工程社会经济效益测报中心（2003/2004）对全国 100 个退耕还林县、100 个村、1200 个农户进行定点跟踪监测，全面系统地监测退耕还林的工程进展、政策执行情况，评价了工程对农村经济结构、农民收入、生态环境等方面的影响。林波、刘庆等（2002）对川西退耕还林的研究发现，由于区内人地矛盾突出，随着退耕还林工程的实施，造成了该地区林农、林牧、农牧关系紧张，阻碍了当地退耕还林工程的实施和农村经济的发展。他们发现川西地区农业（种植业）产值相对降低，林业和牧业产值逐渐增加，但变化幅度不大，表明退耕还林工程的实施在短期内并未给川西农村经济带来多大的变化，但从长远来看，这种影响又是深远的。支玲（2004）在对云南两个退耕还林县的社会影响研究中发现，退耕还林增加了土地生产率低的地区农户的收入，对贫困地区、偏僻山区而言，扶贫减困的作用相当明显。许多研究都提到退耕初步改善了地区的生态环境（国家林业局，2003/2004；支玲，2004；张会萍，2004）

在应用经济理论解释退耕还林政策方面，娄文龙和朱青（2004）

探讨了退耕还林中生态林产权缺失问题，分析了生态林产权缺失的理论根源是传统经济学在资源价值理论方面的缺陷，提出了生态林补偿的额度和途径。李文刚等（2005）用博弈论分析了退耕农户与政府在经济利益与生态效益方面的冲突，指出在政策的执行过程中，退耕还林政策执行的效率好坏与激励农户退耕还林的积极性息息相关，因此政府为追求生态环境的改善，应多从退耕农户的切身经济利益方面加以考虑。刘璠（2003）认为退耕还林工程是一个较为典型的奥尔森式的集体行为，直接涉及到中央政府、地方政府、农民三个不同利益群体之间的关系。该文运用奥尔森的集体行动逻辑理论，分析退耕还林的行为动因或称行动逻辑，通过成本—收益分析的方法寻找中央政府、地方政府及农民行为的经济动因，揭示退耕还林政策有效性和机制创新的理论基础及实现途径，提出建立健全生态效益补偿机制是保证退耕还林工程顺利进行的关键。

退耕与农户生计状况。龙花楼（2004）等以长江上游丘陵区重点水土流失区内的四川省中江县为例，提出坡耕地的治理应根据当地的综合社会经济实力区别对待：①实力较强的地区应以大规模地改造坡耕地（坡改梯）、建设基本农田为突破口，为解决粮食问题和实现陡坡地退耕创造条件，退耕还林还草应将经济效益、生态效益和社会效益融于一体；②实力一般的地区应结合坡耕地综合治理和基本农田建设，发展生态农业，逐步实施退耕还林；③实力较差的地区应注重陡坡耕地水土流失的防治和土地利用技术的应用，不宜近期退耕。

在土地利用方面。王继军（2003）对陕西安塞县纸坊沟流域的研究发现，通过退耕还林还草，流域土地资源实现了“因地制宜”，山坡地已全部退耕，不宜种粮地已还林还草，耕地、林地和草地土地利用结构由1958年的1∶0.08∶1演变到1985年的1∶0.5∶0.9，1990年的1∶0.9∶0.2，2002年1∶6.4∶3.9，林地和草地面积大幅度增加。张会萍（2004）认为退耕导致了相当大面积的耕地减少甚至无地可种，对退耕是否是持续的事业有疑问。

退耕的问题主要存在于工程执行中，从技术的角度看有林草问题，生态林与经济林比例问题，退耕地坡度问题等，退耕补助标准及其发放形势也是关注的重点，张会萍提出补助的不确定性，补助标准的不公平性，补助结束后的农户生计问题。陶然等（2004）指出退耕还林实施过程中出现的一些严重的地方治理问题。他们发现正是相对高标准的补贴，以及工程的政策安排（通过地方政府之手发放补贴）在相当大程度上激励了地方政府为实现其自身利益迅速扩张退耕还林规模，把退耕还林工程当成“免费午餐”，试图从中渔利。而且，为了增加这种机会，地方政府往往倾向于超中央预定指标组织农民大规模进行退耕，并在事后与中央政府进行讨价还价，要求追加退耕指标和相应补贴。

目前，有关退耕还林的研究主要集中在工程的运行和短期生态、经济和社会影响评价方面，关注的主要问题是工程的可持续性、退耕农户生计、农村产业结构调整、粮食安全以及生态改善问题，对退耕还林的经济理论、产生的短期和长期土地利用转换、退耕还林在我国农村经济发展和环境改善中的作用等方面有待深入研究。

2.4 资源的诅咒、经济增长与林业发展

在资源导向型的传统增长模式中，自然禀赋状况在很大程度上决定了一国的经济发展水平。然而，在20世纪中后期，自然资源与经济增长的关系发生了较为明显的变化。许多学者都注意到20世纪70年代以来资源导向型增长模式的失败。资源丰裕国的经济表现往往不及资源缺乏国，自然资源在经济增长中的角色仿佛由“天使”变成了“魔鬼”，“资源的诅咒”也由此而来。自发现这一命题后，许多学者进行了理论解释和实证研究，其中最经典的包括Matsuyama 、Sachs 和 Warner，Matsuyama（1992）建立标准的经济模型对此问题进行研究，该模型考察了资源部门和制造业部门在经济增长中的各自角色，资源部门的发展反映了自然资源的作用，而制造业则被赋予“干中学”（1earning by doing）的特征，基本结论是经济结构中促使制造业向采掘业转变的力量降低了经济增长率，其原因就在于这种力量削弱了具有学习效应的制造业的成长。Sachs 和 Warner（1995）在 Matsuyama（1992）的模型基础上衍生出动态的“荷兰病”（Dutch disease）内生增长模型。模型包含可贸易的制造业部门、不可贸易的部门和自然资源部门，自然资源越丰裕，对于不可贸易品的需求也越高，进入制造业部门的资本和劳动便随

之下降。在制造业部门具有“干中学”的假设条件下，这种“荷兰病”就妨碍了经济增长。在跨国截面数据的实证检验中，Sachs 和 Warner 以初级产品出口占 GDP 的比重反映各国的资源禀赋，结果表明自然资源与经济增长存在显著的负相关联系。“资源的诅咒”在国家层面上得到验证。同时，作者还利用联立方程的结构模型研究了自然资源妨碍经济增长的作用路径，发现自然资源不仅对经济增长产生直接的负面影响，而且还通过荷兰病效应、滋生保护主义和官僚腐败的间接途径制约经济增长。徐康宁和王剑（2006）以中国的省际面板数据为样本，在一国内部对这一假说进行了实证检验。他们的研究结果显示，该命题在我国内部的地区层面同样成立，多数省份丰裕的自然资源并未成为经济发展的有利条件，反而制约了经济增长。自然资源的丰裕以及对这种资源的依赖，主要是通过资本投入的转移机制制约了经济增长，劳动投入的转移机制也存在这种效应，但不如前者显著。

在理论层面上提出资源禀赋对制度变迁作用的有速水佑次郎(2003)，他在其经济发展的理论框架中清晰地指出资源与制度变迁之间的相互作用，认为技术与制度变革是由经济力量诱导的，这些经济力量表现为与经济发展的历史过程相联系的产品需求、初始资源禀赋和资源积累。在汪丁丁等（2005）的制度经济学三人谈中，姚洋提出用人均土地面积和地权的个人化程度数据来检验诱致性制度变迁理论的假设。在我国的林业发展中，较早注意到森林资源丰裕与贫乏地区林业发展差异的是雍文涛（1992）主持的中国林业发展道路研究，研究人员发现无林少林的华北平原地区在改革开放初期的林业发展明显快于南方集体林区，原因是这里的林农具有权、责、利相结合的自主权，开放的木材市场和很少的税费。Yin 等（2000）也注意到了这种差异，但他们将原因归结于这两个地区的政府执行林业政策的不同，没有探讨改革路径选择差异背后的机理。在我国，率先开展森林资源丰裕度与经济发展关系的研究是李周等（2004），他们发现：森林丰富与经济贫困之间的相关性很低，但森林资源丰富地区的贫困集中度高于森林资源贫乏地区。他们的研究集中在森林资源丰裕地区，没有进行森林丰裕地区和贫乏地区之间的比较。危结根等（2005）对产权的研究发现集体林产权比例越大的地区，天然林和人工林的面积和蓄积都显著减少，他们将其原因归结为政府出于自身利益的考虑，将那些面积不大和质量不高的林地首先进行分权化管理，这个研究结果在某种程度上也验证了森林资源禀赋对林权改革的作用。

从上述的文献综述可以看出，自然资源丰裕度对经济发展的作用在国家层面和一国内部都得到验证，森林资源与经济贫困的关系也得到了初步确定，森林资源丰裕度与林业改革路径选择及经济绩效尚有待验证。

2.5 模 型

Arild Angelsen 和 David Kaimowitz 总结了 140 个有关热带毁林的经济模型。他们按模型范围将这些模型分成微观模型、地区模型及宏观模型。微观模型主要运用标准的经济变量如价格、偏好技术等解释农户如何配置他们的资源。这些微观模型又分为两类：一类是在完备市场条件下，所有价格由市场决定，农户完全融入市场，在此情况下，生产决策由市场价格（包括非农就业工资）引导，农户的生产决策可以被看作是一个利益最大化问题；另一类是在不完备的市场下，农户的生产决策一部分是由主观（和外生）的影子价格引导的，资源禀赋（贫困）和农户家庭构成是重要的因素，生产决策中必须考虑消费因素。微观模型的这两类区分对模型建立者分析人口、农产品价格以及收入变化对土地利用变化的影响至关重要。

Demurger 和 Yang 在研究经济增长和我国的农村造林中，提出了一个林地决策模型，用于分析造林的决定因素。考虑到我国稀缺的土地资源和巨大的人口压力，该研究假设在我国林业与农业竞争土地资源，因此，将造林放到林业与农业土地配置的框架中进行分析。这是一个简化的土地利用模型，模型将我国农村土地利用仅分为林地和农地，林地之外的其他因素均归入农地，林地利用决策仅在林业和农业之间进行。在模型中，造林具有生产和投资两方面的作用。在生产方面，造林决策因素是利润最大化和减少风险，在投资方面，土地在农地和林地之间的分配取决于人口对土地的压力、农户的富裕程度以及保险等因素。林地决策模型如下：

$$\alpha = \alpha\ (p,\ \Delta p,\ w,\ q,\ l,\ A,\ d)$$

其中：α：造林地占耕地面积的比例。p：农林产品相对价格指数。Δp：市场风险指标。w：代表农业生产风险的气候变量，用降雨量表示。q：土地质量（用多种农作物指数和灌溉比例两个指数表示：多种农作物指数用播种面积除以耕地面积来计算；灌溉比例是指灌溉土地面积占全部耕地的比例）。l：农村人口密度（用人口对土地的压力表示，即用亩均耕地面积农业人口数来表示）。A：农户富裕程度。d：农户的多种经营（用多种经营指数表示，即乡镇企业就业量占全部农村就业量的比例）。

Dewees 用 Logit 模型分析了肯尼亚农户家庭结构、土地状况对农户造林决策的影响。

Lubowski R, Plantinga A and Stavins R 用一个全国土地利用计量模型，对 6 种（农作物、森林、牧场、城市、草地和大自然保护计划）主要的土地利用方式进行了分析，研究了美国土地利用历史变化的重要性，分析了美国的大自然保护计划与政府对农业生产者的补贴政策对美国 1982 ~1997 年土地利用变化影响。

Barbier 和 Burgess 在研究不同国家退耕还林和热带毁林的原因后总结出 4 个分析框架：环境库兹涅茨曲线、竞争土地利用模型、林地开垦模型和制度模型。

在生态和环境改善方面，国外有一些小农生产和环境决策的研究。Barbier（1990）研究了印度尼西亚小农改善土地退化的经济问题。他发现贫困农户和富裕农户采用农用林业方式减少土壤流失的行为有很大的差异，完全依赖仅有的土地生产粮食，没有其他可用土地和其他就业门路的贫困农户几乎不可能采取农用林业的耕作模型，即使是速生树种，因为他们的生计维持不到树木有收益的时候。有足够缓坡耕地生产粮食和其他就业门路的富裕农户能够负担得起树木生长的“等待成本”，能采取农用林业模型。Barbier（1998）还研究了农户层次的土壤侵蚀经济问题，建立了一个农户保护或消耗土壤的经济决策模型，分析了农场内或农场外土壤侵蚀的成本和收益，研究了土壤侵蚀的私人成本和社会成本。

在国内，苍靖（2003）针对我国的退耕还林政策建立了一个环境约束下的理论农户生产模型，分析出使农户利润最大化时对农户种草种树补贴方式、补贴数量和农户对土地的分配问题。张会萍（2004）认为宁夏南部山区的农民开荒种地，破坏植被的非理性行为他们都知道是有害的，但是就算他们都知道是有害的，就算他们认识到了环境问题的严重性，由于经济条件的约束，农民为了生计，也不得不以破坏生态环境为代价来求得经济的发展。

2.6 小 结

由于农村林业问题既是生产问题，也是资源与环境问题，还是发展问题，制度创新也很重要，因此，农村林业问题几乎涵盖了农村发展的所有方面。将这所有方面的研究都进行归纳和梳理，是本书不可能完成的任务。从上述文献整理中可以看出，在林业政策变迁和农林地利用及转换方面，国内外学者都有大量的研究，经济增长和森林供给也有一些高质量的研究，但在农村地区林业发展变迁、农村地区林业发展的途径、森林资源和林产品供给总量和分布、经济增长和制度创新对农村林业发展的理论和实证分析等方面缺乏系统的研究，使我们无法获得我国农村地区林业发展的全貌，与我国农村地区近年来在林业生产和森林生态建设上取得的进展不相适应。在这些方面取得进展是本书研究的初衷。

3

经济增长与农村林业发展

什么是我国农村地区森林资源增长的源泉？自林业“三定”开始的林业产权改革无疑是20世纪80年代我国农村林业发展最初的动力；人口增长和经济发展对林产品增长的需求，不断地推动林地面积扩大、林产品质量的提高以及林业新技术的采用；环境问题的出现及其解决的难度和复杂性，不仅对国内的林业生产、林产品消费和森林经营方式产生重要影响，而且将我国的森林问题带到了国际舞台：作为世界第一大人工造林国度，我国成为改变世界森林资源总量的重要变量，同时，对世界进口木材的巨大吸纳力量，也使我国处在日渐扩大的森林环境与贸易的漩涡之中；林业自身发展的规律及技术进步，有力地提高了林业生产效率，从而推动林业发展；农村地区乡村工业发展、城市化进程、农业产业结构调整、减轻贫困和改善环境等，缓慢地提高了农村地区人口对林产品的需求，也导致农村土地在林地和其他非林地之间不断地配置。制度变迁、人口增长与经济发展、林业自身发展以及技术进步是20世纪80年代以来我国农村林业发展背后的驱动力量。

探求林业发展的理论渊源一直是我国林业决策者和经济学者追寻的目标。改革开放前，马克思自然资源无价理论是我国森林资源利用的主导理论，也是我国森林资源快速消耗的原因之一；改革开放后，林业在国民经济中角色的不断转换，从木材林业、社会林业、环境林业、可持续林业到农村发展和减轻贫困的林业，经济增长和农村发展理论、资源与环境经济理论、制度经济学等主流经济理论越来越多地承担起诠释我国林业发展道路的担子。环境问题是经济增长的派生，农村发展是经济增长的一部分，就长期历史而言，制度是无关的，因为它内生于更根本的经济和社会变量。将制度和环境问题作为经济增长的内生变量，本章将在经济增长和农村发展理论框架下探讨我国农村地区的森林供给问题。

3.1　经济增长

仔细考察自20世纪90年代以来国际国内林业发展的趋势，不难发现经济增长理论对林业发展的支撑。世界的森林和林业部门，由外部的经济、政治、人口和社会趋势决定的程度，不亚于由这一部门内部的力量决定的程度，森林和林业发展的最终目标是增进当代和今后子孙万代的福利。在1997年的世界森林资源报告中，人口增长与城市化、全球GDP的增长及其对木材消费的影响、环境问题对自然资源利用的影响等成为联合国粮农组织分析世界森林问题的重要外部因素，而且，自此之后到2005年两年一度的世界森林资源报告中，对经济增长与森林资源之间关系的分析贯穿其中。

世界森林趋势并不完全代表我国的林业发展状况，但是，仔细回顾我国建国以来的林业发展历程，就不难发现，我们的发展轨迹与世界趋势几乎一致。此外，林业发展是整个国民经济增长的一部分，林业自身也有增长问题，农村林业发展是农村经济发展过程的一部分。基于这些理由，我们有必要在经济增长和农村发展的框架内考虑我国的农村林业发展问题。本书实证分析部分的基本框架也是建立在经济增长和农村发展理论之上。

经济增长是经济学的核心理论。萨缪尔森（1999）对经济增长（economic growth）的定义是：经济增长代表的是一国潜在的GDP或国民产出的增加。当一国生产可能性边界向外移动时，就是实现了经济增长。西蒙·库兹涅茨给发达国家的经济增长的定义是："一个国家的经济增长，就是它给本国居民提供日益多样化商品的能力上升，这种不断提升的能力，是建立在先进技术以及所需要的制度和意识形态之相应的调整的基础之上的。"库兹涅茨对经济增长的定义和对现代经济增长的描述不仅包括了总量方面的特征，也包括了经济结构、国际关系和制度、意识形态等方面的特征，涵盖了经济发展的内容（张培刚，2001）。速水佑次郎（2003）认为经济增长是经济发展的数量方面，特别是指用 GNP 和国民生产净值（NNP）度量的国民收入总量和人均国民收入的扩大，因此，经济增长分析主要是度量经济变量的增长和识别它们的相互关系，如国民收入增长率与资本形成速度之间的关系。

快速持续的经济增长与为居民提供更多的福利、更好的食物、更大的住房、更多的衣料，以及对污染的控制，对孩子的普及教育和为退休者提供广泛的补贴等相关，因此，长期以来各国都将经济增长视为重要的经济和政治目标。那么，经济增长背后的力量是什么？一国应该怎样做才能提高它的经济增长率？

探索经济增长的源泉一直是经济学家们孜孜不倦的追求。土地、资本、劳动力在很长一段时间内被作为经济增长的重要因素，之后，当经济学家们发现这些因素不能解释经济增长的全部时，技术变量被引进到增长模型中；环境问题出现后，环境质量成为增长的自然因素；储蓄率、人口增长率和技术创新曾一度被认为是外生变量，但实际上这些因素是由人为的行为决定的，也可以通过政策等加以影响，因此，当新古典增长模型不能很好地解释增长时，将储蓄率、人口增长率和技术进步等重要参数作为内生变量的新经济增长理论就诞生了；当制度和文化被用于解释经济增长时，经济发展的概念就出现了。速水佑次郎认为经济增长是经济发展的数量方面，所以除了分析经济增长之外，还要考察制度和文化因素对经济增长的影响，以及经济增长对这些因素的影响。理解经济变量的数量扩张同文化与制度的相互过程，是发展经济学的一项重要任务。罗纳多（Reynolds）通过对 41 个发展中国家长期经济增长的大规模研究发现，1850～1914 年间开放的国际经济对于促进欧洲和北美以外的发展中国家的快速增长起了关键作用，他认为除去政治原因，决定一个国家经济增长转折点迟早的因素，是这个国家有效地参与由世界经济扩张带来的贸易机会的能力（杨小凯，2003）。

新古典增长模型能较好地解释工业化国家的增长途径，也能部分地解释发展中国家经济增长的动力，新增长理论既适用于发达国家，也适用于发展中国家。对于一国的经济发展过程来说，增长问题和发展问题实际上是不可分的，只不过在不同的历史阶段，两者的重要性不同。本研究的主题——我国农村地区的森林问题——既是我国经济增长的结果，也有制度和技术创新的推动，还包括了贸易和环境因素，因此，经济增长将作为本研究的理论框架之一。以下对经济增长和发展理论的梳理，也建立在作者对我国农村林业发展因素的理解之上。经济增长和发展理论浩如烟海，本书将按照最适于我国林业发展的脉络来梳理这些理论。

3.1.1　经济增长模型

3.1.1.1　斯密和马尔萨斯的古典动态模型

早期经济学家亚当·斯密和马尔萨斯认为土地是影响经济增长的重要因素。在《国富论》中，亚当·斯密设想了一个田园时代，"一切事物都处于初始状态，没有土地的占有和资本的积累。"在这个黄金时代，土地可供所有人自由使用是经济增长的动力。如图3-1（a）所示，无限供应的土地可以保证当人口翻番时，劳动也简单地分散，使得产出的食物和衣物变成原来的两倍。但是，这样一个黄金时代不可能永远维持下去，随着人口继续增加，所有土地都将被占用和开发，一旦无多余的土地可以耕作，土地、劳动力和产出的平衡增长就将不复存在，每个劳动力可使用的耕地面积减少，马尔萨斯的收益报酬递减规律开始发挥作用，如图3-1（b）所示，由于土地的限制，人口翻一番，食品和衣物的增长仅为25%，产出增长低于人口增长（萨缪尔森，1999）。

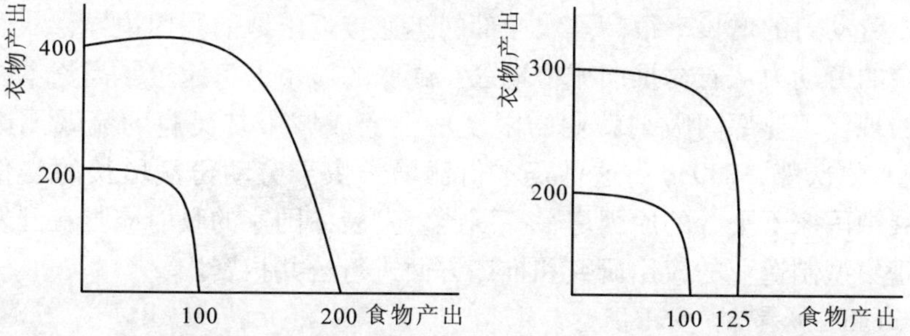

(a)斯密的黄金时代　　(b)马尔萨斯的土地报酬递减规律

图3-1　斯密和马尔萨斯的古典动态增长模型

3.1.1.2　马克思的资本主义发展模型

卡尔·马克思（1818～1883）创立了独特的资本主义经济发展理论。他认为在生存工资率下具有无限弹性的劳动力供给，是支撑现代工业经济高资本积累和高经济增长的基本机制。马克思发展模型的基本假设是：由于在资本主义的发展过程中会不断地生产出工业后备军，而且永远不会耗竭。工业后备军最初来源于被现代资本主义企业挤垮而被迫到劳动力市场上去寻找就业的小农和用传统生产方式自我雇用的制造业者。随着资本主义部门的扩大，被驱逐出传统职业的那些人继续增长，并补充到工业后备军里。另一方面，资本家总是通过大规模的机械化竭力地用资本替代劳动。其结果是，现代工业部门的就业增加要比资本积累和产出增长的速度低很多。现代部门中缓慢的就业增长不足以吸收掉传统部门追加到后备军中的人数。因此，马克思认为，对资本主义企业家来说劳动力供给曲线呈水平状况不是自然人口法则的产物，而是资本主义持续不断地生产出工业后备军的结果（速水佑次郎，2003）。

马克思所预言的资本主义发展过程所包含的收入分配不平等将导致暴力革命的预言在发达的工业化国家的历史上成为事实，但速水佑次郎认为马克思的模型对当今发展中国家面临的问题是一个重要启示。他指出，许多发展中国家都试图把投资集中在现代工业部门而实现快速的发展。在某些情形下，确实成功地实现了工业生产的增长。然而，由于投资集中在发端于高收入国家的物化了劳动节约的现代机械和设备上，就业的增长一般要比产出的增长低得多。另一方面，由于爆炸性的人口增长，劳动力的增长率很高。农业部门迅速接近土地的利用边界，从而把剩余的劳动力从农村推向城市地区。膨胀的城市人口超过了高资本密集度的现代工业部门吸纳就业的限度后会变成城市贫民窟的流氓无产者（速水佑次郎，2003）。这种资本份额增长快于劳动份额增长的变化是发展中国家不平等的原因之一，因此，发展中国家的政府应当在开发劳动密集型制造业的应用研究和推广方面进行公共投资。

3.1.1.3 哈罗德-多马模型

在20世纪40年代，哈罗德（Roy Harrod，1948）和多马（Evsey Domar，1946）根据凯恩斯理论，分别独立提出一个宏观动态模型。模型原先的目的是要找出供给能力通常超过有效需求的发达国家增长不稳定的根源。在20世纪50～60年代，这个模型被用于发展中国家的经济计划中。哈罗德-多马模型的基本方程很简单，可以表达如下：

$$g = s/c$$

式中，$g = \Delta Y/Y$，是国民收入 Y 的增长率，即经济增长率；$s = S/Y$，

是储蓄 S 与收入 Y 的比率；$c = \triangle k / \triangle Y$，是边际资本产出比率（或资本系数），在模型中 c 被假定是技术给定的常数。在储蓄 S 等于投资（$I = \triangle k$）的凯恩斯均衡的假设下，经济增长 g 随 s 成比例增长。产出取决于资本，资本来源于储蓄，经济增长的决定因素是资本—产出率和储蓄率，这就是哈罗德-多马模型的简单解释。

哈罗德-多马模型的主要意义在于以间接的方式强调了储蓄和资本形成对经济增长的决定作用，其政策含义是：在一定的技术水平下，既然经济增长的唯一源泉是资本形成的增加，那么，为了促进经济增长，发展中国家就需要用政府计划和命令来增加投资。

3.1.1.4 索洛模型

索洛模型是几乎所有经济增长问题研究的出发点。哈罗德-多马模型从凯恩斯理论出发，得出了资本主义经济难以实现稳定增长的结论。一些西方经济学家认为，这一结论不符合西方经济增长的事实，为此，索洛（Solow，R. M.）等人于 20 世纪 50 年代修正了哈罗德-多马模型中关于资本产出比固定不变的假设，以新古典主义经济理论为基础，建立了新的增长模型——索洛模型。索洛模型的基本公式如下：

$$\triangle k = sf(k) - nk$$

式中，$\triangle k$ 代表人均资本存量的增加；$sf(k)$ 代表人均储蓄；n 是人口或劳动力的增长率；k 是人均资本存量。

索洛模型的基本方程还可以写为：

$$sf(k) = nk + \triangle k$$

它表明，人均产出中为消费的部分，即人均储蓄 $sf(k)$ 被用于两个方面：一个方面 nk 是使资本广化，让资本随着劳动力数量的增加而增加；一个方面 $\triangle k$ 是使资本深化，使每个劳动力配备的资本量增加。

在索洛模型中，存在着唯一的资本—劳动比率 e^*，使 $\triangle k = 0$，在这点上，人均产出停止增长，总产出、总资本、劳动都以相同的不变比率（n）增长。也就是说，经济存在着一条平衡增长路径或长期稳定状态。

索洛模型为研究经济增长提供了一个很好的分析框架。索洛模型以资本积累和新古典生产函数为核心，对资本积累、劳动力增长、技术进步的相互作用，以及它们对产出、增长和消费的作用，储蓄率变化、人口增长和技术进步等对经济增长的作用进行了分析。索洛模型相当简洁明了，对理解一个经济生产的动态过程和经济增长的相关机制非常有用。

索洛模型突破了哈罗德-多马模型的局限性，不仅打破了要素不可替代的限制，而且除了传统要素之外，还引进了技术进步因素。但是索洛用来解释中性技术进步的那个“余额”并不能被认可，而被认为是一个内生的变量而不是外生的。与哈罗德相比，在索洛模型中，人口的自然增长率是一个起决定作用的外生变量。换句话说，均衡的经济增长仍然取决于人口的自然增长，这样的经济意义就被许多经济学家称为“不愉快的结果”（周爱民，2001）。也有经济学家认为索洛模型仅解释了稳态 e^*，没有解释增长。

3.1.1.5 新增长理论

当新古典增长模型不能很好地解释增长时，将储蓄率、人口增长率和技术进步等重要参数作为内生变量来考虑，其中，将技术进步作为内生增长变量的理论被称为“新增长理论”，目前有四种类型的内生技术进步增长模型。

（1）报酬递增（increasing returns）的生产函数。通过选择具有要素报酬递增性质的生产函数，可以解释内生经济增长的存在性和原因。罗默（Paul Romer）认为，企业通过投资增加资本存量的行为提高了知识水平，知识是非竞争的，具有外部效应，这种效应不仅使其自身形成收益递增，而且也使物质资本和劳动等其他投入要素也具有收益递增的特性，而这种收益递增会导致经济的长期增长。

（2）人力资本（human capital）。卢卡斯（Lucas）在《论经济发展机制》一文中，用人力资本解释了长期经济增长。他认为，人力资本不同于一般的知识，是关于“特定人的知识或一个民族的特殊的文化”；人力资本也不同于劳动力，必须通过教育和培训成本等的投入才能形成。人力资本可以互相传递，其结果不仅提高了投资者本身的生产率，而且也增加了劳动与物质资本的生产率，从而形成了生产的收益递增。拥有大量人力资本的国家会取得较快的经济增长速度，人力资本水平低下则是不发达国家经济增长缓慢的重要原因之一。

（3）干中学（learning by doing）。干中学模型强调从事生产的过程也是知识的学习过程。生产过程中积累了资本品同时也积累了更多的知识，因为新生产的资本品所含有的技术水平在提高。干中学积累起来的经验使劳动力和固定资产的效率在生产过程中都有所提高，这就是所谓的知识的溢出效应（spillover effect）。技术水平随资本水平的提高而提高，学习参数的提高会促进长期增长率的提高，干中学模型以此来解释经济的长期增长。

（4）创新（innovation）。创新是企业投资进行研究开发的成果。根据创新产品的类型不同，创新可以分为中间品创新和消费品创新。当创新产品为中间品时，创新表现为中间品品种的增加和质量的上升，实际上意味着消费品生产率的提高。生产率的提高保证了在中间品投入总量不变的情况下消费品总量的上升，从而产生了经济增长。当创新产品为消费品时，在消费总支出不变的情况下创新表现为消费品品种的增加或质量的上升，可以提高消费者的效用，这样经济增长就表现为福利的增加（黄亚钧等，2002）。

新增长理论的主要贡献是它改变了关于增长途径和公共政策的思维方式。它试图揭示产生技术变革的进程，强调技术变革是一种容易引起严重的市场不灵的产出，因为技术是一种公共品，创造成本昂贵复制却很低廉，政府应不断地加大力度来保障知识产权。

纵观经济增长理论的发展过程，从哈罗德-多马模式到现在，经济增长理论经历了四个发展阶段：从古典经济增长理论到哈罗德模式是第一个发展阶段，索洛模式和丹尼森模式是第二个发展阶段，舒尔茨模式是第三个发展阶段，目前出现的新经济增长理论是第四个发展阶段。与此相应，经济增长理论的发展主要有四条主线：资本积累论、技术决定论、人力资本论和收益递增论。这些理论对我国不同时期的经济发展产生影响，也是推动我国农村地区林业发展的驱动力。

3.1.2　经济增长与人口、资源和环境

环境问题可以被定义为以高于自然恢复的速度开发自然资源造成的资源耗竭。发展中国家环境问题特别严峻的原因，是技术和制度的变化滞后于资源禀赋的变化。许多发展中国家一直到不久前还是以人口稀少自然资源丰富为特征的。随着始于20世纪20～30年代的人口爆炸，资源的稀缺性迅速上升了。相对于资源稀缺性的提高，保护稀缺自然资源的制度却发展缓慢。根据公共品理论，相对于自然资源竞争性的增加，

旨在增加排外性或减少外部性的制度发展滞后了。在这种情形下，公共产权资源的严重恶化是不可避免的（速水佑次郎，2003）。

关于经济发展对生态环境的影响有三大主流思想。一是 Meadows，C1eveland，Arrow 等科学家保守地认为：经济发展会导致资源损耗和环境破坏，一旦超过生物圈的承载能力，整个生态系统将崩溃，收入水平的提高也变得没有意义，所以必须执行严格的环保政策，甚至不惜限制经济增长，以保证环境与经济的均衡。二是 Beckerman 等乐观派认为：随着收入增长人们更倾向于服务性产品，而对依赖于资源和产生污染的产品需求减少，从而环境质量会得以改善。三是 Crossman Panayotou 等认为：随着收入水平的提高，环境质量先破坏再好转，即环境破坏与收入水平呈“倒 U”形曲线。这种关系与 1955 年 Kuznets 提出的收入不均与经济增长的关系类似，人们称之为“环境库兹涅茨曲线（environmental kuznets curve，简称 EKC）”。根据环境库茨涅兹曲线，当经济发展处于低水平时，环境退化的数量和程度受生存活动对基础资源及有限的生物降解废弃物数量的影响。当经济发展加速，伴随着农业和其他资源开发的加强和工业化的崛起，资源消耗速率开始超过资源的再生速率，产生的废弃物的数量和毒性增长。在经济发展到更高的水平，产业结构向信息密集的产业和服务转变，加上环境意识的增强，环境法规的执行，更好的技术和更多的环境投入，造成环境退化现象逐步消失和逐渐减缓（罗杰·柏曼等，2002）。

杰拉尔德·梅尔认为：“倒 U”曲线下降的原因争论比较多，传统的解释是，人越富有就越需要高质量的环境，越富有的政府就越有能力加强管制，提高环境质量以满足选民的要求，而且污染制造者的技术水平越先进，就越有能力控制污染的排放。一个更为悲观的解释是把目光投向产出的构成等，认为较为富裕的国家产生了比制造业更多的服务行业，届时在制造业内部也倾向于发展污染少的产业，对那些由污染较多的产业产出的产品需求，则同通过从穷国进口来满足。如果后一种解释是正确的，那些在全球经济增长水平下，人均收入高于“倒 U”曲线拐点的国家，其环境质量其实并没有改善，而只是把环境恶化再分配到穷国去了。

人口增长是发展中国家资源与环境问题的重要因素。与发达国家在现代经济增长时期所经历的问题相比较，发展中国家当今面临的人口问题具有以下两个特征：第一，当今发展中国家的人口增长速度大大快于发达的工业国家在发展初期的人口增长速度；第二，从历史角度看，发达国家人口增长的速度基本上是经济增长加速所诱发的内生现象，与之相比，当今发展中国家的人口增长从性质上看主要是外生现象。发达国家人口增长的加快，是以新创建的工业部门的生产率显著增长而导致的就业和收入增长为基础的，而发展中国家人口增长的加速在很大程度上是引进发达国家的卫生和医疗技术的结果。当这种外生性的人口增长爆发出来却没有就业和收入的增长与其相匹配，发展中国家注定要面临资源枯竭、经济恶化和贫困等严重问题（速水佑次郎，2003）。发展初期不平等的增长是在传统部门（人口对有限土地资源的强烈压力造成贫困）和现代部门（通过借用技术提高资本密集度）的相互作用下产生的，这种力量还造成自然资源的恶化。人口增长，加上较高生活水准的压力，加剧了对耕地、能源和水资源的需求，出现了废弃物管理和处置的问题，同时还伴随着若干严重的其他环境变化，包括森林减少、土壤肥力下降、表层土损失、荒漠化、生物多样性的损失、水利用的不可持续、地表水和空气污染。这些问题不能都归咎于人口增长，但人口增长对资源环境的压力会加剧这些问题（罗杰·柏曼等，2002）。

环境退化与贫困。有些经济学家从发达国家和发展中国家的环境比较中得出结论，贫困是造成环境退化的重要原因。这些经济学家通过考察贫困人口的分布及其与环境退化程度之间的关系，发现人均收入水平低的国家和地区的环境退化通常比人均收入水平高的国家和地区严重，农村比城市严重。他们对此的解释是：穷人比富人更依赖于自然资源，越是贫困的地区，其对自然资源环境的依赖程度越高。由于贫困，就希望通过多生育来增加劳动力，提高家庭收入。在一些生态脆弱区，如热带森林、干旱和半干旱地区、高山地区，人口增长只能通过强化使用有限资源来补充生活所需，由此加重了环境退化。一方面，贫困引起环境退化；另一方面，由于贫困，投入环境改善的费用就少，从而加剧环境退化，造成了可怕的生态与贫困恶性循环。贫困造成营养不良，削弱了穷人的工作能力，妨碍了他们获得工资就业的机会。因而，穷人被迫更多地依赖于开发边际土地上的脆弱的产权没有定的自然资源。根据联合国环境规划署做的全球调查，在1945年以来的50年间，土壤退化面积达20亿hm^2，或约占世界植被总面积的17%，其中约80%发生在非洲、亚洲和拉丁美洲。大约30%的退化是由毁林引起的，7%是由于过度采集燃料和饲料引起的，35%是由于过度放牧引起的，28%是由于农业活动引起的，1%是由于工业化引起的。大部分毁林是由商业性采伐造成。土地退化最大的原因是贫困人口的自然资源开发（速水佑次郎，2003）。

发展中国家生态环境问题的特殊性。与发达国家相比较，发展中国家所面临的生态环境十分特殊，因而解决问题的难度也更大。第一，许多发展中国家的经济属于二元结构经济，即整个经济由一个庞大的传统部门和一个规模较小的现代部门构成。传统部门或是农业生产部门，或是初级产品出口部门，它所创造的产值是国民收入的主要来源。这一类部门的生产较易受到气候环境变化的影响，因而发展中国家的经济与生态环境的联系比较紧密。第二，在目前的国际发展环境下，许多发达国家的生产者出于利益考虑和环保呼声的压力，将一些污染严重的工业转移到发展中国家，致使发展中国家成为发达国家的污染物释放地和废物处理厂，不得不承受环境污染的代价。印度博帕尔化工厂的毒气泄漏事件就是这方面明显的例子。第三，发展中国家在经济发展的过程中面临着严重的资源和资金短缺，因而在目标偏好上更倾向于将环境目标让位于其他目标，在时间偏好上更倾向于用眼前利益取代长远利益。因此，发展中国家经常不可能用充分的资金克服环境污染问题。第四，发展中国家对自然环境的分配不公及对环境影响的分配不公，加剧了收入和财富分配上的普遍不公平现象。在许多国家穷人被推到遭受最恶劣污染的地区和自然资源最为匮乏的地区（胡坚，1996）。

制止农村贫困造成的环境恶化的根本方法是通过改进已投入使用的有限土地的生产率来增加就业和收入。如果不把以资源为基础的传统农业转换成以科学为基础、以绿色革命为标志的现代农业，这个办法就不可能行得通（速水佑次郎，2003）。

从我国农村地区林业的发展来看，经济增长、人口、资源、环境问题紧密相连。经济增长对我国农村地区林业发展产生正反两方面的影响。正的方面一是积累国民财富，为经济增长反哺环境提供资金保障，我国目前正在进行中的退耕还林工程、天然林资源保护工程等以及近年来我国持续增加的木材及相关林产品出口等就是经济增长反哺环境的体现。二是推动技术进步，提高资源利用率，减少资源消耗，增加森林资源保护和可持续发展的机会，技术进步还将推动森林资源培育业发展，增加森林供给总量。三是对于我国这样的市场转轨国家来讲，实现从计划经济向市场经济的突破之后，经济增长还是加速旧体制改革的推动力，因为它使旧体制越来越不适应市场经济发展的需要，产生改革的强劲动力。目前，我国各地正在进行的新一轮林权改革，其根本原因是旧体制导致的森林资源短缺与经济发展对森林资源日益增长的需求之间的矛盾。最后，发展不足既是生态破坏的根源，也是森林丰富地区贫困的原因，推动经济增长是最终解决农村贫困、缓解资源压力、实现人口、资源、环境可持续发展的根本途径。正如世界环境与发展委员会 1987 年的报告——《我们共同的未来》中所指出的“发展中国家必须恢复经济增长，因为经济增长是减少贫困、改善环境的最直接手段”。经济增长对我国农村地区林业发展的负面作用主要体现为经济增长初期的资源过量消耗、林地占用和破坏，人口压力加剧了这一问题。从我国目前农村林业的发展趋势看，我们已经处于环境库茨涅兹曲线的右端，开始走向经济、人口、资源与环境的良性循环。

3.2 农村发展

农村发展问题与森林的关系也是国际社会关注的重中之重。1997 年的世界森林资源报告认识到人口和经济增长对粮食和林产品的需求将对发展中国家的农业和林业形成严峻的压力，这些因素必将影响到这些国家能否实现长期粮食保障和保持他们包括森林资源在内的天然资源基础的生产率。该报告指出 1981 ~ 1990 年十年间滥伐森林的原因在于农村人口增长、农业的扩展（尤其是在非洲和亚洲）和经济发展计划（在拉丁美洲和亚洲）实施，也是森林覆被改变的主要原因。在此后的系列报告中，与农村人口密切相关的社区林业、非木材林产品、森林在扶贫中的作用等主题相继出现。最近的国际森林问题已经转到森林在扶贫中的作用上来。

纵观古今中外的主流发展经济学理论，可以发现这些以促进不发达经济走向发达经济的理论的绝大多数以城市和工业化为核心，经济发展的标志性指标就是城市化和工业化，农业和农村发展的终点也是工业化，至于没有机会进入工业化和城市化的农村应该如何发展，即真正的农村发展问题，却很少论及。其原因有二：一是工业化国家的经济学家没有现成的理论工具去分析那些实际上不具备现代经济结构特征的、主要是由小农组成的农业社会的经济增长过程（张培刚，2001）；二是欧美经济增长过程中出现了农业在国民经济中份额的相对下降、农业从业人数绝对减少的发展趋势，城市化和农业工业化成功地解决了农村发展问题，因此，发达工业国的经济增长过程基本不需要考虑农村发展问题。

发达国家农业工业化的成功经验在发展中国家遭遇人口障碍而难以实现。在过去的发展中，农业从业人口数的下降在发展中国家被假设为发展过程的必然趋势，并在技术创新、制度设计等方面实施这些发展理念。但是，大量城市边缘人口、城市贫民的出现以及农村贫困的依然存在，使人口众多的发展中国家认识到它们无法实现在发展过程中将大多数农村人口转移到城市、通过城市化解决农村贫困的目标。因此，在实现城市化、工业化的过程中，发展中国家开始意识到还要解决属于它们自己的农村发展问题。我国目前出现的社会主义新农村建设就是对以往过于重视城市化、工业化，忽视农村的发展道路的反思。

越来越多的经济学家开始反思以工业化为核心、农业和农村为工业发展作贡献的发展模式，越来越关注发展中国家农业和农村本身的发展问题。美国农业经济学家梅勒（John W. Mellor）针对大多数发展中国家劳动力充裕而土地稀缺的资源状况，认为农业发展应尽量避免使用与工业发展相竞争的、具有替代劳动性质的资本投入，而应更多使用与劳动力互补的投入（张培刚，2001）。梅尔和劳赫针对发展中国家人口大量涌入城市的问题，提出“基本的解决办法应该是让乡村具有经济上的生存能力，拥有更多的耕作用地，农业生产力不断提高，建设更多的乡村工业以及更好的社会公益事业”（梅尔和劳赫，2004），与我国当前的社会主义新农村建设的理念颇为相似。

农村森林问题是我国农村发展过程的一部分。因此，下面对农村发展理论的梳理也将围绕解决我国农业和农村本身发展的中心问题来展开，即主要探讨促进农村发展的宏观环境和微观基础，舍去对一般经济发展理论的系统描述。

3.2.1　农村发展的宏观环境

农业和农村是发展过程的一部分，农民“作为卖者和买者”通过市场与工业和外部世界相联系，因此，解释农村发展首先需要了解农村发展的外部环境，这是本节提出研究农村发展的宏观环境的初衷。以往的发展经济理论大多数是在这一领域展开的，这为本研究提供了丰富的文献基础。在本研究中，农村发展的宏观环境包括农业发展的阶段、农业劳动力转移、技术变革和贸易，这些环境或在时间上或在空间上延伸着农业自身及其与外界的发展。

3.2.1.1　蒂默的农业发展四阶段论

第Ⅰ阶段是使农业起步的阶段。在这一阶段，国家的投资资源有很大一部分可以从农业吸取，这是因为经济的其余部分还太弱，对农业直接或间接课税，是政府收入的唯一重要来源。建立一种有活力的农业，要求将这种资源的一部分，用于农业部门本身，把这些资源用在研究和基础设施方面的公共投资上，以及给予农民有力的价格刺激，使之有可能采用新技术。当农业中的这些投资开始获益时，第Ⅱ阶段就出现了。在第Ⅱ阶段，农业成为对总增长过程的主要贡献者，这是由约翰斯顿（Bruce F Johnston）和梅勒（John W. Mellor）来概括的。农业剩余的吸取方式包括：通过课税和要素流动直接吸取，通过政府干预城乡贸易条件间接吸取。这些剩余被用于发展非农产业部门。第Ⅲ阶段为农业部门与宏观经济逐渐结合起来的阶段。通过改良基础设施，开发使城乡经济结合起来的更具有效率的劳动市场和信用市场，使农村的要素市场和产品市场更好地和其余经济的这些市场结合为一体，农业的资源将进一步流出。当农业被结合进宏观经济时，它就更加容易受宏观经济和贸易水平的影响，这种脆弱性和复杂性产生了农业转变中的第Ⅳ阶段，即在工业化经济中如何对待农业。当劳动力在农业中的份额降到20%以下，食品支出份额在城市家庭预算中降到30%左右时，低成本的食物对于整个经济而言，就不是那么重要了，它相对于其他商品的价格上涨来说，也不是那么昂贵。这时，对农业的过度保护，就会造成资源的不合理配置，阻碍低效使用的资源从农业流出，如图 3-2 所示（张培刚，2001）。

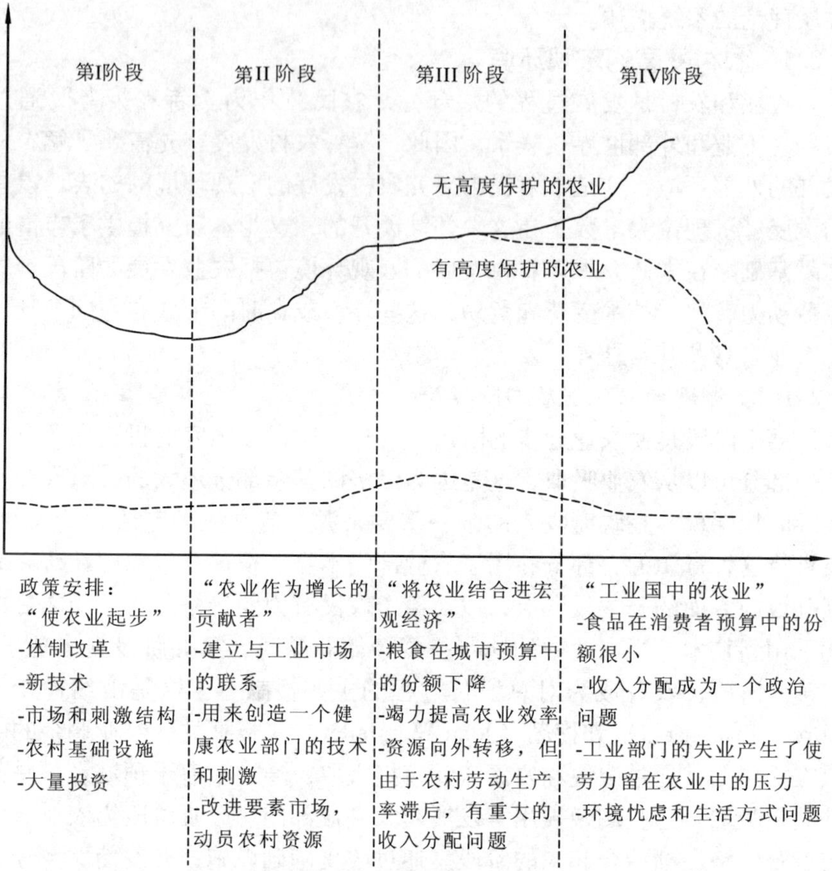

图 3-2　蒂默的农业发展四阶段论

蒂默的农业发展四阶段论系统地阐述了农业在经济发展过程中角色的转换，从“作为增长的贡献者”到“工业国中的农业”，农业和农村发展从被忽视到逐渐受到重视，因为发展问题又回到了农村：工业部门的失业产生了将劳力留在农业部门的压力，农村贫困问题解决的难度增大，环境问题的出现使农村成为可持续发展主要战场，尤其是在减轻农村污染、扩大植被覆盖以解决水土流失、土地退化等问题和保护生物多样性等方面。

3.2.1.2 梅勒的三阶段理论

20世纪60年代，美国农业经济学家梅勒按照农业技术发展的进程，提出了一个通常被称为资源互补论的农业发展理论。他把传统农业向现代农业转变的过程，分为三个阶段：第一阶段，成为技术停滞阶段。在这个阶段，农业基本是静止的，农业生产的增长，取决于传统农业要素供应的相对增加，如土地和劳动力的增加。这一阶段，实际上是传统农业阶段。第二阶段，是劳动密集型技术进步阶段。在这个阶段，农业仍然是整个经济中最大的部门，农产品需求因为人口和收入增加而迅速上升，工业发展的资本特别短缺，而资本报酬则不断上升，经济转变速度的限制和人口增长的压力阻碍了农场规模的扩大，因为资本比劳动力稀缺，劳动节约型的农业机械受到限制，农业发展主要依赖劳动密集型或资本节约型技术的使用，以提高农业土地生产力为重点。这一阶段实质上是传统农业向现代农业转变的阶段。第三阶段，是资本密集型技术的进步阶段。在这个阶段，农业部门在国民经济中的相对重要性大大下降，资本逐步充沛进来，为农业使用资本密集型技术创造了条件，非农业部门的扩张使农业劳动力大量流出，平均农场规模趋于扩大，劳动成本日益昂贵，促进了资本和技术对劳动力的替代，劳动生产率持续上升。在这个阶段，农业对资本需求量很大，各种提高劳动生产率和提高土地生产率的技术，在农业中得到广泛应用。这一阶段实际上是农业现代化的阶段（张培刚，2001）。

梅勒的三阶段理论阐述了典型的发达工业化国家的农业发展阶段，就是在第三个阶段，一些发展中国家遭遇资本密集技术对农村剩余劳动力的排斥问题，因此，梅勒提出了让发展中国家多采用劳动密集技术替代资本密集技术的农业资源互补理论。

3.2.1.3 农村劳动力转移

农村劳动力转移到城市对发展进程和农村地区自然资源利用及改善环境具有重要意义。农村劳动力向城市转移提供工业化发展的产业工人，同时减轻农村人地矛盾；进城务工人员的工资流回农村，提高农村人口的收入水平；从生态环境的角度看，减轻人地矛盾，也为改善生态的活动如植树造林提供土地空间；农村改善生态环境的活动如退耕还林也有节约农村劳动力投入、增加农村劳动力剩余的作用。今后，随着我国经济发展对生态需求的逐渐提高，农村地区土地和劳动力在生产和生态之间的重新配置将不断发生。因此，农村劳动力转移理论有利于理解我国农村地区的森林问题。

刘易斯模型首次在二元结构的基本假说下描述了劳动力转移过程，拉尼斯-费景汉模型对其进行了扩充。

刘易斯模型（齐书良，2002）描述的农业劳动力转移过程如下：按照二元结构理论，一方面，传统农业部门存在大量剩余劳动力；另一方面，现代工业部门的规模随着生产的发展和资本的积累而不断扩大，需要雇用更多的劳动力。随着劳动力不断由农业部门流向工业部门，农业中的剩余劳动力逐步减少，以至于消失，人地矛盾得到解决，农业生产实现现代化。在刘易斯模型中，剩余劳动力转移过程可以分为两个阶段：第一阶段为劳动力无限供给阶段（OL_s 段），资本相对稀缺，劳动力充裕，工业工资不变，利润额不断增加；第二阶段不再存在劳动力无限供给，资本和劳动都是稀缺的，工业工资上升，劳动供给曲线变为 SS′（图 3-3）。

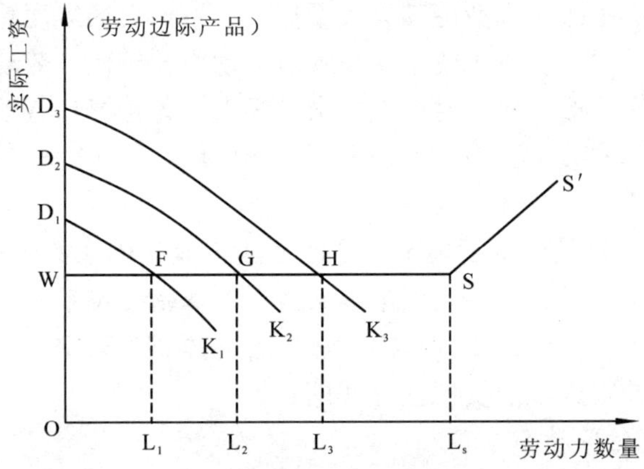

图 3-3 刘易斯的农业剩余劳动力转移模型

1961 年，拉尼斯（Ranis, G.）和费景汉（Fei, J. C. H）在刘易斯模型的基础上进行了补充和修改，建立了一个更为精细的劳动力转移模型。这个模型把经济发展过程分成三个阶段：劳动力无限供给阶段

（Ⅰ），伪装失业者被工业吸收的阶段（Ⅱ），以及农业现代化阶段（Ⅲ）（图3-4）。

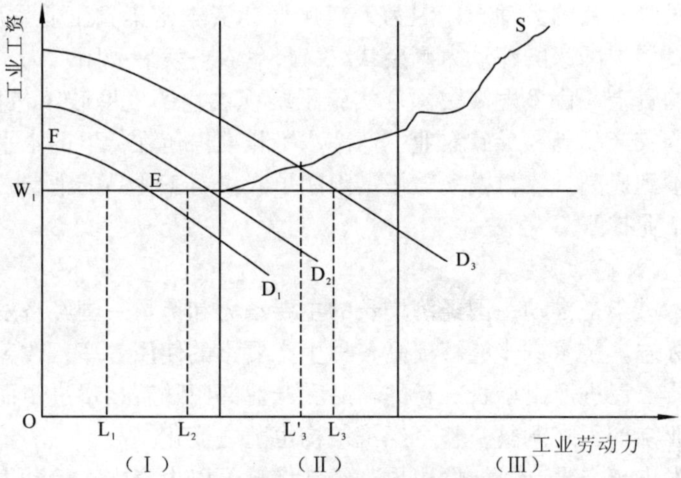

图3-4　拉尼斯-费景汉模型

拉尼斯-费景汉模型的第一阶段同刘易斯模型，即劳动力无限供给阶段。第二阶段，农业剩余劳动力已被工业吸收完毕，但还存在边际产出低于农业工资的伪装失业者。这些伪装失业者转移出去后，会引起农业总产量的下降和农产品价格的提高。农产品价格的上升将导致工业工资的提高，劳动供给曲线上升，结束劳动力无限供给的状态。在第三个阶段，农业中的全部伪装失业者都转移到农业部门，农业劳动力向工业部门的转移就停止了。以后，劳动力的配置将不再受部门的限制，而是在整个经济中按照边际效益最大化的原则进行配置。这样，二元结构转化成了现代化的一元结构，以后的经济发展就遵从新古典增长理论了。

拉尼斯和费景汉模型强调了农业对工业的贡献不仅在于提供工业部门所需要的劳动力，还为工业部门提供农业剩余。如果农业剩余不能满足工业部门扩张后新增工业劳动力对农产品的需求，经济增长和劳动力转移就会受到阻碍。因此，在鼓励工业部门扩张、加快经济增长时，不能忽视农业。

刘易斯和拉尼斯-费景汉的劳动力转移模型在很大程度上是发达国家发展经验的总结，在大多数发展中国家没有实现。主要的原因有三方面：一是由于城市失业和农村劳动力过剩现象并存，工业工资上涨，现代化工业部门不能像模型所描述的那样顺利扩张；二是扩张的工业也无法完全吸收剩余的劳动力，因为人口爆炸和资本密集型工业发展战略，加剧了发展中国家的劳动力剩余状况；最后农业发展受阻。为了筹集工业扩张的资金，许多发展中国家实施了歧视农业的发展政策包括征税、低价收购农产品等，导致农业生产率水平长期停留在低下的水平，农民收入得不到提高。农村发展缓慢，限制了农民对工业品的消费，进一步抑制了工业扩张。

3.2.1.4 技术进步

技术进步是推动一国经济增长的主要动力和衡量一国经济发展水平的重要标志。技术进步能够提高各种生产要素的使用效率，改善它们的结合方式，促进产出增长。新的产品和产业部门随着技术进步而不断涌现，产业结构因之调整，整个经济结构也随之变化。

技术进步与生产可能性边界。经济增长可以由资本、劳动力、自然资源等生产要素投入的增加而实现，也可以由这些投入要素产出效率的提高来实现，前者是外延的扩大再生产，后者是内涵的扩大再生产。这两种再生产都可以扩大再生产可能性边界，促进经济增长。对于农村土地资源来说，在人口压力下，产出增长将经历从外延式增长向内涵式增长的过程，这个过程可以用图 3-5 表示。

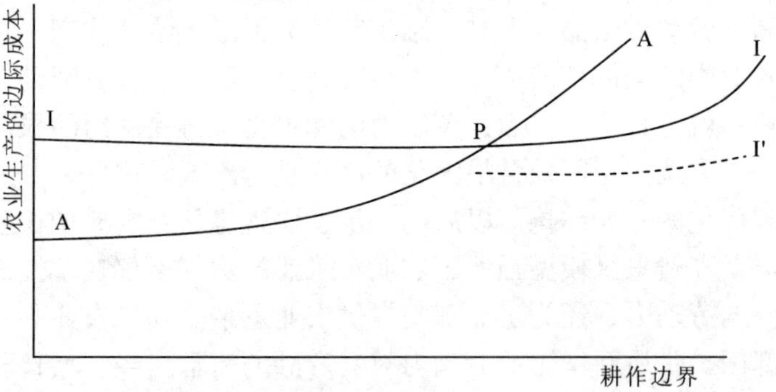

图 3-5 开发新土地与灌溉建设的农业生产边际成本之间的关系

在图 3-5 中，通过新开垦土地增加产量的边际成本用曲线 A 表示，通过修建灌溉设施增加产量的边际成本曲线用 I 表示。土地很充裕时，曲线A低于曲线I，表明外延式增长具有相对优势。随着耕作边界向劣等地移动，曲线A上升并在P点与曲线I相交，到达这一点后，灌溉（内涵式增长）成为更有利可图的方法。

随着灌溉面积的扩大，灌溉建设将从费用相对低的项目向费用更昂贵的项目移动，这意味着灌溉的边际成本又上升的趋势。最终，它会终止向土地基础设施投资的激励。然而，灌溉的改善使引入新的种子肥料技术成为可能。由于它们具有高度的互补性，肥料和良种具有降低生产单位最佳收入所需的灌溉成本的作用，这可以用灌溉成本曲线从I下移到I′来说明。这种下移提高了向基础设施投资而不是扩大可耕地的激励。这种关系显现出推动力量从扩大耕地面积到提高土地生产率的转移（速水佑次郎，2003）。

技术进步对我国农村造林的推动作用如速水佑次郎所描述的灌溉建设与肥料良种对农业生产的作用。在增加新林地的空间越来越小的情况下，扩大林业生产边界越来越依靠速生丰产等内涵式技术的应用，近十多年来，我国华北和华南地区速生丰产林的迅速扩大，主要归功于速生丰产造林技术的应用。

技术选择。随着就业和环境问题的日益严重，发展中国家开始意识到技术选择问题。怎样才能充分利用现有的资源条件获得最大产出，即根据资源的相对稀缺程度选择最优的要素投入比例是技术选择问题。技术选择会对一国或一行业的就业、环境以及经济增长的长远发展产生影响。

作为一种经济行为，技术选择实际上就是对不同要素投入组合的成本进行比较。

如图3-6所示，图中OO′为等产量线，该曲线上每一点所代表的劳动和资本的投入组合都可以得到相同的产量。KL或K′L′是价格线。等产量线和价格线的切点C和D是可选择的要素投入组合，射线I和II代表仅有的两种技术手段。若不计成本，I与II两种技术手段是无差异的。但生产要素是稀缺的，其稀缺程度反映在生产要素的价格上。如果劳动要素相对充裕，其价格就会较为便宜，就应该选择技术II，在价格线K′L′与等产量线OO′的切点D进行生产；反之，就应该选择技术I，在切点C进行生产（齐良书，2002）。

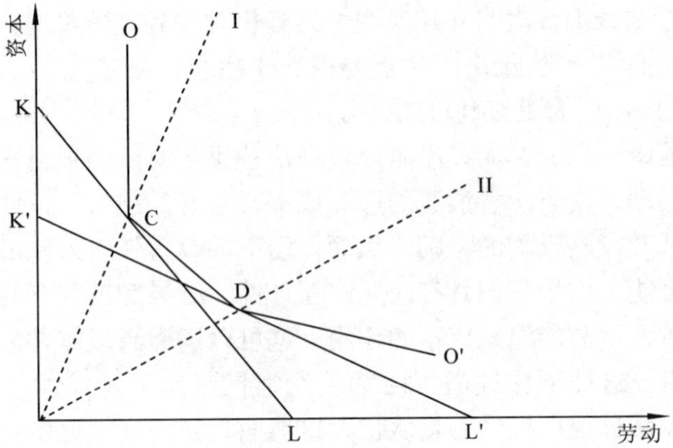

图 3-6 技术选择

在实际中，尽管舒马赫等经济学家早就指出发展中国家应当根据其劳动力充裕程度、资本匮乏的资源结构选择和引进“适用技术”，但由于以下原因，发展中国家并没有选择劳动密集型的生产技术。一是发展中国家的市场不完善，要素的价格不能正确反映其稀缺程度。制度的、结构的因素使工资率难以下降，而资本则由于人为的补贴而变得相对便宜。二是现代技术进步一般总是意味着更为密集的资本投入，它使原有的劳动密集型技术变得无利可图。三是与资本密集型技术相比，劳动密集型技术对劳动力技术水平和熟练程度的要求更高，而发展中国家劳动力数量虽多，但素质比较差。四是由于本国缺乏研究开发能力，发展中国家不得不依靠向发达国家引进技术，发达国家的技术主要是资本密集型的。

在农业生产领域，日本和我国台湾的经验为人口多土地少的发展中国家提供了一条技术创新之路，即采用良种和化肥这样以增加单位面积产出的农业品投入和技术创新，这样的技术，既可以分割又不受规模限制，可以被规模小的农户有效地利用和采纳，其对劳动力需求的增长率有可能高于劳动力本身的增长速度，有利于农村的广泛就业和减轻贫困。

3.2.1.5 贸 易

从一国的角度看，国际贸易与农村林业发展没有直接的联系，但从产业发展的角度看，国际贸易也影响农村林业的发展。改革开放后，木材及非木质林产品的出口增长对带动我国农村地区的造林和林产品加工起了重要推动作用。近年来，经济全球化所带来的森林资源在全球的配置、贸易的环境转嫁问题等，加速了我国的农村地区边际耕地营造速生丰产林和初级林产品加工的发展。

（1）重商主义贸易理论。最早的有关对外贸易的理论出自15～17世纪的重商主义学派。重商主义者把财富等同于金银货币，认为只有保证对外贸易顺差，才能使更多的金银货币流入国内。所以国家应该采取保护主义的贸易政策，对出口给予补贴，对进口加以限制。

（2）亚当·斯密的绝对利益理论。斯密认为，如果两个国家在某些特定商品的生产上各自占有绝对的优势，按照分工原则，两国各自从事不同商品的生产将是最有效的，两国之间的贸易将会给双方都带来利益，无论是顺差还是逆差。首先，国家分工通过自由贸易能促进各国劳动生产率的提高，从而有利于经济增长。其次，对外贸易可以使一国的剩余产品实现其价值，从而鼓励人们去提高劳动生产率，提高产品产量。再次，国际贸易还能增进消费者的利益，从而有利于经济的增长和发展。基于以上观点，斯密主张自由贸易，反对各种贸易限制。

（3）李嘉图的比较利益理论。李嘉图证明，即使一个国家在任何一种产品的生产上都没有绝对优势，但只要生产各种商品的相对成本与贸易伙伴并不完全一样，就一定会在某种商品的生产上占有比较优势。各国都应专业化生产本国相对成本较低的商品，就能通过国际贸易获得比较利益。他认为不受干涉的自由贸易不仅使一国，而且使各国的资源都得到最有利于本国的配置，从而有利于全世界。对于一国内部来说，对外贸易的扩大能够降低食物等生活必需品的价格，使工人的工资趋于下降，因为工资取决于工人购买生活必需品的成本。工资下降使企业主的利润率提高，有利于资本积累的扩大，而资本积累的扩大又有利于经济增长。

（4）赫克歇尔（Eli Hechscher）和俄林（Bertil Ohlin）的要素禀赋理论。他们和李嘉图一样，认为相对成本的差异是国际贸易的基础。在李嘉图那里，相对成本的差异来源于生产技术水平和劳动生产率的差异；赫克歇尔和俄林则认为相对成本的差异来源于各国要素禀赋的不同。生产过程涉及多种要素，要素组合是可变的。一国的生产要素禀赋决定了生产要素的相对价格，进而决定了商品的要素投入组合和生产成本。各贸易国应出口在生产中较多地使用本国丰裕的生产要素的商品，进口在生产中较多地使用在本国稀缺的生产要素的商品。按照要素评估理论，对外贸易可以改善发展中国家国内的收入分配状况，发展中国家劳动力过剩、资本短缺，因而工资水平低、利息高。但通过扩大对外贸易，增加劳动密集产品的产量，对劳动力的需求上升了，工资水平得到提高，而对资本的需求则相对下降，利息率有所下降。这样国内收入分配状况就会得到改善（齐良书，2002）。

（5）迈因特（Hla Myint）的国际贸易的剩余的出路理论（vent-for-surplus theory of international trade）。根据剩余的出口贸易理论，为偏僻的农业社会打开世界市场，并不像传统贸易模式所说的那样，是对已经充分就业的资源进行再配置，而是对以前未被充分利用的土地和劳动资源进行利用，为国外市场生产更大的产出。剩余的出路理论可以用图3-7来说明。

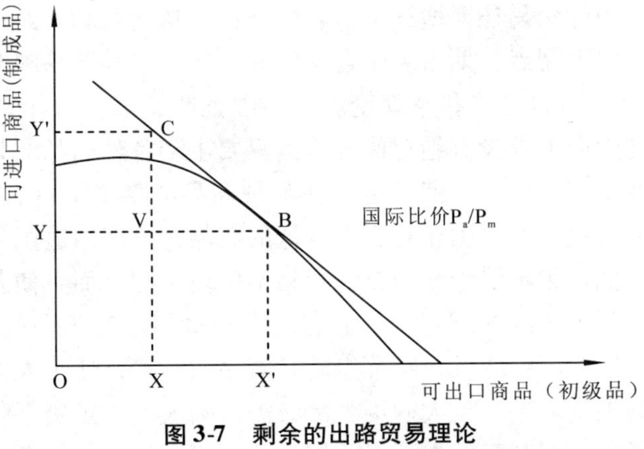

图3-7 剩余的出路贸易理论

贸易之前，在封闭经济条件下，某一发展中国家的资源未能被充分利用，表现为该国生产发生在可能性曲线以内的V点，生产和消费OX数量的初级产品和OY数量的制成品。该国打开国外市场以后，就给那些未被利用的资源的利用（通常是过剩的劳动和土地）提供了刺激，从而使可出口的初级产品生产从OX数量向OX′数量扩张，国内生产由生产可能性曲线的内点 V 向生产可能性曲线上的点 B 移动。给定国际商品比价 P_a/P_m，则 XX′数量的初级品出口换回 YY′数量的制成品进口。其结果，最终消费达到 C 点，从而该国在消费与以前同样多的初级品的同时，可以进口 YY′数量的制成品。把剩余资源转化为进口能力，不仅有可能扩大该国的消费可能性（进口消费品），而且有可能扩大其生产可能性（进口资本品）。迈因特认为，与比较利益理论相比，剩余的出路理论更能解释 20 世纪发展中国家出口的快速增长。因为如果没有未利用的资源，扩张过程就不可能持续（张培纲，2001）。剩余的出路理论能很好地解释自改革开放以来我国农村地区非木质林产品的生产和贸易扩张。

（6）贸易与生态破坏转移假说。近年来，随着全球森林资源的下降，各国政府纷纷采取措施限制本国木材尤其是天然林木材的出口，一些森林资源短缺的国家如我国实施了天然林禁伐政策，这些政策的实施改变了国际木材及林产品贸易流向，对周边国家的森林资源形成压力。这种通过贸易争夺森林资源的现象不仅出现在发展中国家和发达国家之间，在发达国家之间也存在。生态破坏是否通过贸易进行了转移还有待时间的验证。

3.2.2　农村发展的微观基础

大量乡村移民进入城市不是解决农村剩余劳动力的全部方法，城市不可能解决农村人口自然增长的全部就业问题。基本的解决办法应该是增加从事农业人口的绝对数，这是应付当前大量人口涌至城市的一个必不可少的措施。实现这个措施的条件是让乡村具有经济上的生存能力，拥有更多的耕作用地，农业生产力不断提高，建设更多的乡村工业，以及更好的社会公益设施（梅尔和劳赫，2004）。

3.2.2.1　农　地

根据《中华人民共和国土地承包法》，农村土地是指“农民集体所有和国家所有依法由农民集体使用的耕地、林地、草地，以及依法用于农业的土地”，根据《中华人民共和国土地管理法》，农用地是指“直接用于农业生产的土地，包括耕地、林地、草地、农田水利用地、养殖水面等”。据此，韩冰华认为农地（rural land）的内涵相对较为狭窄，是指专用于农业生产的土地。在本文中，农地资源包括耕地、林地、牧草地、园地以及滩涂等边际农业用地。农地的基本问题有两个：一为农地所有权问题，二为农地利用问题，而且这两个问题紧密相关，农地所有权会影响农地利用，农地利用又会牵涉到它的所有权（于宗先等，2004）。

（1）土地利用。土地利用是一个人文概念，意旨人们为特定目的对特定地区进行的改造和管理。它是指土地资源的开发、使用、整治与保护等，包括人们从事农林牧业或其他生产目的对土地资源的利用方式、利用强度及改造措施等，并主要反映在土地利用类型及土地利用的经济与生态效益等方面。或者说，土地利用是人们根据土地的特性和功能，以一定的经济目的来对土地的使用、改造和保护。除非是处于相对隔离的状态，否则土地的利用总是涉及对生态演替改变及试图维持一个已被修正的目标状况，包括从森林—草原经过农事耕作到城市—工业地貌等状况。

（2）农地资源及其特性。农地资源是一种特殊的资源，它既承载着农村地区生产和生活的重任，同时担负着农村社会经济发展要素流动的角色，还是相应产权主体资产的重要组成部分。作为农村生产资源的农地具有独特的特征。首先，农地的地理位置和气候环境是固定的。其次，相对于特定的生产活动来说，农地的供给是相对不足的。最后，农地是异质资源，即在土壤、地形、气候以及耕作植被等方面存在差异。农地具有位置固定性、面积有限性、质量差异性和地域分异性等自然属性，同时还具有供给稀缺性、利用方式相对分散性、利用方向变更的困难性、报酬递减的可能性等社会属性（韩冰华，2005）。

（3）农地资源转换及趋势。屠能土地利用模型：区位因素是影响地区经济发展水平和速度的重要初始因素。区位理论包括农业区位论、工业区位论、城市区位论等，最早产生于19世纪初，由德国农业经济学家冯·屠能（Von Thunen，1783～1850）首创，至第二次世界大战前，又由阿尔弗雷德·韦伯（Alfred Weber，1868～1958）和廖什（August Loseh，1906～1945）等人进行了重大拓展。按照古典经济学的生产要素（即土地、劳动、资本）学说，屠能把具体的地理条件抽象化，用区位地租来解释一定区域内农业各部门应有的布局特征。他根据在德国北部麦克伦堡平原长期经营农场的经验，写出了《孤立国同农业及国民经济的关系》（简称《孤立国》）一书，并于1826年正式出版。该书首次正式提出了农业区位模式。屠能认为，合理的农业布局应尽可能地节约农产品运费，以最大限度地增加利润。为研究的简化，屠能假想了一个大平原，平原被未能开垦的荒野所包围并与外界完全隔绝，屠能称其为“孤立国”。孤立国内，土壤、气候条件、农业经营者的能力和技术条件等，处处相同。孤立国中唯一的巨大城市，位于平原的中央，城市周围为农业腹地，城市是腹地多余农产品的唯一市场。由于运费的客观存在，以及不同的农产品对运输距离和运输时间的承受能力不同，以城市为中心，距城市不同距离的地区的农业发展方向就应不同。屠能认为，理想的农业分布，应该是以城市为中心，由内向外依次为自由农作带、林业带、轮作农业带、谷草农业带、三圃农作带、畜牧带。屠能的“孤立国”理论，系统地阐明了地理位置和市场距离对农业生产集约程度和土地利用类型的影响（张培刚，2001）。

当时德国经济学家们对农业生产和农产品贸易发展的基本观点是：农业经营方式应该全面地从粗放经营转向集约经营，集约化程度越高越好；农业布局方面则应根据自然要素禀赋的不同，各地应种植最适合本地生长的作物。冯·屠能的理论使人耳目一新：农业经营方式上，并不是集约程度越高越好，离中心城市越近，集约化程度越高，离中心城市越远，经营越粗放；农业布局上，并不是哪个地方适合种什么就种什么，与距离有关的地租、运费是最重要的决定因素。

在经济发展过程中，农地利用随经济发展目标而不断转换。在农地内部，耕地、林地、草地之间发生转换，同时，工业化和城市化进程中也将大量的农地转换为城市和建设用地，这个土地利用转换过程在发达国家和发展中国家都存在。在粮食问题解决后，发达国家如欧洲国家和美国率先开始将耕地转化为林地，此后，这种趋势开始在经济获得快速增长的东亚国家如马来西亚等国出现。我国在21世纪前，农地利用转换的总体趋势是毁林、毁草、围湖造田等，使林地、草地和湿地等转变为耕地，农地大量转化为非农用地，其间也有一些小规模的植树造林、恢复草地等，同时，随着农村土地的日益稀缺，一些劣质土地如滩涂、四荒地等被开发成新的农地。21世纪初实施的退耕还林工程扭转了耕地向林地、草地扩张的趋势，农地在生态保护方面的作用开始得到重视。

据黄季焜等人的研究，我国在1986～2000年间耕地净增加达265万hm^2，占1986年耕地面积的2%。在1986～2000年间，虽然耕地向非农用地转换的总量达306万hm^2，同期其他用地转为耕地的总量却高达571万hm^2。在转出的耕地中，38%属建设用地，大部分发生在我国东部沿海地区。由此可见，我国在1986～2000年间耕地不但没有减少，反而有所增加（Huang et al，2004）。

近十年来，我国耕地都在以每年近1000万亩的速度锐减。表面上看，农地资源的减少是由于城市化、工业化加快的作用而致，实际上农地的这种快速减少是市场经济条件下资源配置规律内在作用的结果，即在市场机制作用下使农地资源由边际收益低的部门流向边际收益高的部门（韩冰华，2005）。

（4）农地制度。不同的土地制度安排，决定着农户不同的经济行为，也决定着乡村不同的经济结构，最终它们都将影响或制约乡村经济社会发展的进程。因此，土地制度是决定乡村发展最根本的因素。

农村土地产权制度是界定国家、法人、自然人、非法人的组织等相关权益主体在农村土地利用方面的地位及其社会经济关系的系统规范。农地产权制度既是管理土地的规范，也是经营使用土地的规范，在农地资源配置过程中起着根本性的作用（韩冰华，2005）。

我国农地制度的产生。姚洋（2004）认为我国农村改革的一大特点是，国家从农村基层制度领域逐步退出以及乡村社区全面加强。1984年的宪法确定了村集体的土地所有者身份，从而使农地制度建设由国家转移到村集体手中。其结果有二：一是自发性的制度创新代替了原有的国家强制性的制度安排；二是产生了千差万别的农地制度。

我国农地制度的突出特点：地权的不完整性和不稳定性。地权由多种权力组成，包括法律所有权、剩余索取权、使用权、处置权以及这些权利的可靠性等。法律所有权属于村集体，其他权利则在集体与农户之间进行程度不同的分配。农村改革使农民具有了完整的剩余索取权（对耕地如此，对林地并非如此），但其他权利是不完整的。农民没有完全的土地自由使用权，土地使用权的有偿转让也受到限制，由于土地在法律意义上属于集体，农户间真正意义上的土地买卖是不存在的。姚洋认为地权不稳定的根源在于我国农地的成员权。所谓成员权，即土地集体制赋予村庄内部每个合法成员平等地拥有村所属土地的权利。由于成员权的存在，每当一个新的合法成员进入村庄时，他都有从他人那里分得一份土地的权利，而每当一个成员离开村庄时，其他人享有土地平分的权利，其结果是土地分配随人口的变化而变化。农地的社区成员权造成了农地继承权的不稳定性（姚洋，2004）。

农地制度与经济绩效的关系——地权稳定性效应和资源配置效应。不稳定的地权使农民对自己所拥有的地块缺乏长期的预期。土地的不定期调整的作用如同一种随机税，它在不可预见的某一天将土地拿走，同时带走农民投入土地的中长期投资。土地在农户间的单纯转移并不构成效率的损失。但是，由于附着于土地的中长期投资也同时随之转移，且其价值一般难以完全得到补偿，土地的原所有者将会失去投资土地的信心，因而从一开始就减少对土地的投资。这样一来，土地产出率下降，经济效率受到损害。必须注意的是，不稳定地权的负面影响并不局限于那些在调整中失去土地的农户，而且对村庄内的每个农户都有影响，因为，今年得到土地的农户，明年却可能失去土地。能够实现土地自由流转的农地制度能够促进资源配置效率的提高。土地的自由流转可以产生两种效应，即边际产出拉平效应和交易收益效应。边际产出拉平效应是指土地的自由流转促使土地边际产出较小的农户将土地租让给土地边际产出较高的农户，在边际报酬递减规律的作用下，两者的边际产出趋于相等，从而使农地资源配置达到无法再进一步改进的地步，实现农地资源配置的帕累托最优。农地交易收益效应是指土地交易性的提高，即农民在必要时找到买主或承租者的可能性，增加土地投资的价值，从而提高农民进行土地投资的积极性（姚洋，2004）。

农地制度变化与农村土地利用转换。近年来，我国农地利用结构调整频繁，多数农户种植结构的变化是由政府引导的，有少数农户的种植行为由自身引导，湖北省咸宁市汀泗镇古塘角村自 20 世纪 90 年代以来大约经历了三次大的农地结构调整。第一次是把耕地由种植双季稻改为一季苎麻、一季水稻，后由于苎麻市场行情猛跌，又改种双季稻。2001 年将大部分耕地改种杨树，2003 年该组 70% 的农户开始陆续拔掉杨树恢复水稻生产。由于种植杨树，水稻产量平均较种杨树前降低了一成或二成，减产的主要原因是杨树根系吸附带走了耕地的养分并导致水稻土板结度加大（韩冰华，2005）。

（5）林地利用。林业作为一种土地利用形式，与农业和畜牧业有许多不同的特点，这些特点包括：①长期性。从种植一棵树到最后采伐的时间很少短于6年，通常至少15年，有时超过100年。这意味着森林经营决策一旦被采用就很难改变。②多种功能。森林有许多用途和价值，这包括木材产品，用材、纸浆材或薪材；非木材林产品；水，水是森林的一种产品，对于某些河流流域来说，河川径流水的价值超过木材产品；土壤保持是所有森林经营管理中的一个重要组成部分，森林可以成为恢复退化土地的重要措施；生物资源保护；提供游憩和旅游服务，从限制进入的荒地、供步行和骑马的人工林、供旅游的国家森林公园，一直到高度商业化的野营等。③不同的经营集约度。森林经营集约度的幅度很广，从多少有些自然植被而不加管理的荒地，到由挑选树种组成的并通过经营管理改善他们生长及干形的集约经营森林，这中间包括仅进行择伐而不采取任何更新措施的森林经营，差不多完全靠天然更新的生产性天然林，人工促进天然更新，人工造林等不同集约程度的森林经营。④自然保护作用。林业始终具有自然保护的作用。在以木材生产为主的地方，自然保护仍然是极重要的。在其他类型的林业中，保持水土及生物资源是主要的目的。

3.2.2.2 乡村劳动市场

在完全竞争市场上，对于所有的生产要素来说，一个人的年收入只是代表他的要素禀赋使用的市场价值，人们之间的要素初始分配将唯一决定人们之间的收入分配，而且，生产不仅能够达到最大化，而且与要素的所有没有关系。在这样的市场上，用竞争的供给—需求模型解释每一要素的回报，就可以解释劳动收入。然而，当一个要素市场，或几个要素市场不存在或不完全时，这种模型就无能为力了。在乡村，由于没有土地交易市场，或者由于交易成本太高，土地所有者往往会雇用所有协作的生产要素（cooperating factors of production），在数量上与其土地达到最优配合，从而使生产有效运行。在这种情况下，所有要素市场在总体上是不可分的和相互联系的。即使劳动市场有效运行，其他任何要素市场的失灵，都会对劳动市场的工资和合约安排产生重要影响，因此，解释农村的劳动市场必须与土地的制度安排联系起来。

有的经济学家从另外的角度对乡村劳动市场进行了分析。他们认为，与城市劳动市场不同，乡村劳动市场表现出一些欠发达经济的特征。乡村劳动市场的运行，视乡村经济组织而定，这些组织包括简单家庭农场，扩展的家庭，土地劳动者，分成租赁者，或者种植园和地主。在乡村经济中，农户既是劳动的需求者，又是劳动的供给者。贫穷经济的一个特点，就是劳动生产与消费密切相关。雇主认为健康和营养能够影响农业生产力，因此，他们支付的工资往往高于可获得劳动的最低工资。因为，较高工资导致的额外消费，将提高农民的劳动生产力，而提高的生产力足以抵消因提高工资而增加的成本。这就是斯蒂格利茨的"效率工资假说"。较好的营养能提高劳动效率和农业生产力的事实，解释了为什么即使劳动过剩，且存在失业的情况下，在一个竞争性的劳动市场上工资不会下降。对雇主愿意付较高工资的另一种解释，是劳动更换模型（labor-turnover model）。该模型是斯蒂格利茨 1974 年创建的，他认为提高工资可以减少劳动更换。

此外，在乡村不仅有农业生产，还存在非农业活动。农户的劳动不仅提供给农业生产，也提供给非农业生产。以东亚为典型的乡村经济的发展，不光是农业生产的增加，还有非农业生产的发展。乡村工业如食品加工和使用现代技术的小家庭工业，与日俱增。在劳动力市场的静态和微观分析之外，还应考虑宏观动态的部门间的劳动力市场。从长期看，存在着广泛的乡村—城市人口流动，同时，现有的工资结构中，城市—乡村工资的鸿沟一直存在（张培刚，2001）。

3.2.2.3　乡村工业

20 世纪中后期，许多发展中国家，尤其是东亚国家，乡村工业得到了飞速发展，成为乡村经济中的一支重要力量。乡村工业的兴起和发展，不仅有利于乡村剩余劳动力的转移和增加农民收入，而且对乡村经济结构转型和乡村社会发展，都具有重要作用。

（1）影响乡村工业发展的因素。决定一个国家或一个地区乡村工业发展的基本因素有 5 条：①农业劳动剩余。农业劳动剩余总量，不仅在一定程度上决定一个国家或地区乡村工业发展的内在推动力的强度，而且在很大程度上决定该国或地区乡村工业的总体规模。一般来说，高度劳动剩余型农业大国的乡村工业规模，可以达到一个很大的程度。②乡村工业区位。乡村工业区位可以分为“资源取向”型和“城市取向”型。“资源取向”是指乡村工业的发展主要借助本地资源的开发和利用；“城市取向”是指乡村工业的发展主要靠城市工业的扩散和带动。乡村工业区位主要是“城市取向”，因为发展中国家的乡村工业是在本国城市工业有了充分发展的基础上才起步的，靠近城市的农村（特别是城郊）可以享用中心城市所提供的优越的产业、金融、技术和交通环境。③资本供给来源。乡村工业的资本供给主要来源于农业提供的积累、乡村工业的自身积累以及金融机构的信贷。④民间创新能力。创新管理才能及生产技术是乡村工业发展的重要因素。决定民间创新能力的因素主要有三项，即农村的开放程度，人力资本的禀赋，创新动机的多样化。⑤乡村社区结构。乡村工业以所在的社区作为自己生存和发展的社会基础。农村社会的结构特征涉及到很多方面，其中对乡村发展影响最大的是空间地域结构和所有制结构。

（2）乡村工业与农业、城市工业的关系：①乡村工业与农业的关系。在乡村工业发展的第一阶段，乡村工业数量不多，层次不高，各方面很不成熟，农业作为社区内现行的成熟产业对新兴的乡村工业提供劳动力、土地、食物及原材料等，多方面给予“哺育”。在第二阶段，随着乡村工业的起飞，工农关系处于一系列急剧的调整之中。由于工厂增多、规模扩大，结构也发生转变，必然对农业提出新的要求，如对食品、土地、原材料、资本等方面的需求日益增多。由此使乡村工业与农业的关系出现一种矛盾的两极倾向：一方面需要更深更广地依赖农业部门，另一方面又从许多方面损害农业部门。这种“依赖”和“损害”的矛盾，不仅制约着乡村工业的进一步发展，而且也影响了农业的发展。到了第三阶段，乡村工业需要解决上一阶段来不及解决的遗留问题，即对传统农业进行根本的改造，使之迅速转化为现代农业。这一阶段的乡村工业，对农业转型起着直接和间接的“反哺”作用，如为农业提供资金、基础设施等。②乡村工业与城市工业的关系。乡村工业形成的初始动机，首先是满足本社区农村剩余劳动力的就业需要，与此相关的还有提高农民生活水平以及扩大农村地区的收入来源。由于缺乏资金和技术，乡村工业只能进入某些劳动密集型或有特殊资源要求的产业，由此形成了乡村工业与城市工业的初始分工，即：乡村工业偏重于传统手工业和劳动密集型产业，而城市工业则偏重于资本、技术密集型产业。随着乡村工业的发展，它对工业领域的进入越来越多，就出现与城市工业争原材料、争资金、争市场的局面。但从长远看，随着乡村工业的发展，特别是它与城市工业的分工状态从初期的垂直分工为主向后期的水平分工为主的转化，乡村与城市在行业上的本质差别开始缩小，以至逐步同化。

（3）乡村工业对乡村经济结构转变和乡村社会发展的作用。乡村工业的作用主要体现在：①乡村工业加大了对传统农业的改造力度，成为农业发展的重要推动力量。例如，我国仅在 1978 ~ 1994 年间，乡镇企业直接用于补农建农的资金就有 900 亿元，相当于同期国家对农业投资的 80%，成为农业现代化建设资金的重要来源。②开辟了乡村就业门路，成为吸纳农村剩余劳动力的主渠道和农民收入增长的主要来源。1978 ~ 1994 年，乡镇企业共支付职工工资约 1.4 万亿元，占农民人均纯收入净增部分的 60%。③乡村工业促进了乡村的城市化和现代化（张培刚，2001）。

3.3 农村林业发展进程

农村林业的发展规律是什么？Hyde 教授根据屠能的土地利用模型描述了农村林业发展的进程。他指出，林业生产要素的配置服从基本的经济原理——即资源（土地、劳力和资本等）将向更高的经济利用方面配置直到这些利用的边际收益等于其成本。在这一规律下，农村林业的发展模式是农村发展→森林资源锐减→林产品稀缺性增加→林业投资增加→森林资源出现恢复性增长。

图 3-8 展示了拓荒时期农业和林业的土地利用转换。图中，横轴表示距离市场的远近，纵轴表示土地价值，A 点是地方市场，B 是农地收益线与土地权属成本线焦点，C 是农地价值为零的点，D 是林地价值为零的点。

农地价值 Va 是农产品农场价的函数，离市场 A 近的地方，农地价值高，反之，农地价值就低。函数 Cr 代表建立和保护这块农地产权的

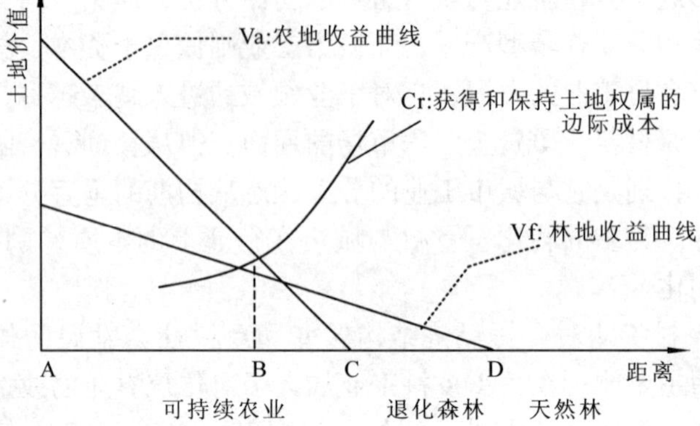

图 3-8 农林地转换与林业生产边界（I）

成本。在公共基础设施水平低、有效管理降低的地方，维护产权的成本就增加；地方越偏远，驱逐盗砍者的成本就越大。因此，农户在 AB 地段长期从事农业生产，把 BC 段作为公共土地资源进行短期利用，如自然生长的作物、草料、本地水果以及菌类等。他们不会在 BC 段投资，因为保护这些土地产出的成本要高于他们从这些土地上获得的收益。

就林地而言，最初，在农业开发边界点 B，天然成熟林的价值是负的，因为这些森林是开荒的障碍，砍伐森林的成本很高。只要开垦森林的农业价值加上采伐下来的木材的收益高于采伐森林的成本，拓荒者就会继续采伐森林，直到可采森林资源耗竭。林地价值 Vf 是林产品农场价的函数，林地价值随着林地边界的右移而变化，直到在 D 点，林产品的价格等于林产品的采运费，公地上不可持续行为将从 B 点外延到 C 点或 D 点。保护 BC 或 BD 林地产权的成本就很高，即便这样，从世界的经验来看，也不能完全防止非法采伐行为。

随着天然林资源的不断消耗，森林边界 D 将逐渐远离市场，森林过伐将持续下去，林产品运输成本将不断增加。此时，木材价格可能上涨，但仍不足以提高森林经营水平。

最终，当边界 D 移到足够远的时候，运输成本和木材价格的攀升将引发木材替代。替代有两种形式：一种是新消费品替代（煤油或节能灶对薪柴的替代）；一种是生产替代，即在一些离市场近的土地上人工造林和可持续经营森林。

在采运成本攀升的推动下，林地收益曲线向上移动（图 3-9 中箭头所指的方向）直到林地收益曲线与产权边际成本曲线的交点出现在农地收益曲线与产权边际曲线的左边，林产品价格上升，林地生产边界从 B 点向左右延伸到 B′B″，人工林或经营森林将出现在 B′B″段，这些森林可以是工业人工林、混农林业以及四旁造林。尽管混农林业和四旁造林大多没有算入森林蓄积中，但其经济价值是非常重要的。在孟加拉国，混农林业和四旁造林提供了 3/4 的木材和薪柴，在我国的北方平原地区，它们不仅提供了木材，还提供了重要的生态保护作用。

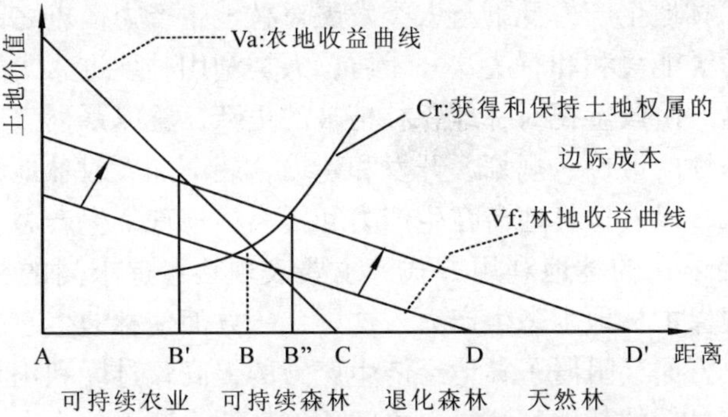

图 3-9　农林地转换与林业生产边界（Ⅱ）

这三条曲线都会由于政策的变动而移动，它们的移动将影响农地的经营，也将影响林地包括可持续林地的经营和天然林的利用。农业激励政策将使农地收益曲线右移，使农业生产利润高于林业，引发毁林开荒。Hyde 等假设农业激励政策将不利于森林可持续经营，或在当前或是推后。

林业政策包括无偿提供树苗、技术支持、公共林地投资、林业税费、采伐和运输限制等都会影响林地收益。不利于林业发展的政策如林业税费、采伐和运输限制等在发展国家是较普遍的，这些包括禁止出口、对木材加工的限制等，其目标或是支持国内加工业的发展，或是森林生态保护，但结果都不尽如人意。这些林业政策都会引起林地收益曲线的移动，从而影响森林经营活动。

除了林业政策之外，林地的地理位置也是决定林地收益曲线的重要因素，对于自给自足、地处边远的林区来说，这个因素更加重要。因为林产品具有的体积大或易腐烂的特点，使其对基础设施尤其是道路交通和市场等因素更加敏感。

回顾人类对林地利用的历史，大致经历了掠夺性利用、纯经济性利用和持续性利用三个阶段。掠夺性利用林地是一种“重取不予”的林地利用方式，主要表现在：林地面积迅速减少。为适应人口增长，大量林地被开垦为耕地、牧地、居民点用地与厂矿用地；无林地面积迅速增加。原始林遭到严重破坏，大片大片的有林地演变为无林地；林地森林植被的更新完全依赖自然力，林地与外部环境之间的物质、能量循环缓慢，导致了林地生产力低下与人类发展对林地生产力需求之间不相适应的矛盾。为了能缓和和解决这一矛盾，人类利用林地进入了纯经济性利用阶段，这一阶段重视对林地森林植被的更新，施以系列人工措施，进行林地经济性的评价、规划、开发和建设，逐渐加大对林地利用的资金与科技投入，以发挥林地潜在生产力和提高林地现实生产力，但仍为一种“重取轻予”的林地利用方式，主要表现在：追求高的林地经济生产力，忽视保护林地生态生产力。这样，一方面使林地生态生产力遭到破坏，另一方面又阻碍了林地经济生产力的提高；过度利用林地生产和经济产品与过低的林地经济投入之间比例失调，造成地力衰退，林地退化形成加剧发展趋势。林地纯经济性利用的不良后果，使人类不得不反思和改变原有的林地利用方式，进而确立了持续性利用林地的新理念并迈向持续性利用林地的新阶段。这一阶段重视对林地的全面评价与科学规划，进行综合性的开发和建设，在保护林地生态生产力的前提下合理利用林地的经济生产力，求得林地生态生产力与经济生产力的统一，实现林地与环境之间物质和能量的良性循环。目前，包括我国在内的发展中国家基本处在第二阶段向第三阶段转变过程，一些发达国家如美国、法国、英国、德国、日本等国已基本完成了第二阶段，这些国家的林地利用总体上已进入了第三阶段。

我国农村林业实际上遵循了两个发展轨迹。一个是 Hyde 所描述的农村林业发展进程，即在农村发展早期，森林资源被过度利用，之后，随着资源的减少，木材和林产品价格上升，林业投资增加，森林资源出现恢复性增长。这是一个林业生产发展轨迹。另一个是森林生态发展轨迹。森林资源过度消耗，将带来的农村地区生态退化问题，如同其他环境问题一样，到经济发展到一定阶段，森林生态投资将会增加，以生态服务为主的林地和森林将增加，生态退化将最终被遏制，农村地区的森林边界将扩大。这个森林生态发展轨迹同环境库茨涅兹曲线。生产发展和生态恢复这两个驱动力，将在长期内共同增加我国农村地区的森林供给。

3.4 小 结

农村发展是我国农村森林供给的基石。农村土地存量、地理位置及利用方式决定农村森林供给的规模和质量，乡村人口流动、劳动力数量与素质决定农村森林资源利用和保护的程度，乡村工业的发展和市场的发育是带动森林资源培育业的重要因素。农村地区的森林资源是我国不可替代的生态与环境资源。我国是人口大国，工业化和城市化不能解决所有农村人口的发展问题，我国不可能走发展城市、丢弃乡村，然后让其慢慢发展的路子，人口总量和城市发展的空间决定有一部分农村人口留在乡村继续发展，继续利用这里的资源。这部分留下来的人口和土地不仅是今后农村地区经济发展和森林供给的途径，而且也是增加和保有我国森林生态供给总量的资源基础，欧盟农业政策在遭受多年攻击的情况下仍坚持实施的重要理由之一，是农村为这些国家提供了不可替代的生态和环境资源。由于发展阶段的限制，我国还没有充分意识到农村地区对我国生态环境的重要性，继续实施城市剥夺农村的二元经济政策。因此，如何提供政策激励，让农村林地实现可持续利用、增加森林供给是我国农村地区长期林业发展战略必须解决的问题。工业反哺农业、城市反哺农村的社会主义新农村建设在促进农村发展的同时，为增加和保护农村地区森林资源提供机遇。

4

森林与农村发展——世界的趋势[①]

过去20年世界森林和林业发展的路径是什么？什么是影响全球森林和林业发展的关键因素？发达国家和发展中国家之间有没有相同的森林增长路径？森林资源遭受严重破坏的发展中国家还有没有恢复森林的机会？如果有，这些机会是什么？

本章将通过对这些问题的回答，总结过去20年世界森林趋势，为准确判断我国农村林业发展的现状与未来发展潜力作准备。

4.1 森林资源

4.1.1 森林资源现状

2005年，全球森林总面积38.62亿hm^2（见表4-1）。按生态区分类：47%在热带，33%在寒温带，11%在温带，还有9%在亚热带；澳大利亚、巴西、加拿大、中国、刚果、印度、印度尼西亚、秘鲁、俄罗斯以及美国等10个国家的森林占全世界森林的2/3；没有受任何人类干预的原始森林面积13.9亿hm^2，占世界森林面积的36%；人工林面积虽有较大增加，仍仅占全球森林面积的5%。2005年，约有11%的森林用于生物多样性保护，有3.48亿hm^2的森林用于水土保持、防治荒漠化和沙化以及海岸保护，1/3的森林用于生产木材、纤维和非木质林产品，并对地区、国家和世界经济作出重要贡献。

---

① 本章的主要内容根据联合国粮农组织1997~2005年的《世界森林状况》整理而成，不同的资料来源将注明出处。

表 4-1 1990～2005 年世界森林面积（亿 hm^2）

	1990 年	2000 年	2005 年
非洲	7.03	6.50	6.46
亚洲	5.51	5.48	5.49
欧洲	10.30	10.39	10.40
大洋洲	2.01	1.98	1.97
全中北美洲	5.55	5.49	5.49
全南美洲	9.23	8.86	8.81
全世界	39.63	38.69	38.62

资料来源：《世界森林状况》；《全球森林资源评估 2000 年主报告》。

4.1.2 世界森林资源总趋势

自 20 世纪 80 年代①以来，世界森林资源总体仍呈下降趋势，下降的程度由于近年来的大规模人工造林而有所减缓。

1980～1995 年②，世界森林面积减少了大约 1.8 亿 hm^2，大体上相当于印度尼西亚或墨西哥的面积，每年损失 1200 万 hm^2。在这 15 年期间，发展中国家损失了将近 2 亿 hm^2 的天然林，主要是由于采伐森林用于农业生产（迁移性耕作、其他自给自足农业、经济作物、经营牧场），新造人工林仅仅弥补了部分损失。同一时期，通过荒山造林和再造林，包括退耕还林，发达国家的森林面积有了缓慢的增加（大约

① 本书对世界森林的趋势分析从 1980 年开始，原因是自 1980 年开始出现了关于森林减少的三个估计。一个是 1980 年美国的《全球 2000 年》，一个是联合国粮农组织和环境规划署 1980～1985 年对 76 个热带国家的森林估计，第三个是 1990 年联合国粮农组织的全球森林估计。

② 联合国粮农组织自 1990 年以来做了 4 次重要的全球森林资源统计，分别是 1990、1995、2000 和 2005，其中，1990 年和 2000 年的评估结果最准确。在此之前，1980 年也进行了世界森林资源统计，但口径与目前的不一致。在联合国粮农组织 1997 年的《世界森林资源状况》中，详细地比较了 1980～1995 年 15 年的世界森林资源变化趋势，2005 年的世界森林资源统计结果于 2006 年初公布，为了与前一次的森林变化比较相一致，本文将用 2005 年和 1990 年的数据分析全球最近的森林资源变化趋势，省略 2005 年与 2000 年的比较，这样也更能看出全球森林资源变化的长期趋势。

2000 万 hm^2)，所增加的森林面积超过发达国家主要由于城市化和基础设施建设而丧失的森林面积。图 4-1 显示，在此期间，欧洲、北美洲等发达国家的森林资源已呈增长趋势，发达国家森林面积平均增加 2.7%，所有的发展中国家森林都有不同程度的减少，其中，森林减少最多的是非洲和南美洲地区，分别减少 10.5% 和 9.7%。

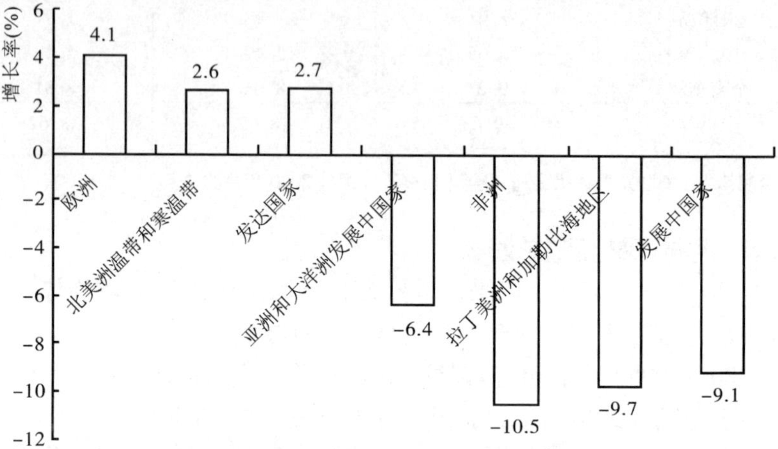

图 4-1　1998 ~ 1995 年世界森林面积变化

1990 ~ 2005 年的 15 年间，世界森林面积净减少①1.1 亿 hm^2，减少 2.6%，平均每年净损失森林 675 万 hm^2；除欧洲外，其他各大洲的森林面积仍有不同程度的减少，减少幅度最大的仍然是非洲和南美洲，分别减少 8.1% 和 4.5%（图 4-2）。

对比两个 15 年间的世界森林面积，有两个鲜明的变化。一个是世界森林面积总体仍在下降，但下降的幅度明显放缓，改变世界森林资源总量格局的主要力量一是欧洲、北美洲以及新西兰、澳大利亚和日本这些经济发达地区，这些地区自第二次世界大战结束后，就开始了大规模的植树造林，到了 20 世纪 80 年代，这些地区的森林资源都已实现了恢复性增长。另一个增加全球森林资源的重要力量是以中国、印度为首的经济快速发展国家，这些国家自 20 世纪 90 年代以来开始了大规模的植

① 毁林面积与造林和天然林面积增加的差。

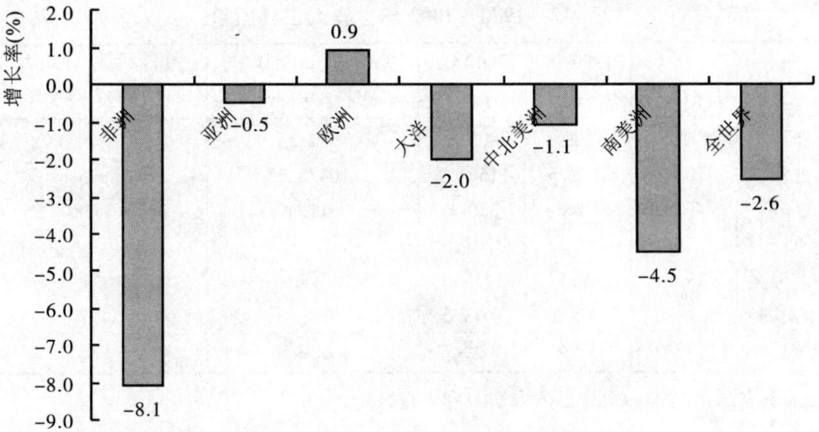

图 4-2 1990～2005 年世界森林面积变化

树造林，2005 年同 2000 年相比，亚洲的森林面积首次出现 100 万 hm^2 的增长，主要归功于这些国家快速发展的人工林。

第二个鲜明变化是发达国家和发展中国家之间森林面积消长的明显区别正在消失。1980～1995 年间，所有发达国家的森林资源都呈增长趋势，发展中国家则相反。到了 1990～2005 年期间，中国、印度、越南等发展中国家森林面积率先增长，一些发达国家如澳大利亚森林面积有所减少，发达国家和发展中国家之间森林消长的明显界限正趋于模糊。

4.1.3 人工林发展

由于工业的发展，对原始森林的破坏性利用造成了资源严重短缺，大力发展人工林是世界各国面对天然林和天然次生林日益减少所采取的共同和长期的林业发展战略，人工林在世界森林资源中发挥越来越重要的作用。自 20 世纪 80 年代以来，世界人工林面积不断增加。2000 年，世界人工林面积达 18700 万 hm^2，占世界森林总面积的 5%，比 1980 年增长了 9 倍多。2000 年世界人工林的分布为：亚洲占 62%，欧洲 17%，中北美洲 9%，南美洲 6%，非洲 4%，大洋洲少于 2%（见表 4-2）。

表 4-2 1980～2000 年世界人工林面积

	1980 年（万 hm^2）	1990 年（万 hm^2）	2000 年（万 hm^2）	2000 年比 1980 年增长（万 hm^2）	2000 年比 1980 年增长（%）
非洲	171.3	299	803.6	632.3	369
亚洲	1108.8	3177.5	11584.7	10475.9	945
大洋洲	8.8	18.9	320.1	311.3	3538
欧洲			3201.5		
中北美洲	28.7	69.1	1753.3	1724.6	6009
南美洲	460.4	794.6	1045.5	585.1	127
全球总计	1777.9	4359	18708.7	16930.8	952

资料来源：《全球森林资源评估 2000 年主报告》。

亚洲拥有世界上最大的人工林面积。2000 年亚洲人工林面积达到 1.16 亿 hm^2，比 1980 年增长 9 倍多，1980、1990 和 2000 年，亚洲人工林面积分别占世界人工林面积的 62%、73% 和 62%。世界 10 个人工林面积最大的国家占了全球人工林面积的 79%，其中 6 个国家在亚洲，中国、印度、俄罗斯和美国拥有全世界约 60% 的人工林。中国是世界上第一大人工林国家，2000 年人工林面积为 4670 万 hm^2，占世界人工林面积的 24%，其他前 10 位人工林国家依次是印度 17%，俄罗斯 9%，美国 9%，日本 6%，印度尼西亚 5%，巴西 3%，泰国 3%，乌克兰 2% 和伊朗 1%。

2000 年，工业林人工造林（也就是那些为工业生产供应原材料的造林）占全球人工林的 48%，非工业人工林（如薪材林、水土保持林和防风林）占 26%，另外 26% 未详细说明。有较多工业林面积的国家是中国（3700 万 hm^2）、美国（1600 万 hm^2）和印度（1200 万 hm^2）。这 3 个国家占 2000 年全球所有工业林面积的 73%。非工业人工林面积占很大比重的国家是印度（2100 万 hm^2）、中国（800 万 hm^2）、印度尼西亚和泰国（均为 400 万 hm^2），总共占世界所有非工业人工林的 75%。在人工林发展中，林地权属很重要。在这 10 个人工林面积最大的国家，工业林的所有权 33% 归公共所有，26% 为私有，另外 44% 是其他或未说明的。非工业人工林中，39% 是公共的，39% 是私有的，22% 是其他或未说明的。

人工林部分满足工业用木材和纤维的需求的潜力正在增加，人工林的增长有助于减轻天然林采伐压力。根据联合国粮农组织2000年森林资源评估结果，全球的人工林面积仅占全球森林面积的5%，且工业用人工林的面积估计少于3%，但估计这些人工林大约提供全球原木的35%，预计到2020年增加到44%。1997年，人工林满足了新西兰99%的国内工业用材需要，智利为84%，巴西为62%，赞比亚和津巴布韦均为50%。如果在大多数生态地区以发展人工林为目标，并且能持续应用森林管理规则，那么，人工林就能替代天然林作为木材来源的地位。在智利、印度尼西亚、缅甸和南非，发展人工林的一个主要目标是补充天然林的木材供给。新西兰、菲律宾和泰国的天然林已经全部或大部分不再生产木材，并将其纳入森林保护战略。1998年后，为了改变退化的生态环境，中国的天然林也开始停止商业性采伐或减少采伐。

在发达国家，私有部门在发展人工林上起着主要作用，但是，在发展中国家大多数人工林还是由政府来营造。在一些发展中国家，在一系列政策如土地使用期限的变化、更宽松的政策和立法、收益率和投资资金可获得性等的鼓励下，私有部门（包括个体土地所有者和企业，通常是合作伙伴）正在越来越多地参与营造人工林，这些国家包括巴西、印度、印度尼西亚、马来西亚和泰国等。

从总体上看，尽管亚太地区人工林增长的速度很快，但还不能替代天然林。这个地区乃至全球，当前工业化人工林的发展速度不足以弥补消费的增长和天然林产品的下降。

随着科技的发展，社会经济环境的变化，工业人工林的发展也将呈现出新的变化，表现在以下几个方面：造林地向水热条件好的地区转移，工业人工林基地化、规模化建设步伐加快。造林树种的生长率越来越高，轮伐期越来越短。经营目标日益明确，持续经营措施将得到加强，以经济效益为目标，辅之以持续的生态经济措施，是当今人工林的发展趋势。

4.2 森林利用与管理

4.2.1 森林利用

4.2.1.1 从食品利用到环境服务——森林角色的转变

在不同的社会发展阶段，人类对森林的需求不同。在采集渔猎时期，衣食是人类对森林的第一需求；农业诞生以后，人类的衣食不再完全依赖森林的自然产出物，森林作为肥料和潜在的耕地资源支持农业的拓展。此后，森林作为燃料、材料、原料，在满足人类生活需求和推动经济发展方面发挥重要作用。随着人类文明程度进一步提高，森林特有的生态环境功能和生物基因库功能，作为人类社会可持续发展的必备条件受到越来越高的重视（李周，2004）。目前，世界各国的森林利用都进入多用途时期，森林的生态和环境功能受到越来越多的重视。

4.2.1.2 森林和耕地之间的转化

随着经济发展，世界范围内林地和耕地之间的转换不断进行。1700～1980 年间，世界的森林覆盖率下降了 19%，而农业用地的面积增加了 4.5 倍。根据最近的估计，在 20 世纪 90 年代，世界上每年有 0.38% 的森林被转作其他用地（即毁林）。与此同时，也有很大面积恢复为森林，全世界每年森林的净面积损失率为 0.22%。国际应用系统分析研究所和联合国粮农组织的研究结果表明，这一时期，约有 70% 的国家的农业用地在扩大，有 25% 的国家在缩小，有 5% 的国家大体上保持不变。发达国家以及东亚的韩国、马来西亚以及中国已经出现了退耕还林的趋势，热带国家尤其是热带非洲和南美洲农用地向林地的扩展还在继续。根据联合国粮农组织的估计，到 2010 年，发展中国家除中国以外的农业用地面积将需要增加 7.6 亿～8.5 亿 hm^2 才能满足粮食的需求。

发展中国家的人口增长及对土地需求的增加是推动森林转化的动力之一，非洲和亚洲生计农业的发展，拉丁美洲和亚洲开展涉及重新安置、农业和基础设施的大型经济发展计划等加速了耕地向林地的扩展；发达国家森林面积净增加主要是由于荒山造林和再造林，包括农业退耕土地上的自然再生长，这些新增的林地面积弥补了各发达国家城市发展和基础设施建设占用的森林面积。

目前，由于在应对贫困和粮食不安全方面所面临的相似问题，农业和林业比以往更加不可分割地紧密相连。森林和树木的可持续管理包括农林复合经营和流域管理，可以减少粮食不安全因素、减缓贫困和改善农村贫困人口的环境质量。在农村发展中，将水资源、农业和森林统筹考虑，是发展中国家农地利用的发展趋势。

4.2.1.3　森林退化

与毁林相伴而生的是森林退化现象。森林退化和损失的原因是复杂的，不同的地方有所不同，直接原因和潜在原因也有所不同。森林退化的主要直接原因是病虫害、火灾、工业木材、薪材及其他林产品的过度收获、用材林的不当经营，包括低级的采伐作业、过度放牧、空气污染，以及类似于暴风雨的极端气候事件。这些因素引起的生境退化，以及野生动植物的过度捕获，是导致森林野生动植物地方枯竭的主要原因。潜在的森林退化原因包括贫困、人口增长、林产品的市场交换和贸易，以及宏观经济政策。

4.2.2　森林资源管理

把森林作为具有多方面经济效益和环境保护价值的生态系统来经营正成为新的森林经营趋势。与之相适应，近年来，许多国家的森林管理目标、管理方法和管理人员本身发生了重大变化。这些变化包括：日益重视环境价值；多用途管理天然林备受重视，一些地方降低伐木强度和改变管理方法，一些国家宣布禁止采伐天然林；日益重视把天然林用于环境保护、生物多样性保护和娱乐，提高对人工林和其他木材供应来源的依赖程度提高。为此，世界森林管理出现了如下主要变化趋势：

4.2.2.1　基于社区的森林经营

近年来，人们越来越认识到，在缺乏合理的管理结构和体系的条件下，发展经济、减缓贫困、保护环境、社会公平等方面的努力是不可能成功的，正确确定政府、民间社团、私有部门在森林管理中的作用成为发展中国家森林资源管理的重点。目前，许多国家的政府林业机构普遍经历着地区分散化、改组重建以及规模缩小等变化。面对匮乏的财政和人力资源，政府把保护和经营国有林的任务转向社区。因此，社区参与森林经营成为国家森林政策和实践、全世界国际支持林业的计划的一个重要方面。

20世纪80年代，南亚开始了大规模的基于社区的森林行动。那时，基于社区经营的林区通常是那些被认为或划分为退化的或没有商业价值的地区，现在仍然如此。例如，在印度的联合森林经营（JFM）下，交给社区经营的森林通常是退化的森林，大多数商品林仍由国家经营。社区提供劳动力，管护森林，改善退化的林地，促使森林更新。国家获得更新的森林和来自木材及其他资源的大部分收入。社区获得进入权，可以进入法定禁止收获NWFPs的林区，并获得部分木材销售收入。这种形式的社区参与经营，也就是以使用者为中心的合作，把当地的利益确定为使用者的利益等。

最近，非洲出现了新的基于社区的自然资源管理模式。该模式所采取的措施与亚洲以使用者为中心的模式有显著的区别，其区别在于地方社区成为森林的股东，而不仅仅是其产品的使用者；支持社区的保管者获得利益，这些利益大多来源于历史、地理位置、社会环境效益，而不是利用产品获得的利益；基于社区的森林股东必须提出一系列森林经营目标，包括森林保护、森林生产，以及减缓贫困或经济效益。

4.2.2.2 天然林禁伐和限制利用

为了保护和保存森林，减少洪水泛滥、泥石流和土地退化，亚洲和太平洋地区的一些国家开始全部或部分禁止在天然林中伐木。为了评估天然林禁伐的效果，亚太林业委员会（APFC）对六个禁伐国家（中国、新西兰、菲律宾、斯里兰卡、泰国和越南）进行案例研究。研究显示，整个亚太地区禁止伐木的经验有很大的不同。新西兰和斯里兰卡在保护国有天然林上取得巨大的成功，新西兰把采伐压力转移到其他来源如人工林，而斯里兰卡把采伐压力转移到庭园树木及通过进口替代。在其他一些国家，天然林不允许采伐对林业部门、地方经济和社区生活都有严重的负面影响，禁止伐木常常不能起到有效保护森林的作用，这是因为在缺乏严格的监测和控制的情况下，更具破坏性的非法采伐活动仍在进行，或采伐转移到环境控制和监控能力较弱的邻国。一些国家，如泰国和菲律宾，由于不正当的动机，采伐限制实施的无效性，以及缺乏其他土地和木材资源，阻碍了其他国内木材供应的开发。这两个国家尽管十多年前就强制实行全部或部分伐木禁令，但是仍然经历着高速度的毁林和非法砍伐，目前，这两个国家已经成为主要的木材净进口国家。

APFC 的研究认为，禁伐令不是应对天然林保护挑战的一个简单途径。更准确地说，采伐禁令和限制只是一项可能的政策措施，仅在相应地考虑了潜在的内涵和实施要求具备的条件后才可使用。伐木禁令本身很少能解决毁林和森林退化的根本深层问题。

限制或禁止采伐的影响很多，包括：将采伐的压力从一个林区转移到另一林区；影响依赖于森林生存的人们的生活；增加或减少在林业部门内部或外部的就业机会；改变贸易方式或地区的资金流动；打破现存的国内和国际市场，鼓励开拓新的国内和国际市场。

4.2.2.3 森林私有化

自 20 世纪 70 年代末以来，世界各国政府经常使用私有化措施来提高经济能力。然而森林并没有被列入第一批私有化的资产之中，部分原因在于森林权属问题的敏感性，人们对它在保护环境、为社会提供服务方面的必要性的认识逐渐增加，以及它的高风险和低回报特性等。自 20 世纪 90 年代以来，水、土地和森林已经逐渐成为常见的私有化对象。这种趋势在人工林方面的体现比在天然林方面更普遍，但中欧和东欧地区除外，这一地区的林地正在归还给以前的所有者。另外，个体和非政府组织对林地的购买正在不断增加，并通过签订保护森林的特许合同条约来获得林地。

世界各国森林私有化方式主要有 4 种：①所有权转让。这种方式或是通过将森林资源出售给出价最高的竞标者，或是以财政交易或非财政交易转移给适当的受益者。这种方式被一些国家广泛地应用于人工林的私有化，如新西兰和南非。②通过转让资源使用权、收益所有权及经营权给个人或公司实体的方式，国家将林业生产性资产返还给原所有者，这种方式用于中欧和东欧及南非部分地区。③将使用权转让给私人企业、社区以及家庭，但国家保持对森林资源的所有权。使用权转让的方式包括资源的行政分配或通过竞标签订租赁合同，政府保留决定商品和服务流通的权利。④在保留国家所有权及商品和服务流通以及分配决定权的前提下，征购私人劳务或将劳务外包。政府可以外包森林管理和经营活动，如林木清查、采伐、育林及森林保护。

人工林私有化。1974 年以来，智利政府利用激励措施使私有人工林面积扩大，已超过 200 多万 hm^2。新西兰的人工林私有化始于 20 世纪 80 年代后期，已出售了 55 万 hm^2 国有森林、锯材厂、苗圃和其他资产，90 年代初开始向国内以及国外投资者出售长期采伐与经营权；到 2000 年，新西兰 94% 的人工林为私人所有，但不包括土地。与之类似，2000 ~ 2002 年南非对大约 9 万 hm^2 人工林实行了私有化，而且私有化仍在继续。非洲的一些其他国家如埃塞俄比亚等也进行了私有化。

天然林和造林地。私人部门介入天然林经营较普遍的形式包括特许权或租赁合约、采伐许可证或出售活立木、外包经营及社区经营。据保守估计，由社区拥有或经营的森林在过去的 15 年里已翻了一番，达到了 3.5 亿 hm^2。

各地区私有化趋势：①非洲。在大多数非洲国家，森林资源归国家所有，国家通过行政与竞争机制分配使用权。在加蓬，221 个森林特许权经营者经营着 1190 万 hm^2 森林，占森林面积的 56%（全球森林监测，2000）。喀麦隆已经把 81% 的森林纳入特许权经营，其中有 37% 已经得到批准。在南非，私人部门拥有并经营着 70% 的人工林，这一趋势大致体现了目前和未来私人企业在南非工业人工林和生长计划中的作用。②亚洲。在亚洲，企业家和社区都参与林业部门的私有化。后者的参与在不断增加，原因在于社区可通过项目活动和共同规划方式进行经营，拥有经营村庄周围林木的权利。1997 年之后，马来西亚以协议形式将沙巴 250 多万 hm^2 的土地使用权交给私人企业，并承诺 100 年不变。在印度尼西亚，2000 年，有 6900 万 hm^2（约）650 个特许权得到批准，不过到年底实际经营的还不到一半，但经营面积近 3400 万 hm^2。20 世纪 80 年代初期开始，中国在不改变林地所有权的前提下，将林地使用权和经营权交给农户，以鼓励私人对林业的投资。目前，中资和外资公司均与社区和农户签订了互惠互利的经营合同。在印度，63600 个社区参与林业合作经营，保护、更新造林面积近 1400 万 hm^2，占林地面积的 19% 以上。③中欧及东欧。在中欧及东欧，多数国家正在把前政权没收的财产归还给原所有者，包括林地。体制变革正在进行，与森林相关的产业也在快速发展。400 多万新的森林所有者人均拥有约 $2hm^2$ 森林，但多数人对森林管理、贸易或市场经济缺乏经验。已经加入欧盟的国家（捷克共和国，爱沙尼亚，匈牙利，拉脱维亚，立陶宛，波兰，斯洛伐克及斯洛文尼亚）或即将加入欧盟的国家（保加利亚及罗马尼亚），已将280万hm^2森林归还给原所有者，但国有森林面积仍占林地总面积的63%。到2003年6月，罗马尼亚已将140多万hm^2，占林地总面积29%的森林归还给原所有者，其中，绝大多数原所有者是地方政府和社区，私人原所有者只有22.4万hm^2。中央和地方林业管理部门计划在2004年底完成归还私有林的工作。④拉丁美洲。在拉丁美洲，绝大多数天然林归国家所有，在许多国家，土地所有权仅限向贫穷的农民转让。迫于农场主或者私人企业的压力，一些林地被分配给私人进行土地利用。在最大的天然林地区，土地利用的变化与农业需求密切相关。在秘鲁，2002年颁布了与森林和野生动物有关的法规后，政府以特许权方式安排了6750万hm^2森林中的2100hm^2用于木材生产，特许权经营的面积大约为5000～40000hm^2，特许年限最高达40年。2003年玻利维亚有540万hm^2，占林地面积的10.2%的森林为一般特许权经营，同时对长期协议（40万hm^2）和科研（20万hm^2）用林地，政府与使用者签订了不同类型的土地租赁合约。厄瓜多尔将森林经营外包。而在多米尼加共和国，独立林务工作人员监督政府批准的私人林地森林经营计划的执行情况，并向政府报告结果。⑤独联体国家。尽管这些国家还没有转让森林资源所有权，但私人部门介入森林经营在不断增多，主要形式是以森林特许经营权方式转让长期使用权。在俄罗斯联邦，森林资源可能仍归国家所有，但私人部门正在通过特许权或由林业管理部门监督的其他契约合同的方式介入森林经营。在保证森林国有的条件下，预计绝大多数用材林的经营将会采用这一方式。

林业私有化的动因：政府直接参与商品林业的不适合性；通过商业森林活动和非商业活动的分离提高效率；提高操作透明性；从出售国家森林财产上获得收入；提高国家森林工业结构的效率；减少公共资金的负担；改善发展资本的可获性。

4.3 森林与促进农村发展

在过去的20多年中，森林减轻贫困、促进农村发展的作用不断得到强化，这体现在几个方面：一是促进贫困人群参与森林经营，突出的体现是社区林业、社会林业概念和行动的发展和壮大；二是森林经营向贫困人口的延伸，如混农林业、非木质林产品以及新出现的非森林树木或森林外林业等，这些森林经营理念方面的变化主要是为适应全世界农村人口对森林的需求变化而提出的，其宗旨是提高依赖森林和林木的农村人口的森林产出和收入；三是植树造林或改变土地利用方式，改善生态退化带来的农村贫困问题。

4.3.1 森林与减轻贫困

4.3.1.1 森林依赖性与森林扶贫

森林是一种重要的自然资产。依赖于森林生存的人们是世界贫困人口的重要组成部分。虽然依赖的性质不同，世界银行估计："世界上仍有四分之一的贫困人口直接或间接依赖于森林维持他们的生计。"资源与环境对贫困人口的影响远大于富裕人口。虽然所有的人都影响环境，但穷人最难以抵抗环境退化的后果。穷人得到了由于能够持续获得林产品而带来的大多数收益，但是他们可能面临资源减少（由于人口增长或限制资源利用等原因）和开采能力下降的问题。

近年来森林在扶贫工作中，特别是发展中国家的扶贫潜力得到重视。以森林为基础的扶贫的定义：避免或减缓贫困，森林的减贫功能包括提供安全网络或缩小差距，例如作为零用钱的来源；森林消除贫困主要是指发挥森林储蓄、投资、积累、资产积累以及收入和福利长期增长来源的功能，帮助贫困家庭脱离贫困状态。因此，"以森林为基础的扶贫"既包括森林资源用于避免或减缓贫困的情况，也包括用于消除贫困的情况。以森林为基础的扶贫不能孤立地进行，它应与其他土地使用形式相结合，特别是农业、放牧及作物和树木种植的混合系统。

以森林为基础的扶贫的机遇和障碍。贫困多发生在天然林区，尽管并不是所有的林区都贫困，并不是所有的贫困现象都发生在林区。天然林是人类进化的摇篮，在天然林中生息了数千年的人口的社会—经济发展水平相对较低。此外，在林区拓殖和寻找新的农业用地的乡村迁移人口通常比较贫穷。森林往往成为经济边缘化群体（例如由于平原土地分布不平衡）寻找就业的最后手段。在历史进程中，森林常常作为权力较弱的人们逃避压迫、冲突和战争的避难所。

4.3.1.2 木材产品：贫困人口难以获得收益的林产品

木材是价值最高的林产品，但贫困人口难以从中受益。1998 年，发展中国家工业原木、锯木和人造质板的出口金额达 104 亿美元（这一数字不包括木质燃料、纸浆、纸张和纸板），既然发展中国家的森林中蕴藏着如此丰富的财富，为什么用于扶助生活在其中的贫困人们的却微乎其微。原因有两个：第一，从天然林中采伐木材和种植树木所具有的某些特点不利于穷人。尽管木材的某些生产和加工活动是小规模的和面向当地市场的，但多为资金、技术和技能密集型的，一般要求较大的规模经济，面向专业消费市场。为获得木材而种植树木要求有可靠的土地使用权，而穷人往往没有土地或仅对他们使用的土地拥有非正式的控制权。用于采伐的高价值木材一般处在无法进入的湿润林，而最贫穷的人们一般多在干旱林中。种植树木需要长期高风险投资，而穷人则需要短期内获得收入并努力减少风险。在农区拥有土地的许多农村贫困家庭的确种植着一些树木。第二，某些贫困人口被排除在木材财富权利之外，恰恰是因为木材的价值太高而他们又缺乏权力。在许多国家，森林使用权、法律和规定的设计一方面是确保国家控制，给予木材特许经营者以使用特权，而在另一方面却阻止农村穷人利用，这一情况只是在近年来才开始变化。

两种类型的木材生产——对天然林的当地管理及农场的树木种植工作——可能有助于扶贫，但两者都存在障碍。天然林的当地管理受到机构能力薄弱和变革缓慢、当地特权阶层的效益获取、法规不一致和官僚机构臃肿的制约。同时，农村社区缺乏对下游活动的控制，森林效益多为参与加工和销售的人所获得。小农户种植树木可能产生可观的收入，但这也要求他们具有土地使用权，并且土地使用权可靠，而最为贫困的人们往往并不具备。

4.3.1.3 非木材林产品：贫困人口最依赖的产品

过去一般把非木材林产品划分为森林食品、药材、编织品、化妆品和提取物。随着林业发展战略观念的转变，人们越来越把非木材林产品视为一种绿色资源，实行可持续发展，而不再将其视为“灰色区域”，即只是一些与常规林产品相比有相形见绌之势的次要产品或副产品。根据这一新的观念，现在 FAO 把非木材林产品划分为两大类：即适合于家庭自用的产品种类和适于进入市场的产品种类，前者是指森林食品、医疗保健产品、香水化妆品、野生动物蛋白质和木本食用油，后者是指竹藤编织制品、食用菌品、昆虫产品（蚕丝、蜂蜜、紫胶等）、森林天然香料—— 树汁、树脂、树胶和其他提取物。当然二者均可兼用。现在，亚太地区许多国家把非木材产品划分为：木本粮食、木本油料、森林饮料、食用菌、森林药材、香料、饲料、竹藤制品、野味和森林旅游。

非木材林产品为家庭用途和市场目的提供着众多的产品，其中包括狩猎、水果、坚果、药草、饲料和茅草。与木材不同，非木材林产品对资金的要求一般很少甚至不需要，在自由使用或半自由使用的情况下也可以获得。穷人一般对若干品种加以利用，因此可以在各种活动中分散风险。有确凿的证据证明，世界上最贫困的人们正是那些从事非木材林产品利用的人，因此提出了这些产品是否对穷人的生计有积极作用的问题。

非木材林产品是贫困人口的安全网络。在艰苦时期，如作物歉收、经济危机发生，以及冲突或战争时期或洪水冲走家园的时候，它们是一种紧急求生的来源。非木材林产品一般是季节性的或用于弥补缺口。开发利用非木材林产品不仅可满足人们日常生活的需要，而且可提供就业和增加经济收入，对许多发展中国家的山区农村经济的发展起了决定性的作用。它是实现山区富民兴村，促进林业可持续发展的重要途径。非木材林产品是印度林区居民生活资料、就业和家庭收入的重要来源，全国从业人员达3000 万以上。在许多贫困地区，90% 以上的人口依靠非木材林产品谋生。而且非木材林产品是印度林产品出口贸易的主导产品，创收了大量的外汇。在老挝，非木材林产品在提供低成本的生活方式（食品、住房和医疗保健）方面功不可没。老挝 80% 的人口在农村，这些人的衣食住行对非木材林产品有很大的依赖。IUCN—NTFP 项目组在 Salavan 省调查时发现，除了大米外，当地人吃的东西几乎全来自森林。在老挝有 80 万个家庭（400 万人口）生活在农村，每年要消耗价值 2. 24 亿美元的非木材林产品。因此，非木材林产品的收入大约占农村家庭隐性收入的 40% 左右。非木材林产品在百姓生活方面的作用可能占到 GNP（国民生产总值）的 20% 左右（1996 年为人均 261 美元)。除了提供食品外，森林附近农户的家庭现金收入的55%都来自出售非木材林产品。每年村民出售非木材林产品的收入多达3100万美元(冯彩云，2002)。

发达国家同样从非木材林产品生产中获益。据FAO调查，1992年地中海地区国家（法国、意大利、西班牙、阿尔及利亚、突尼斯、摩洛哥、希腊和葡萄牙）生产的软木、树脂、松香、树胶、蜂蜜、蘑菇、森林野果、野味等非木材林产品的贸易额达10亿美元以上，开发潜力每年可达50亿美元。

非木材林产品也可能是一种贫困的陷阱。乡村人口依靠非木材林产品是因为他们贫穷，但情况也可能是他们的贫穷正是源于他们对非木材林产品的依赖，因为非木材林产品的经济活动回报很低。森林环境和非木材林产品经济的某些特点使依赖它们的人们难以或不可能脱离贫困。由于基础设施薄弱、路途遥远造成的运输成本昂贵、买家稀少及销售链的盘剥，天然林的生产环境往往恶劣。非木材林产品净效益通常太低，以至不值得去对财产权进行明确划分，因此投资和增加产出的积极性也有限。在非木材林产品具有高价值的为数不多的事例中，穷人往往被排除在利益分配之外。最后，对非木材林产品需求的持续增长可能导致资源基础的崩溃，导致森林以外对人工林的集约生产方式，或导致比非木材林产品更具竞争力的合成材料的生产。

4.3.1.4　环境服务

森林的生态服务在两个方面与扶贫工作有关联。第一，森林向生活在其中或附近的人们提供了直接效益。第二，生活在他们拥有或管理的森林之中或附近的人们可以收到他们所提供的非本地服务的受益。①林区居民可以从维护健康的森林生态系统的工作中直接受益。例如，健康的森林可以保护水资源的数量和质量，以及通过恢复农林复合经营系统的土壤肥力维持或提高农业生产。森林生物多样性也提供了各种生态效益，包括用以改良作物的种质资源。对森林环境服务的直接利用关系到森林避免或减缓贫困的功能。②碳储存和固化项目。项目或通过减少森林退化和森林采伐，或通过植树造林，或通过两者的结合减缓全球变暖的趋势。迄今为止全球已制定了30个以森林为基础的碳抵消计划，但存在的问题是限制贫穷群体参与的高额交易成本和规模经济的问题。③

森林生态补偿。在拉丁美洲，哥伦比亚、哥斯达黎加和厄瓜多尔等国开始实施的水电站、饮用水用户和灌溉系统用户付费，以及向巴西的多林城镇支付税收效益项目。但在这些项目中，穷人在流域保护计划中面临的主要障碍是他们缺乏价格谈判能力和缺乏市场渠道。④森林旅游。森林旅游能给林区的贫困人口带来收益，即使来自以自然为基础的旅游业的、按每个旅游者而计的数额绝对小的现金转移，也能使当地人民获得重大实惠。例如津巴布韦的“篝火”项目，但目前的问题是旅游公司从以森林为基础的旅游业计划中获得了极多的利益。

4.3.1.5 就业及间接效益

20 世纪 90 年代后期，世界上正规林业行业中的就业人数约有 1740 万，若包括非正规就业人数，总数则约为 4700 万，这个就业人数包括林业（包括伐木）、木材工业（包括家具制造）及纸浆和纸张生产，但不包括政府林业部门的雇员及从事林产品运输、销售和贸易但非为森林工业企业雇用的人员。对六个发展中国家的一项研究发现，以森林为基础的企业占所有农村小型企业就业人数的 13% ~35% 。

当地放大效应。森林活动可能是通过当地放大效应的方式实现扶贫的。例如，开办一个森林特许经营企业并吸引伐木劳动力能够带来对食品、商品和服务的需求，从而也创造就业机会。与此相类似，伐木道路的修建不仅可以运输原木，还为其他货物开辟了市场渠道，因此具有提高当地收入的可能。它还能使当地的人们得以使用外部的卫生和教育服务。

间接效益。不断加剧的全球环境威胁，即全球变暖和生物多样性丧失的威胁增加了发达国家愿意对发展中国家林区居民提供的碳固化和养护经营等环境服务进行补偿的可能性。

4.3.1.6 林业扶贫战略

林业扶贫战略包括 6 个方面的内容：一是废除土地所有权和管理限制。废除不利于小农和手工业者对林产品的生产贸易的歧视性法规，允许人们自主决定是否在他们自己拥有的土地上种植或砍伐树木。若因为存在重大的外部利益而确实需要实施管理计划，那么这些计划也应该简便易行。二是改善市场条件。对大规模生产者和加工者实行补贴或提供特权使用的森林市场政策必须废除，以便为边际化生产者创造“同场竞技”的条件。三是重新设计转移支付政策。缺乏安全的土地使用权以及小农户高昂的契约交易成本使得穷人难以参与提供环境服务的补偿协议。此外，许多贫穷的人们没有意识到这些可能带来收入的可能性，也没有代言人为他们代理。方法之一是政府设立某些非采伐区域提供补偿（养护特许权）。另一个方法是为当地人民在他们的土地上不采伐森林和保护生物多样性丰富的森林而向他们提供补偿（养护地役权）。根据这些措施，按照所监测得到的森林资源的质量进行直接支付。四是将林业纳入农村发展和减贫战略。森林区域消除贫困将不仅涉及森林行业，也涉及农业、卫生和教育等其他行业。以森林为基础的扶贫必须是总体农村发展战略的组成部分，不能自行其是。同样，其他行业也必须认识到当前森林在减缓和避免贫困中的作用，认识到它在消除贫困工作中的潜在的更大作用。在国家和地方各级，必须将森林当作与贫困作斗争的重要资本。五是扩大贫困人口对天然林的使用权。天然林面临严重威胁在整个发展中世界普遍存在，外界因素造成的天然林的消失和退化使那些在很大程度上依赖天然林的贫困群体受害最深。这一状况实际上意味着应该把平等和社会正义的问题作为天然林养护的补充理由，也意味着依赖森林的穷人有可能成为动员力量养护森林的重要支持者。在某些情况下，给穷人更大的发言权不仅能够帮助实现扶贫目标，也有利于森林保护。最后，需要认识到对森林资源与农村生计之间的关系还知之甚少。增进这一方面的了解对于设计有效、平等和长期的以森林为基础的扶贫计划十分关键。特别要在三个领域加强了解：森林作为安全网络的作用方式、增加森林收入的方式以及跨行业问题和政治走向的重要性。

4.3.2 混农林业和社区林业

4.3.2.1 混农林业

混农林业这一现代化土地利用模式是1978年在印度尼西亚雅加达召开的第8届林业大会上提出来的，是指在同一土地管理单元上，按照生态经济学原理人为地把多年生木本植物（如乔木、灌木、棕榈、竹类）与其他栽培植物（如农作物药用植物、经济植物以及真菌）和动物在空间上或按一定的时序有机地排列在一起形成具有多种群、多层次、多产品、多效益特点的人工生态系统。

混农林业与其他土地利用系统相比，其主要优势就是多样性和持续性。从土地利用的角度看，部分林业用地提供给农业和畜牧业经营使用的同时，森林用地以外的其他土地也被用来造林，提供用材林、薪炭林和其他森林副产品，减轻在保护森林方面的压力，避免或至少减缓了侵占或毁坏森林事件的发生。虽然世界各国没有详细统计这方面情况的具体数据，但农林复合系统对林业发展所起的重要作用显而易见。

混农林业的实践极大地促进了森林边缘地带林业的发展。森林边缘地带是指占据着所有气候带的辽阔区域，包括干旱、半干旱地区、沼泽地区、高山地区、陡峭山坡地区和各种恶劣气候地区，还包括难接近的土地瘠薄地区（由于经济和技术原因进不去）。对于这类地区，要想克服瓶颈效应、提高总体环境容量，采取农林复合系统经营方式是解决问题的关键，它可以减少对这些脆弱生态系统的压力（黄金东等，1999）。

20 世纪 70 年代以来，由于以下原因，农林复合经营受到重视：发展中国家许多地方经济状况的恶化、热带地区毁林的不断增加、人口压力造成的土地退化和匮乏，以及人们对耕作方式、间作和环境问题越来越感兴趣。

混农林业的优势包括：①商品替代。许多农民看重混农林业，是因为混农林业可以通过销售林木产品带来现金收入；混农林业还给农民提供产品，如果没有混农林业，农民就必须购买这些产品；减少农业投入。例如，农民用固氮植物代替无机肥料，用灌木饲料代替较贵的奶牛粗粉，用家庭自产木材和薪材代替从农场外购进的木材。②增加多样性，减少风险。混农林业不但增加了植物生物多样性，也增加了经营多样性。后者降低了风险、使农民减少了季节性劳动高峰、能全年获取收入以及在不同时间（短、中、长期）都能增加收益。同样，农民经常也珍视林木，因为维护这些树木不太需要付出，而且这些树木在需要现金时就可以卖掉。③天然林管理的补充。有证据表明，在那些农民享有植树鼓励并有机会获取信息和种植材料的地区，人们很少依靠附近的森林，也很少去破坏森林。合理的政策和推广项目，以及有效的森林管理机制能够显著增强混农林业对森林保护的影响。

农田上与森林中树木的比例各国之间差别相当大，但在热带地区有两个趋势是一致的：一是森林中林木的数量在下降，二是农田上树木的数量在增加。比如，在乌干达 64 个社区的调查中，林地比例从 1960 的 4% 下降到 1995 的 2%，而同期农田比例却从 57.5% 增加到 70.5%，但同期，种植树木的农田比例从23%上升到了28%。

4.3.2.2 社区林业

1968年印度林学家威士托首次提出了社会林业的概念，并在1978年的第8届世界林业大会上得到正式确认。在印度，社会林业被定义为：当地人民组织起来直接参与规划、执行和管理等过程，并可从中获得利益的林业活动。由于社会林业突出了当地群众的主体性与广泛参与性，以及林业要满足乡村发展和群众生产、生活需要，要紧密结合群众切身利益的宗旨，扭转了传统林业脱离乡村发展的倾向。因此，社会林业在印度得到了迅速发展，成为国家林业发展战略的重要组成部分。

印度的社会林业有三种形式：

（1）乡村片林。乡村片林包括两种类型：一种是自助类型，由当地政府提供所需苗木，要求村民自愿造林和护林；另一种是外部资助类型，造林成本由援助项目提供而收益属于村民。这两种类型都是在乡村公有土地上造林。根据执行的结果，总的来说乡村片林并不是很成功。

（2）联合森林经营。20世纪70年代，随着MLdnapore地区Arabari村“社会经济实验”项目的启动，政府开始鼓励公众参与国有森林的管理，这促使了联合森林经营形式的出现。到了1988年，国家林业部门重新认识到了使当地人民与森林的保护、经营与发展相结合的重要性，并且以官方的名义接受了这一森林经营策略——一般被称为联合森林经营（JFM）。联合森林经营仅针对国有退化林地，其主要目的是通过森林的保护和恢复来确保环境稳定和维持生态平衡，同时又能提供薪材、饲料，维持小型林业生产并满足乡村和部族人民的少量木材需求。目前，大多数州已将联合森林经营制度化，其重点是成立乡村林业委员会并强化其在退化森林中的参与管理职能，但这种职能是基于利益共享而非是林地的所有权。据统计，从1970年Arabari试验项目启动到1998年，在印度已有17个邦采用了联合森林经营方案，成立了15000多个正规的村社组织（如乡村林业委员会，保护近215万 hm^2 的退化林地）。在联合森林经营中，吸引当地人参与的因素主要包括采集大多数非木材林产品（NTFP）的权力，对间伐享有100%的份额，以及对收获伐享有至少25%的份额。在印度西孟加拉邦12个实行联合森林经营的试验村中，发现每个家庭单从非木材林产品中获得的年均收入已占其家庭总收入的16%～22%。除此之外，当地居民还从本地林业发展中获得了工作机会。在管理机制上，乡村作为政府林业部门的森林管理伙伴，与其一起参与林地的管护、营造与更新。这些授权管护林地的村庄都成立了自己的组织管理机构—— 乡村林业委员会。

10年联合经营的效果明显，遥感监测显示在大多数实行联合森林经营的社区原来遭破坏或退化的森林已不同程度地得到恢复，生物多样性也得到丰富。林地生产力已经有了较大改善，参与森林管护的农户从非木材林产品中所得的收入亦有较大的增加。另外，联合森林经营还拓宽了解决各种问题的可能性，例如树种选择、最终收益分享、产品定价和一系列林业部门不能单独处理的其他问题。因此可以说，这种参与式森林管理途径的出现对印度森林的状况产生了积极的影响

（3）生态开发。印度是在宪法中将环境保护奉为神圣并将其确定为国家及全体公民责任的少数几个国家之一，其森林保护区网络覆盖15万km^2，约占森林面积的19%。虽然在保护区内禁止实施联合森林经营，但在保护区内与当地人民的合作也是很重要的。因此，在保护区引入了生态开发的概念。生态开发的基本目标是最大限度地降低保护区对当地人民的影响，在这一目标下进行了一系列针对当地人民的开发活动，当然，这些活动与保护野生动植物的目标是一致的，并且可提供就业机会以改善乡村经济，其中包括保护区外薪材和饲料的培育、给当地牲畜接种疫苗以防止疾病在野生动物中蔓延、对当地人民进行技术培训、在保护区外为牲畜和动物提供饮用水等。除此之外，参与者还被授权可以从保护区周边地区采集一定数量的非木材产品。生态开发活动有助于减轻当地人民和保护区保护者之间的摩擦，也有利于减轻当地人民的贫困，以使保护区森林免于因当地人从中大量采集生活用品而遭到破坏。可以说，只有当地人民的发展与保护区的发展利益相关时，才能达到与当地人民的长期积极合作。目前，印度在一些保护区已实施了这一策略，当地人已通过日益减少对森林的依赖提高了其经济地位。

如上所述，印度目前实行的3种社会林业形式是有区别的：乡村片林是在乡村公有土地上生产村民所需要的林产品；联合森林经营是指当地人民参与国有退化林地的恢复活动，并借此以现有森林资源来满足乡村居民的需求；而生态开发的主要目的则是在保护区内开展的社会林

业，通过开展其他开发活动来提高当地居民的经济地位，以此削弱其对森林的依赖性（胡延杰等，2001）。

4.4 小 结

如何在满足对林产品日益增长的需求的同时，保护森林发挥种种环境保护作用的能力是林业面临的最大挑战，这些环境保护作用包括保护生物多样性、缓和全球气候变化、防治沙漠化和保护土壤与水资源。应对这种挑战的种种林业策略形成了近 20 多年的世界林业发展路径。

近 20 年来世界林业的变迁路径是从工业林业依次过渡到社会林业、环境林业、可持续经营林业、森林减缓贫困到目前森林的经济效益被重新重视，这些逐渐变化的林业发展主题反映了世界各国在经济发展过程中对森林的不同需求，经济增长和经济全球化及其带来的林产品贸易与环境问题，森林资源短缺及日趋激烈的资源争夺，贫困以及由贫困导致的毁林问题，林产品加工技术的进步等是这些世界森林趋势变迁的主要因素，就农村林业而言，森林外树木/非木质林产品对农户生计的支持大于传统森林。

发达国家和发展中国家的林业发展既趋同又有差异。趋同的重要原因：一是面临共同的资源与环境压力；二是经济增长对森林的需求无差异。因此，扩大和保护森林资源，提高森林可持续经营水平和木材利用技术，积极参与国际森林对话，制定符合本国和国际社会需要的森林行动规则，促进森林的环境服务功能等是发达国家和发展中国家近年来共同的努力方向。差异在于：发达国家已经打破资源陷阱，森林资源总量出现稳定的长期增长趋势，在发达国家经济、社会与环境已实现良性循环的基础上，森林资源增长的趋势将不会逆转。因此，发达国家森林利用的方向更多地转向增加森林的文化、历史、精神和科学价值，森林的生产和环境保护利用被逐渐弱化。与之相反，发展中国家仍处于保护与发展的两难困境，资源陷阱没有打破，还面临经济快速增长带来的大范围的生态退化。因此，发展中国家的森林仍将在增加森林的产品和环境供给上做出长期的努力，同时，部分经济快速发展国家对森林文化、历史、精神和科学价值方面的需求和供给也开始增加。

5

我国农村地区林业生产与森林生态恢复实践的历史回顾

农村林业是指农村地区农民营造、抚育、采伐和收益森林和林木提供森林生态保护和服务的产业。

近年来，我国农村林业的地域和范围不断扩展。扩展的路径有三条：第一条是从计划经济向市场经济转变的过程中，越来越多的林地从国营和农村集体划分给农户，使农户层次上的森林、林地和林木不断增加；第二条是在农村经济发展过程中，农作物与林产品比较收益变化带来的耕地转化为林地，在平原林区这种趋势自20世纪80年代起就一直存在，1998年天然林资源保护工程实施后，国内木材市场供给短缺更加速了耕地向林地转化的趋势；第三条是随着经济增长对生态需求的不断增加，农村地区的土地利用结构发生变化，林地向耕地转化的过程逐渐终止，出现耕地尤其是退化耕地向林地逆转的趋势，退耕还林工程的实施在短期内迅速扩大了农村林业发展的地域空间。

我国农村林业的快速发展始于20世纪80年代初的南方集体林区，在此之前，农村地区的林地绝大多数为集体所有，林业生产基本上处于计划经济管理之下。20世纪80年代初的林业“三定”政策像农业的家庭土地承包制一样带动了南方集体林区林业的迅速发展，其标志是各地涌现的大量林业专业户和重点户，但改革所引发的扩大森林资源与急剧上升的森林资源消耗相叠加，在短期内与当时的森林资源管理体制形成了严重的冲突，在许多地方出现了乱砍滥伐森林的现象，旨在通过明晰产权改革促进林业发展的农村林业改革也随之戛然而止，没有取得像农业联产承包制那样带来的绩效，至今南方集体林区的林权改革仍在艰难地进行之中。同期，传统的无林少林的平原地区在农业改革和农村木材需求的双重激励下，农村林业异军突起，虽然随后经历了短期地方需求下降导致的发展回落，但由于主要是市场配置资源，该地区的林业一直稳定增长，目前，该地区已成为我国重要的速生丰产林培育和林产品加工地，国内人造板市场份额已接近50%，成为市场拉动农村林业发展的典范。20世纪90年代中后期大规模的林业生态恢复项目带动了我国西南、西北生态退化地区的农村林业发展，大面积的边际土地和劣质农耕地转为林地，农村林地面积在短期内迅速扩张，形成了与南方集体林区和平原林区对应的第三大农村林区。

5.1　不同经济增长时期我国农村地区的林业生产

5.1.1　传统农业时期（1949年以前）①

在传统农业时期，国民经济基本上处于自给自足状态，毁林垦牧仍是农地利用的主要趋势，虽然有些地区已有较兴盛的木材销售，就全国来讲，农村林业生产主要是为了满足生产、生活上的需要，森林资源利用的商品化程度低，规模小，发展缓慢。

5.1.1.1　营造林

这一时期，农村林业发展的主要领域是南方的杉木、竹子为主的用材林和以柿、栗、枣、核桃、油茶、油桐等为主的经济林。我国古代经营杉木历史悠久，远在周代即有记载。宋代朱熹在福建建瓯讲学时，看到沿径有插植的杉树，说明800年前福建已开始杉木插条造林。我国重点产杉县湖南江华种杉已有600多年历史。据清同治《江华县志》记载，明初奖励移民，规定“凡岸水不上，任瑶民开垦种植，不交租，不纳粮”。江华周围各县瑶民开始进入林区。清代中期，过山瑶大量迁入林区，批土纳租，规定租地种粮按三七、二八纳租，所插杉树全部无偿归土主，逐步成为制度。18世纪末清嘉庆年间，江华已有较大面积的杉木人工林。到20世纪40年代末，经过多年采伐和破坏的杉木人工

---

① 在本文中，我国农村林业按经济发展的时期划分，即自给自足的传统农业时期、经济起飞时期和经济快速发展时期，不按古代、近代等历史时期划分。

林，仍占全县森林蓄积量的55%。福建省是著名的杉木产区，新中国成立以前所产杉木行销国内外，包括日本、印度以及东南亚国家等。1911～1939年，全省平均年产杉木240万株，折算材积40万～50万m^3，占全省输出货物贸易总额的16%（《当代中国》丛书编辑委员会，1985）。

民国六年（1917年），湖南省靖县大堡子乡防江农民朱昌发、唐宏迪2户用自己采种育的苗，在两面唐山坳营造一片杉木林。1956年夏，经林业部核实，保存面积15.9亩，杉木1673株，总林木蓄积892.4875m^3，平均每亩55.8130m^3，最高亩产105.7407m^3（靖州林业局，1993）。

有的地方，农民以林业为副业。如河北省固安县，抗日战争以前，出产柳条箱、簸箕等柳条器具，柳条箱曾运销大连、哈尔滨、上海、汉口等地。当地许多农民以编柳业为副业，一斤柳条可换一斤面粉。因此，不少农民每年利用隙地种植杞柳，20世纪40年代，在永定河两岸，固安县属南关、公主府、横街、吕营、北关等17个村就有杞柳林1586亩。广东省广宁县许多农民经营竹林，编制竹器，民国二十二年（1933年），该县竹林和竹器的产值达2000万元。有些省份，农民组建林业合作社造林。1932年，广西修仁县（今荔浦县修仁镇）桐木圩农民办了众志林业合作社，栽植油桐、油茶350亩。1935年浙江省永嘉县农民办了造林合作社20个，共有社员679人，当年造林5570亩，植油桐、油茶、毛竹、马尾松等树木2万多株。1933年，广东省农林局在番禺县试办村有林，并鼓励乡村的学校、团体造林。造林地可承包荒山荒地，造林经费可用公款支付或通过募捐、集股等途径解决，造林面积小的数十亩，大的千亩以上（熊大桐等，1989）。

据国民政府实业部统计，1929～1935年，全国各省共完成造林13766874公亩，566822841株（熊大桐等，1989）。

5.1.1.2 林业经营形式

农村用材林造林有地主和农户造林2种形式（熊大桐，1989）。在福建、江西、湖南、广东等南方杉木主产区，杉木造林的具体做法是：先开垦山地，再插植杉木，在新植幼树行间种番薯、玉米等杂粮，3～4年后幼林郁闭，即停止种杂粮。也有的开垦后即种杂粮1～3年，然后插杉。地主经营造林有三种方式：①地主雇工直接经营，生产的杂粮和幼林都归地主，长工或短工只取劳动报酬。②地主将山地包给农民，农民全家在山上搭茅舍居住，垦种和造林，所收杂粮归农民，幼林归地主，有的地主给农民少量劳动报酬。幼林郁闭后，农民即转到另一块山地区垦种和造林。③地主将山地租给农民垦种和造林，所收杂粮归农民，所造杉林由农民长期抚育管理，直至采伐，所得木材地主与农民分成，大约1/3归地主，2/3归农民。除了租种地主的山地垦种和造林外，南方山区农民有的也在自己的小块山地上垦种和造林。有些山区的农民有植“女儿杉”的习俗，即父母生了女孩后，在房前房后或附近隙地插植数十株杉木。等女儿长到18岁成人，杉木也已成材，就采伐杉木为女儿置办嫁妆。

新中国成立前，河北省晋县赵兰庄的农民成立了名叫“树会”的合作造林小组，群众自愿入股，出造林地的占股份的50%，出劳力和树苗的各占股份的25%。河北省行唐县故郡村一带，一村成立一个造林合作社，在公地上利用共有的树苗造林，群众出一工即算一股（《当代中国》丛书编辑委员会，1985）。

5.1.1.3　*农林地转换*

我国农垦历史悠久，垦殖程度高。据历史记载，公元2世纪（西汉末）有耕地5.57亿亩（人均8.9亩），到公元1684年（清初）有耕地8.09亿亩（人均2.6亩），1918年（民国初）耕地扩展至14.4亿亩，1949年全国解放时，有耕地14.7亿亩。1984土地普查时我国的耕地面积是20.5亿亩，耕地面积的增加主要是开荒的结果。

5.1.1.4　*产品加工*

1918年，浙江宁波汝生笋厂建成，生产清汁笋、油焖笋等罐头产品销售东南亚各国和国内市场（浙江省林业志编委会，2001）。

5.1.2　计划经济时期/工业化初期（1949～1978年）

从1949年新中国成立到实施改革开放政策的1978年间，既是我国的计划经济时期，也是工业化发展初期。这一时期，我国经历了经济恢复时期、“大跃进”、三年自然灾害、“文化大革命”等重要历史时期，国民经济大幅波动。但从趋势看，这一时期我国经济发展的主要路径是工业化，其间的政治运动（如“大跃进”、“文化大革命”等）只是加大了发展过程中的波动，延缓了工业化的进程，但没有改变经济发展的方向①。

与这一时期国民经济发展的大背景相适应，我国林业的发展基本上体现了工业化初期自然资源部门的特点，即在人口增长和工业需求的持续推动下，林业成为为工业化发展提供积累的部门，森林资源消耗迅猛增长。在马克思自然资源无价的主流理论指导下②，加速了我国森林资源的消耗。同时，这一时期特殊的政治环境，使我国不能借助国际市场获得经济发展所需的木材资源。因此，在很长一段时间内我国形成了森林资源消耗刚性。1949～1959 年的短短 10 年内，我国木材年产量从 567 万 m^3 猛增至 4517.7 万 m^3，增长近 7 倍。到第一次全国森林资源清查（1973～1976 年）时，森林资源年均消耗量已达 1.9 亿 m^3，与森林资源的最大供给量基本持平，到第二次森林资源清查（1977～1981 年）时，森林资源消耗量就增加到 2.94 亿 m^3，五年内森林消耗增长近 1 倍（雍文涛，1992）。

因此，这一时期农村林业发展的主要路径是采伐森林资源支持工业发展和植树造林扩大林业生产，森林资源消耗基本与全国同步，局部地区也有改善生态的植被恢复活动。在农地资源的总体配置中，毁林开荒、耕地向林地扩展是主要趋势。其间的异常波动是 1958 年的“大跃进”和十年“文化大革命”，这两个时期都造成了我国农村地区森林资源的严重破坏，成为目前我国农村地区生态退化的重要历史原因之一。

5.1.2.1　营造林

新中国成立之初，恢复生产、发展经济成为国家的当务之急。1979 年规划的 158 个重点林业县，大部分位于江河源头的山区和半山区。据“四五”清查统计，这 158 个县的面积占 9 省（自治区）总面积的 28%，而有林地面积占 45%，用材林蓄积量占 66.1%，其中成熟林蓄积量占 80%，木材年产量占 90%（林业部，1987）。

---

① 这应当是我国经济发展和政治生活中最幸运的事，因为我们还有可能沿着计划经济的路径继续走下去，无限延长工业化初期的时间，如目前的朝鲜。

② 1952～1985 年，我国计划内生产木材的价格只有实际价格的一半，由此，我国林业为国家提供工业积累大约 1000 亿元（雍文涛，1992），

随着国家经济建设事业的发展，木材供应不足的矛盾开始出现。为此，林业部提出“普遍护林护山，大力造林育林，全面采伐利用木材”的方针，并强调“大力营造用材林”。从此，我国造林的战略布局，由“重点造林”开始转向全面“大力营造人工林”，造林的林种由以防护林为主，转到以用材林为主；造林重点由风沙等自然灾害多的西北、华北，转到自然条件好、林木生长快，能较快地建成国家后备森林资源的南方13个省（自治区）。1955年，全国造林步伐加快，完成2565万亩，比上一年增长46.5%，其中用材林完成1420万亩，占55%。南方地区新中国成立后新造林保存的人工用材林的优势林分面积占全国的66.7%，而且60年代前期和以前营造的杉、松等用材林，已采伐更新一两次，为国家提供了木材（林业部，1987）。

20世纪50年代初在长江以南大力营造用材林，计划每年造林111万hm^2，建立木材生产基地。湖南省将造林列为农村中心工作之一，既发展国营造林，也引导农民群众合作造林。福建省确定以闽江流域的建瓯、南平、永安等12县为营造杉木用材林的重点县，组织群众大造杉木用材林。1953年，全国造林111万hm^2，为国民党政府22年造林总面积的两倍。

平原绿化有了新的进展。从20世纪70年代开始，“四旁”植树有了新的进展，逐渐从“四旁”扩展到大田，有的现已发展成方田林网，人均“四旁”植树达到100株。河南省博爱县从1972年开始，用了三四年时间将全县92%的耕地（32万亩）用林网隔成1861块方田，初步形成了以农田林网为主体，网、带、片相结合的平原防护林体系。

在四川省盆中地区，由于用材、烧材短缺，自然灾害频繁，从1964年开始，广泛组织群众积极营造薪炭林、水土保持林、用材林和经济林。在盆周山区则采取经济扶持的方式，积极开展乡村用材林基地建设。进入70年代后，乡村用材林基地建设在培育技术、经营措施上的提高，加速了乡村用材林建设，用材林基地范围从盆地边缘的邛崃山脉、青衣江流域和川南山区延伸到了乌江流域的41个县（国家林业局，1999）。青海省1961~1965年建立林业专业队、组1144个，固定劳力10753人，年均造林2700hm^2，其中，1965年造林恢复到4000万hm^2，零星植树400余万株。到1965年全省共计造林5.5万hm^2，林业产值达到1912万元。

1974年，农林部提出在南方发展用材林和建设用材林基地的规划设想，从1976年开始，国家每年拨款2000万元补助重点基地县的社、队营造用材林，加快了基地建设的规模和速度，在国家的扶持下，基地造林取得了较好成绩。据统计，1973～1980年，南方13省（自治区）528个基地县造林9800万亩（《当代中国》丛书编辑委员会，1985）。

5.1.2.2 农林地转换

这一时期是我国毁林毁草开垦规模最大的时期。1949年后随着经济发展，进行了较大规模的开垦，扩大了耕地面积。1980年后开垦耕地数开始减少。据不完全统计，1949～1990年，我国累计开垦荒地6亿多亩，对保持全国耕地总面积发挥了重要作用（表5-1）。但在耕地开垦中违背自然规律、盲目垦伐，破坏了生态环境，造成土地沙化、退化、水土流失和洪涝灾害（于宗先等，2004）。

表5-1 我国历年开荒面积

	全国开荒(万亩)	平均每年开荒(万亩)	其中:国营农场开荒(万亩)
总计	51439.5		10623.9
1949～1952	15055.8	3764	383.8
1953～1957	8213.0	1643	1302.8
1958～1962	15880.0	3176	5161.8
1963～1965	337.0	1368	857.3
1966～1970	3840	768	725.5
1971～1975	3528.6	706	1064.4
1976～1980	3497.4	700	823.7
1981～1984	1927.7	482	295.6

资料来源:《两岸农地利用比较》。

河北省坝上地区，20世纪50年代后期至70年代末，共进行了三次大规模的垦草种粮，草场面积由原来的73.3万hm^2下降到22.6万hm^2，耕地则由原来的42.5万hm^2增加到87.1万hm^2。由于违背自然规律的滥垦，使原本就十分脆弱的生态环境失去植被的保护，在干旱、大风等恶劣自然条件的影响下，土地因风蚀严重沙化。仅张家口坝上4县就有66.7万hm^2的草场和农田变成沙化土地，占坝上总面积的

57.2%。贵州省1960~1962年3年自然灾害期间，农村到处毁林、处处开荒，3年毁林40多万hm^2，损失森林蓄积2000万m^3（国家林业局，1999）。

退耕还林。20世纪50年代后期起，由于片面强调“以粮为纲”，各地纷纷毁林开荒，使自然条件恶化，生态平衡失调。70年代后期起，有些地方已经逐步认识到这一做法的危害性，号召农民退耕还林。1979年，安徽歙县退耕还林6.9万亩，安庆地区退耕还林超过7万亩。1983年，浙江省开化县退耕还林2.4万亩，并规定每退耕1亩，平价供应口粮25kg。山东省沂源县1984年已退耕还林10万亩，吉林、河北、甘肃3省1984年退耕还林还草605万亩（《当代中国》丛书编辑委员会，1985）。四川省珙县1958年以后，在以粮为纲的方针指导下，大量林地被毁，森林覆盖率由1958年的41.2%下降到1975年的8.2%，仅保存了残次林14万亩。农耕地无限制地扩大，许多地方粮食从山脚种上山巅。但是，长期的陡坡耕种，不仅粮食产量很低，而且引起严重水土流失。珙县从1974年开始，每年都有部分土地退耕造林，并对农民退耕造林采取鼓励性补助，一是退耕造林与荒山造林给予同等的造林补助，二是对退耕造林的集体和个人以粮食补助。补助标准是每年每亩补助25kg粮食，连续补助3年（珙县林业局，1987）。

这些退耕还林是在我国经济发展初期就开展的，没有强有力的中央财政支持，主要是地方政府主导，这说明对环境的反哺不一定要等到国家财力积累的非常雄厚的时候才能开始，与目前主要由中央财政主导的规模浩大的退耕还林工程相比，这些地方主导的退耕还林可能是成本低、增加农村地区森林生态供给的更适方式。

5.1.2.3 林业经营形式

这一时期农村地区的造林形式主要是集体造林，成功的经营形式是建立林场，专业管理。1974~1981年，四川珙县成立了108个社会林场，平均每年造林22500亩，造林质量高（珙县林业局，1987）。广西龙胜各族自治县成立88个林场，造林总面积373263亩，其中成林面积12万多亩（以杉木林为主），大部分林场护林较好，以耕代抚，苗木成活率较高。但有些林场管理不善，出现“造林不见林”的状况，其中有16个林场停办。保存下来的林场到90年代进入砍伐期，据统计

1995 年全县乡、村所有的原社队林场经营面积有 109118.25 亩，其中用材林 72532.5 亩，经济林 2163.75 亩，活立木蓄积量 1255888.8m^3。1967 ~1976 年，龙胜各族自治县造林 384359 亩，主要是社队林场造林。同期，分散的面上造林成效很少（龙胜各族自治县林业局，1999）。

到 1981 年，全国社队林场达到 19 万个，经营总面积 1800 万 hm^2，从业人员 163.7 万人，其中，1975 年林场数量最多，达到 26 个；1977 年从业人员达到 255.1 万人。社队林场年造林 86 ~133 万 hm^2，生产木材 150 万 ~200 万 m^3，分别占同期全国农村年造林面积和木材生产总量的 20% 和 10% 左右（国家林业局，1999）。

5.1.3 经济起飞期（1979 ~1990 年）

这一时期我国农村林业的突出特征是木材及林产品需求迅猛增加，有力地推动农村地区森林培育业的发展。从不同地区来看，华北平原地区的农田林网、农林间作以及以用材林为主的片林发展迅速，南方地区在木材市场开放和林业“三定”政策的激励下，短期内出现造林热潮，涌现大量林业专业户和重点户，推动农村林业迅速发展。但林地权属制约、木材林业部门垄断经营政策以及日渐加重的林业税费负担，很快就抑制了这一地区的林业尤其是用材林的发展。同期，适应改革开放后农村地区木材及林产品迅速增长的需求，华北中原地区农村木材加工业迅速发展，对日本的桐木及其初加工制品出口迅速增加，有力地带动了这一地区以泡桐为主的速生丰产林培育业。

5.1.3.1 营造林

这一时期，南方地区用材林基地建设取得重要进展。从 1980 年起，国家每年拨出 4000 万元扶持南方 9 个省（自治区）的杉木用材林基地建设，建设范围扩大到 12 个省（自治区）的 212 个县，加上地方财政和育林基金补助建设，共约 500 个县。采取“造上一片林，留下一批人，办好一个场”，“基地办林场，林场管基地”的做法，建立了大批新的用材林基地。截至 1982 年，约营造基地林 320 万 hm^2，其中重点县约 200 万 hm^2，但由于投入不足，与群众近期利益结合不紧，经营管理强度不高，其造林成效为“三三制”，即好、中、差各占 1/3（国家林业局，1999）。

平原农区林业建设。我国平原地区历来是国家的“粮仓”，人多地少，寸地寸金。由于“山上种树，平原种粮”这一老传统的束缚和人们对“栽树胁地”缺乏分析，认识上存在一定的主观、片面，所以长期以来，平原农区特别是广阔的农田被视为林业的“禁区”。因此，整个平原地区林木稀少，木材靠统配，给国家和交通运输造成很大的压力，而且农田增产也失去保障。20 世纪 50 年代初期，东北和中原一些平原的农户开始小范围的林带建设，但大面积的农田林网和农林间作则出现在 70 年代末和 80 年代初。华北中原 8 省（直辖市）的平原农区林业发展迅速，历年来已建设农田林网的耕地面积达 1.6 亿亩，占这个地区耕地总面积的 45.7%；农林间作面积 4765 万亩，占适宜间作面积的 57.7%；成片造林面积达 3277 万亩，其中小片丰产林 285 万亩；“四旁”植树 49 亿株。森林覆盖率由建国初期的 2% 左右提高到 10.7%（林业部，1987）。

1978～1989 年在鲁南、鲁西南及胶东地区发展了欧美杨、泡桐、刺槐等速生林，但因认识不足、投入不多等原因，速生丰产林没有很好发展起来，一直处于试点和小面积营造阶段，至 1989 年，速生丰产林仅为 0.3 万 hm^2，蓄积量仅为 26.6 万 m^3。

平原林业增加农民经济收入。林业发展早的地方，林木已更新几代。目前，河南平原林业收入 1000 万元以上的县已有 9 个，其中一些乡、村，每年出售桐木收入已占农业总收入的 30%～50%。

“四旁”植树兼有绿化祖国和美化家园的双重作用，是平原地区发展林业的一个重要方面。1980 年以来，全国每年“四旁”植树都在 40 亿株以上，其中平原地区占 1/3。许多缺树少林的平原，通过发展“四旁”植树，基本上解决了群众烧柴用材难题。1986 年统计，山东、山西、河北、江苏、安徽和北京、天津 8 个省（直辖市）村庄树木覆盖率在 30% 以上的县有 286 个；“四旁”树木蓄积已达 1 亿 m^3 以上。安徽省淮北平原 6.8 万个自然村，80% 以上营造了环村片林，林地面积达 300 多万亩，拥有蓄积量 800 万 m^3，村庄树木绿化度达 80% 以上，成为淮北主要木材生产基地。河南省绿化村庄 21 万个，面积 347 万亩（林业部，1987）。

农桐间作。新中国成立初期，河南东部沙荒地区兰考、睢县的农民，在政府治沙造林、保护农田的政策下，开始在一些农田中以及田间道路、沟渠两侧栽植泡桐。通过连年观察，田间种桐，有利无害。后来，间作面积扩大，并逐步发展成为当地的一种新的间作制度，推广到黄泛区的民权、中牟等县。20 世纪 70 年代，地处黄河故道的安徽北部、江苏北部、山东南部和华北平原也推广河南东部的间作经验，大面积种植泡桐。目前，全国农桐间作面积达 4509 万亩，其中，河南占 57%（见表 5-2）。

表 5-2　1987 年全国农桐间作面积统计

省份	农桐间作面积(万亩)	省份	农桐间作面积(万亩)
河南	2578	陕西	120
山东	1295	山西	34
河北	243	江苏	30
安徽	209	合计	4509

数据来源：《中国林业年鉴 1949～1986》。

河北省陵县这一时期的农田林网、果木林面积和果品产量、丰产林面积都成倍增长，反映了这一时期华北地区林业的快速发展（表 5-3），

表 5-3　河北省陵县 1949～1986 年林业生产发展情况

年份	林木实有面积(万亩)	其中				四旁植树(万株)	林木覆盖率(%)	果品产量(万 kg)
		丰产林面积(万亩)	农田林网面积(万亩)	果木面积(万亩)	农林间作(万亩)			
1949	1.2							156
1956	1.21							338
1978			55	2.4			5	
1980	7.0839		66	2.4	2.2	602	5.8	1150
1981	7.8839		66	2.4	2.4	930	6.5	1475
1982	8.0327		66	2.4	8.2	1284	7	1523
1983	8.7727		74	2.4	20.2	1593.4	7.2	1650
1984	9.3632	0.3275	83.8	3.4	29.8	1931	7.5	1560
1985	10.55	0.5675	100		47	1421	13.4	1517
1986	25.29	4.16	106	7.25	45.7	602.1	11.87	1750

资料来源：根据王贵宸、陆学艺主编的《农村经济典型调查——陵县经济发展的回顾与展望》一书整理。

1980~1986年，该县林木实有面积增长2倍半，农田林网面积增长近1倍，农林间作面积增长20多倍，林木覆盖率增加6个百分点，果品产量增长52.1%。

5.1.3.2 木材生产、林产品及加工

这一时期，农村出现改革开放后第一轮建房热，农村建筑用材和家具用材需求大增，推动了农村木材及其制品的加工业发展。

据有关资料，1981~1985年，全国农民建设住宅32亿m^2，平均每年6.4亿m^2；1986~1990年，农民建房30亿m^3，平均每年6亿m^3。木材市场开放后，平均每平方米住宅耗用木材0.05m^3，全国每年农村建房耗用木材约3200万m^3（雍文涛，1992）。

改革开放前，华北中原地区是我国的无林少林地区，木材、薪柴、饲料俱缺，这一时期，在平原农区利用四旁地、沙荒地等发展林业，成为缓解木材供需矛盾的主要途径。据1988年统计，华北中原地区林木蓄积量1.7亿m^3，河南、山东、安徽、江苏4省5个地区41个平原县1988年木材产量约200万m^3，其中，商丘地区40万m^3，周口地区45万m^3，阜阳地区50万m^3，徐州市35万m^3，菏泽30万m^3，平均每个县4.8万m^3。据山东外贸局资料，1979~1986年，8年合计收购桐木7.1万m^3，年均0.88万m^3。1978~1987年，全省农民共盖新房600多万间，80%的梁、檩、椽材由当地生产，兖州市更新林网，3年采伐木材22万m^3，盖新房11万间。安徽阜阳地区，以往木材靠国家调拨，70年代国家年均调入木材量为4.72万m^3，木材供需矛盾尖锐。80年代以来，年木材产量从1980年的6.2万m^3增加到1988年的39.33万m^3，增长5倍半，年均木材产量25万m^3，相当于70年代调入量的5.8倍。80年代中期，每年可外调木材10万m^3。由于木材产量的逐年增长，木材供需矛盾基本得到缓解，这一时期，阜阳地区有60%~80%的农民盖了新房，农村木材市场也空前活跃（雍文涛，1992）。

安徽省亳州市1980年木材产量只有3.1万m^3，到了1986年，根据森林资源清查资料，有各种树木4628万株，其中泡桐3129.2万株，占活立木总株数的67.6%，其他用材树种活立木727.8万株，占总株数的15.7%；全市活立木总蓄积量达到181.9万m^3，年蓄积量增长25

万 m^3，年木材生产量约 10 万 m^3。

农村木材加工业得到迅速发展，增加了农民的就业和收入。20 世纪 80 年代，山东省成武县木器加工厂（点）发展到 1818 个，加工专业村 17 个，从业人员达 5200 人，加工产值 1400 万元。安徽省太和县，县、区级木材加工厂 17 个，年生产能力 6600m^3，该县双浮区，从事木材加工人数达到 1500 人，占劳动力总数的 20%；年产值 105 万元，占工农业总产值的 17%；每加工户人均收入 240 元，占总收入的 60%；该县还利用条类发展编织加工，全县 25 个乡（镇）已建立条编加工厂（点）50 多个，吸收劳力 1000 多人，其中 5 个行政村有 45% 的农户从事编织加工，年产量 33 万件，产值 102 万元，户均 1700 元（雍文涛，1992）。

这一时期，华北地区的泡桐开始出口日本，1982～1988 年，泡桐原木出口从 1.81 万 m^3 增加到 2.02 万 m^3，泡桐拼板从 1.99 万 m^3 增加到 3.41 万 m^3。

5.1.3.3 *农林地转换*

退耕还林。我国毁林开荒和陡坡开荒的由来已久，而点多面广，持续时间长的是在“大跃进”以后的五六年。随着国家粮食生产形式的逐步好转，各地坡耕面积相对压缩，新开垦坡耕地大幅度减少。截至 1986 年，全国仍有开荒种粮的陡坡地约 1.2 亿亩。党的十一届三中全会以来，全国粮食持续增产，农村经济搞活，山区群众收入增多，为全面退耕还林创造了条件。1985 年，中共中央、国务院《关于进一步活跃农村经济的十项政策》中指出：“山区二十五度以上的坡耕地要有计划有步骤地退耕还林还牧，以发挥地利优势。口粮不足的，由国家销售或赊销。”1985 年，全国完成退耕还林 1400 万亩，等于 1982～1984 年 3 年退耕还林面积的总和，到 1987 年，全国累计退耕还林 3915 万亩，占应退耕还林总面积的 1/3。北方山区多利用退耕丘岗地种植见效快、产值高的果木树和调料树。各地在退耕还林中，都实行“谁耕谁退，谁退谁造，谁造谁有”政策，明确新植的林木归退耕者所有，长期经营，可以转让和继承。在经济扶持上，各省（自治区）除从 1985 年下拨的 200 亿 kg 支持农村产业结构调整的用粮中，安排退耕还林用粮 16.4 亿 kg 外，还从地方机动粮中挤出一部分予以扶持。甘肃省规定：

凡农户退耕 1 亩坡耕地还林还草，每年平价供应口粮 25kg，连供 3 年，退耕地造林每亩补助 15 元。浙江省规定：退耕还林后经验收合格，每年由县供应平价粮 250kg，并享受育林费补贴。存在问题：一是退耕还林任务大的地区多数是“老、少、边”，农户家底薄，“还林”收益慢，几年之内生活来源没有保障，信心不足。1986 年，全国退耕还林只有 655 万亩，比上一年减少 745 万亩。二是有些县、乡出现复耕的苗头（林业部，1987）。

早期退耕还林项目的成功与失败——2605 工程。20 世纪 80 年代初，我国政府和联合国粮食计划署在宁夏的西吉县、四川的珙县和古蔺县、山东的冠县和莘县境内的黄河故道开展了“援粮造林工程”，工程代号为 2605 项目。该援助项目的目的是：通过营造建立速生丰产用材林基地，促进经济发展和保护农业用地，提供更多的木材和薪炭材，并有助于改善生态环境，实现粮食自给。

该项目无偿提供粮食支持这些县的人工造林和退耕还林。在珙县，该项目实行定造林质量、定完成质量用工量、定每工粮食补助标准。砍荒清林 13 个工/亩，筑台整地 20 个工/亩，打坑植苗 4 个工/亩，抚育 7 次，每亩每次 3 个工，每工补助小麦 3kg，食油 50g，折合人民币相当于每亩造林补助 4 年 50 元，育苗当年每亩补助 100 元，国内配套 15 元/亩。珙县为四川省边远贫困县，新中国成立初期，这里森林茂密，森林覆盖率达 40%。但到 1975 年，覆盖率降到 8.24%，生态失去平衡，使灾害性天气交替出现，粮食单产降低。从 1982 年实施 2605 工程到 1986 年项目结束，珙县共完成造林面积 12500hm^2，其中，退耕造林 1300hm^2（珙县林业局，1986）。截至 1998 年，该县退耕还林历时 20 年，已退耕造林 1.1 万 hm^2，成片造林已恢复到 4.67 万 hm^2，森林覆盖率上升到 46.2%，水土流失由原来的 61.03% 下降到 48.24%，严重的水土流失得到遏制。

2605 项目在西吉县的实施结果完全不同。1980 年 8 月林业部三北防护林建设局提出申请，经我国政府与世界粮食计划署协商确定的“在宁夏回族自治区西吉县通过种植树木和牧草来防治侵蚀和促进发展”的项目。项目的主要内容是，帮助西吉县将 5.5 万 hm^2 贫瘠耕地改变为 3.3 万 hm^2 林地和 2.2 万 hm^2 草地，在 3.35 万 hm^2 荒山坡地和不毛之地植树1万 hm^2、种植牧草2.35万 hm^2，以减少土壤侵蚀，增加木材、薪材以及粗饲料产量，使区域生态环境好转。项目总投资折合人民币1亿元，“三北” 投入93万元，作为项目配套资金。项目1982年4月开始实施，1985年完成任务，4年共造林种草10.4万 hm^2（造林5.3万 hm^2，种草5.1万 hm^2），其中退耕造林种草6.1万 hm^2，1988年该项目通过世界粮食计划署的终期验收。2605项目在实施期取得了较好的成功，但是，它的成果如昙花一现，很快就遭到破坏，据宁夏回族自治区林业厅勘查，2605项目中林地面积加上项目前后种树面积有6万 hm^2，到1991年所剩仅3.2万 hm^2，林地毁损率为47%。项目实施中，种草5.1万 hm^2，到1991年所剩不足1.3万 hm^2，80%的人工草地已被犁毁开荒，破坏严重，到20世纪末绝大部分被破坏（王广金，2003）。

同为退耕还林工程，西吉县和珙县的差异在于：一是两县退耕地比例不同。珙县项目中退耕还林的比重不高，退耕还林仅占总项目造林面积的1/10，西吉县退耕造林面积占造林总面积的60%，后者对农村土地利用、农业生产结构和农户生计的影响远远大于前者，这样大幅度的土地利用结构转换，即使在今天没有政府的支持也难以持续，失败在所难免。二是两县的自然条件不同。珙县地处亚热带，农业生产条件优越，农地产出高，树木的成活率高；西吉县属于自然条件恶劣的干旱、半干旱地区，土地瘠薄，树木成活率低。因此，仅从自然条件看，珙县退耕还林成功的可能性就大于西吉县。三是自然条件的差异还带来农户替代生计来源的差异，珙县优越的自然条件使农户具有多样化的生计来源，在20世纪80年代的西吉县，土地几乎是农户唯一的生计来源，这也是西吉县出现复耕反弹的重要因素。因此，在农村地区实施森林生态恢复项目，自然生态规律应当是决策者考虑的首要条件，它既决定了森林植被恢复的效果，还决定了农户生计和土地利用模式，也因此决定了森林生态恢复的成功与失败。

从广西龙胜各族自治县1980~1996年间土地利用结构的变化来看（表5-4），总土地面积、林地面积、耕地面积、园地面积都在增加，未利用土地面积在减少，说明在经济快速发展时期，林地和耕地边界的扩大并不一定是此消彼长，开发利用未利用土地面积，提高农村地区土地的整体利用效率，也是扩大农村林业生产边界的途径。

表 5-4　广西龙胜各族自治县 1980～1996 年土地利用结构

年份	资料来源	土地总面积(亩)	耕地比例(%)	园地比例(%)	林地比例(%)	牧草地比例(%)	未利用土地比例(%)
1980	农业区划	3556151	5.21	0.06	60.28	4.52	27.75
1986	土地概查	3684720	7.86	0.024	54.2	11.82	20.47
1994	土地详查	3664432	8.62	0.36	70.2	2.12	16.18
1996	土地变更登记	3664432	7.37	0.57	71.26	1.79	15.91

资料来源:《龙胜各族自治县林业志》。

5.1.3.4　林业经营形式

（1）林业专业户和家庭林场。20 世纪 80 年代初，在林业“三定”政策的激励下，集体山林承包到户，调动了农民造林、育苗、护林的积极性，各地出现了大量的家庭林场和林业专业户，成为农村地区重要的林业生产主体。随着农村经济体制改革的逐步深入，林业政策的放宽以及商品经济的发展，林业专业户应运而生。1979 年，福建省仙游县盖尾公社联井大队李金耀，首先同大队签订 1200 亩山林承包合同。该县林业专业户很快发展到 579 个，经营山林面积 23 万亩。1982 年 6 月，全国林业“三定”会议提出，林业也要发展一批专业户。此后，各地出现各种形式的林业专业户，到 1984 年底，全国林业专业户已超过 400 万户，在一些省，林业专业户约占全省总农户的 1%～3%，经营面积占林业用地面积的 10%（林业部，1987）。

按经营项目分，林业专业户有育苗、造林、护林、木材采运、林副产品加工、木竹运销等类型（《当代中国》丛书编辑委员会，1985）。多数林业专业户经营自留山或承包本村山林，绿化荒山，也有些林业专业户跨地区承包山林或绿化荒山。商品经济较为活跃的广东省，1984 年上半年林业专业户已发展到 25 万个。1987 年福建省有林业专业户 18.93 万户，联合体 2.8 万个，重点户 16.98 万户，林业“两户一体”总户数 35.91 万户，劳力 58 万人。

（2）农民集体和个体造林。1981 年以前的 32 年间，群众造林面积占 81.2%，群众育苗占 90%。到 1987 年，林业专业户、重点户和各种联合体的造林比例已由 1981 年的 6.7% 上升到 50% 以上。乡村合作林场（原社队林场）仍然是农村集体造林的一种主要组织形式，林场个数有所增加，经营活力增强。1982～1987年，全国集体和个人的造林比例都在90%上下，1985年，个人造林面积占全部造林总面积的57.12%，内蒙古、四川、陕西、黑龙江和广西等省（自治区）个人造林的面积都在400万亩以上，还涌现出一批年造林、治理小流域百亩、千亩的造林大户（林业部，1987）。

1982年，林业"三定"后，为了发展林业生产，湖南省靖州苗族侗族自治县鼓励社员荒山造林，社员承包集体荒山造林，实行比例分成，承包者得大头。当年该县承包造林20亩以上的社员23户，面积720亩。1983年，为进一步鼓励大户承包荒山造林，该县提出一系列优惠政策：大户承包造林，受到法律保护，承包范围不受本县行政区域界限，可以跨社、队承包。对承包大户县政府在规划设计、良种壮苗、资金、农药、肥料、粮食、安全保卫等方面优先保证。在这样的优惠政策鼓励下，排牙山林场职工林跃率先开始承包荒山造林，准备用3年的时间承包荒山造林1万亩。承包面积大、风险大，当时的县委书记用自己的房屋作抵押为林跃贷款。1982～1988年，林跃共完成荒山造林46054.2亩，1986年中央绿化委员会授予他全国绿化劳模的称号。在这样的典型带动下，从1984～1988年，靖州苗族侗族自治县承包荒山造林1000亩以上的造林大户就有16户，5年间共造林108893.7亩（表5-5）。

在贵州，"承包荒山，五十年不变，中幼林可以转让，产品可以自主，林业可以继承，不争荒山是老憨"。出现了争荒山、争树苗、争种子、争贷款的局面。用耕地育苗的农户绥阳有110户，务川有317户（彭百登等，1984）。

浙江的4个造林大户和专业户造林成效好：第一，造林速度快。由于承包合同都规定了3～5年的绿化期限，所以，他们签了承包合同后，便立即组织劳力，劈山整地造林。1987年，这4户已累计造林9952亩，占承包面积的58%，平均每户造林829亩。第二，造林成活率高，新造幼林成活率大都在90%以上。第三，山地利用率高。以短养长，合理安排林种树种，实行林间套种和种、养、加工相结合。农户徐大生，50%的山地种杉木，10%的山地种松树，还有40%山地种经济林，还在山上养牛、羊、猪。

表 5-5　靖州苗族侗族自治县工程造林千亩以上造林大户统计表

姓名	地址	职业	共造林面积（亩）	其中				
				1984	1985	1986	1987	1988
林跃	排牙山	工人	46054.2	3897.7	6708	11948.9	13929.8	9569.8
尹松柏	排牙山	工人	39388.9	2048.6	9081.7	12372.2	10772.4	5114.0
卢帮全	大开村	农民	2428.8		539.8	1052	307	530
谢科锡	林管站	林业员	1533.7		1432.0	101.7		
杨万湘	东升村	农民	2106.0		1720.0	360.0	36.0	
蔡周全	供销社	职工	2510.5			1680	830.5	
石昌宏	大开村	农民	1315.3				501	314.3
杨通山	红旗矿	工人	1201.0				1201.0	
姚勇	姚家村	农民	1192.8				45.8	1177
向汗仕	排牙山	工人	2564.0			215	1501.0	848
吴进文	双合村	农民	2512.6			1580	38.7	693.9
黄渊林	山门村	农民	1377.6		183.0		364.6	790
毛登富	大树村	农民	1184.0					1184
戈忠南	凉亭村	农民	1362.6				396.7	965.9
丁正全	泥湾村	农民	1088.0	127.0		86.0	485.0	390
吴声荣	防江村	农民	1073.7			465.1	424.8	183.8
合计			108893.7	6073.3	19664.5	29860.9	30834.3	21760.7

资料来源：《靖州苗族侗族自治县林业志》。

但随着时间的推移，他们遇到了资金、权属、采伐等方面的问题：①承包合同。林业生产周期长，山林承包者的责权利不仅关系到现在的户主，而且可能延续到子孙后代，因此，应签订内容详尽、手续完备的合同。问题之一，合同没有公证。问题之二，合同内容笼统，条款不清楚。如徐大生的间伐材，合同上没有规定明确的处理办法，发包单位（乡政府）要他全部抵交承包指标，他要求归户收益，弥补当前的资金不足，产生了矛盾。问题之三，有的合同双方责权不合理。问题之四，承包办法光由发包单位的干部商定，农民不了解，往往发生误解。孔佛金承包的7000多亩山林，原来是由6个村出山地，加上少许国有山，共同创办的乡林场，由于经营不善，难以为继，转由他承包。由于这些村没有把承包办法向农民讲清，农民误认为这个林场被孔佛金独占。②

经营资金。这些大户造林资金来源中，国家贷款资金占76%，国家补助占14%，自筹资金占8%。专业户对国家资金的依赖性很大，形成很大的资金和未来经营风险（表5-6）。③采伐计划。一些大户意识到木材采伐限额政策对他们的限制。到了间伐和主伐期，申请采伐计划将会遇到麻烦。有个专业户，专门跑到省林业厅询问：专业户造的林，将来可否一次性砍伐，如果可以，就去承包造林，不然就不去承包造林（孙关圣等，1987）。

表5-6　1985～1986年浙江省4个造林大户的造林资金来源与收入（元）

	四户合计	刘洪杰	徐大生	曹兰招	孔佛金
累计投放资金	387500	116000	38500	175000	58000
其中：					
用于造林抚育	327000	83000	36000	155000	53000
资金来源：					
贴息贷款	220500	67500	33000	90000	30000
有息贷款	76300	26300	–	40000	10000
国家补助	29308	7000	1500	17000	3808
自有资金	22300	7000	5500	8000	1800
私人借贷	7200	5000	400	–	1800
1985年收入	77000	30000	4500	38000	4500
1986年预收入	34500	10000	5000	16500	3000

1984年，陕西省千阳县有2221户农民，承包了208725亩宜林荒山造林。到1988年，在完善承包合同中，有1602户农民退掉了承包合同，占承包总户数的72.1%，退包面积150566亩，占承包面积的72.1%。该县的沙家坳乡，1984年把22600亩宜林荒山全部承包给22个农户造林，每年造林任务2500亩，到1988年，这些承包户共造林3691亩，实际造林保存面积909亩，占造林面积的25%（沉浮和张爱东，1989）。

因此，这一时期造林大户的兴起对推动农村地区的造林起了重要作用，但是这些承包主要是政府主导的结果，在承包地权属、造林资金等方面留下了很多隐患，经营规模也远远超出了他们的个人能力，之后，自然风险、采伐政策约束等使这些当年的造林楷模大多以失败而告终①，这是改革之初一条轰轰烈烈但不可持续的农村造林形式。

(3) 乡村林场。乡村林场是农村集体经营林业的一种专业性生产组织。早在1956年就出现合作林场的雏形，到1983年，全国有乡村林场17.5万个，拥有劳力133.8万人，经营面积2.5亿亩，其中有林地面积1.6亿亩，林木蓄积量约3亿 m^3。这些林场中，乡办2.08万个，村办12.5万个，村民小组办2.9万个。

乡村林场是在农业合作化运动中，在林业专业队、耕山队、造林远征队等的基础上发展起来的，原名社队林场。1957年湖北省黄梅县永安乡永安村的专业队，首先改组为社队林场。社队林场有专业化程度高、便于经营管理等优点，在全国得到推广。到1960年9月，全国社队林场达到8万个，拥有劳力100万人。70年代在建设用材林基地的同时，社队林场得到发展。建立社队林场一般都和建设用材林基地紧密结合，具体做法是，生产队出土地、抽劳力，生产队、大队、公社三级分别或联合办场。社队林场靠动员群众整地造林，林场管护。到1975年，全国社队林场发展到25.6万个，劳力252万人，经营面积2.5亿亩。据13个省的统计，1983年抚育间伐570万亩，生产木材1000万根，占木材总产量的14%，总收入约4.4亿元。林业“三定”政策后，乡村林场受到动摇，林场数减少到19万个，劳力减少117万人。1982年以后，社队林场分别改为乡、村、村民小组办（或联办）合作林场（林业部，1987）。

1982~1989年，随着我国农村实施联产承包责任制，原集体经济体制基本解体，劳动在场、回队分配的社队林场机制开始显露出弊端：一方面，林场管理上粗放，分配上“大锅饭”，经营上长期封闭式单一营林，多数林场自理能力差。另一方面，由于建场时工作粗糙，一些林场山林权属不明确或投山、投劳、投资、收益分配不落实，出现新的山林纠纷，一些地方拆场分林。到1988年，全国乡村林场减少到10.9万个，经营面积1133万 hm^2，场员78万人。与1981年相比，林场减少

① 笔者曾于1998年在靖州苗族侗族自治县见到林跃，他曾深陷于林权纠纷之中，最后基本上放弃了所承包的林地，作了稳稳当当的国家干部。

8.1 万个，人员减少 85.7 万人，经营面积减少 600 万 hm^2，分别下降 42%、52% 和 37%（国家林业局，1999）。

5.1.4 经济快速增长期（1990 年以来）

这一时期，我国农村地区的速生丰产林快速发展，国家开始推动全国范围的速生丰产林建设，世界银行的速生丰产林项目起了积极的推动作用；20 世纪 90 年代后期，农村地区尤其是华北中原地区的人造板和家具工业的迅速发展，产品已不再局限于国内市场，在经济全球化的带动下，国际市场份额不断扩大，南方地区非木质林产品的加工和贸易也体现了同样的趋势。在木材和非木质林产品加工业的强劲带动下，我国木材供给凸显不足，木材及其制品进口大幅增加，天然林资源保护工程的实施更加剧了这种趋势，引发了国际木材贸易争端。因此，这一时期，我国农村地区的商品林造林规模仍在扩大，广西等地以桉树为主的工业人工林迅速发展，国际纸业巨头纷纷投资，抢占林地。农村造林主体日趋多元化。这一时期，我国开始关注山区、林区贫困问题，实施包括植树在内的山区综合开发项目。

5.1.4.1 营造林

速生丰产林建设。1990 年，国务院批复了《1989～2000 年全国造林绿化规划纲要》，把林业部 1987 年提出的建设 1 亿亩速生丰产商品林基地列入重要内容，将这一时期全国速生丰产林建设规模扩大到 988.1 万 hm^2，这个规划中包括 297 个基地县。1990 年，国家利用世界银行贷款支持丰产林建设，一期工程 3 亿美元，1996 年开始实施的二期工程 2 亿美元（国家林业局，1999）。在这一国家造林规划的推动下，我国农村地区的营造林规模继续扩大。

1990～2000 年山东省利用世界银行贷款营造速生丰产林，使速生丰产林得到了较大发展，至 2000 年，其面积达到 2.47 万 hm^2，总蓄积量达到 243 万 m^3。之后，随着农业产业结构战略性调整力度的加大，大量耕地（占样本单位耕地面积的 6.7%）转为速生丰产林地，使速生丰产林得到迅猛发展，成为山东农业的支柱产业之一。至 2003 年 6 月，速生丰产林总面积达到 7.49 万 hm^2，占用材林面积的 90.7%，占林地面积的 27.1%，林木总蓄积量为 525.7 万 m^3。值得注意的是，这种迅猛发展的势头方兴未艾，大有燎原之势。例如，聊城、德州、潍坊等市的许多县（市）计划占用30%的耕地，菏泽市计划占用50%的耕地发展速生丰产林。这必将对林业、农业和农村经济乃至整个国民经济的发展产生重大影响。

近几年山东速生丰产林发展快的主要原因是“四动”：一是市场拉动。由于近几年对速生丰产林产品的需求量大幅增加，出现严重的供不应求（目前，全省生产的木材仅能满足市场需求量的10%），价格迅速上涨，营造速生丰产林带来巨大的经济效益，农民等经营者便自发地大量投资于速生丰产林。二是服务推动。许多地区成立了专门的领导小组或办公室，层层实行基地建设与造林绿化目标责任制，做好组织、发动、协调、管理等工作；一些地方成立林业服务队，为经营者提供信息服务、技术服务等。三是政策驱动。许多地区给予财政、信贷、税收减免（或缓交）等优惠政策。例如，潍坊市2002～2003年拿出2100万元财政资金用于速生丰产林建设；寿光市规定，种植1亩速生丰产林，给予财政补贴50元；曹县郑庄乡在财政极为困难的情况下拿出45万元作为奖励基金，每种1棵树苗补助农户0.7元，种1亩奖村干部10元。这些政策的实施极大地调动了农民的积极性。四是典型带动。一些地区树立了发展速生丰产林的典型，并通过宣传、参观等活动来带动发展。例如，曹县郑庄乡班庄村1993年在千亩果园四周种植了防护林杨树7000余棵，果树因效益差被群众相继刨掉，四周杨树则保存下来，2002年春天卖掉后收入120万元。该村接着又把千亩果园变成了千亩速生丰产林，现长势良好。该乡利用这一典型，大力宣传，现场参观，重点推广，现已种植速生丰产林2218hm^2（山东课题组，2004）。

与此同时，在生态条件较差的西北部地区，农业林业的发展与生态建设紧密结合在一起。甘肃省把林业产业发展融贯生态体系之中，以产业化、基地化促进经济林发展，促进农户脱贫致富奔小康。到1997年，全省累计营造经济林60万hm^2，在陇东南和陇中，随处可见整山、整沟、整坡的林果园，在沙区，在防护林的保护下，梨、葡萄、枣等果园建立在沙荒地上，农户在村旁的自营地建办小果园76.9万个，总面积接近30万hm^2。

平原农区木材生产的问题是：

（1）平原地区片林比重小，小径材比重大。片林的株数和蓄积量分别占总量的3.0%和0.3%。此种比例，不利于大型杨木加工企业的正常运营所需原料的及时足量供应。从各径级所占比例分析，24cm以下的小径材占70%，26cm以上的大径材只占10%。其原因主要是栽植密度不合理，因此造成杨木市场供应量，即可采伐蓄积量的市场供应指标相对过低，不能满足市场需求；同时这种密度不合理状况，造成众多技术上的问题，集约经营绩效未能得到有效发挥。

（2）“小四旁”杨树比重大，综合效益差。这里的“小四旁”主要指农户的房前屋后种植的杨树。如泗阳农户房前屋后种植2040万株，蓄积140万m^3，分别占总量的82%和70%。因为农户自己种树，自己收益的营林模式，决定了农民种植的杨树众多缺陷：① 营林技术较低，管理跟不上，造成杨树年生长量低于片林，生长周期长，单株蓄积低的状况；② 农户采伐成熟杨树的观望性，即卖高不卖低的思想，使得厂家在需要原料时不能很顺利获得足额数量；③农户种杨树的既定目的，如子女上学、盖房子、婚丧大事等，使得许多农户手头的成熟材和过熟材，继续生长而不采伐。这种不适时更新的做法，不仅造成土地资源浪费，还影响了资源的有效利用和木材市场的供给（丁胜和沈文星，2001）。

5.1.4.2　林产加工业发展

华北中原地区的木材及人造板加工业迅速发展。主要平原省份河北、河南、山东和江苏4省的木材产量从1990年的200.4万m^3，增加到2000年的472.39万m^3，增长135.72%，4省木材产量占全国的比重由1990年的3.6%增加到2000年的10.0%。与木材生产相比，4省木材加工业尤其是人造板加工业发展更加迅猛。1990年4省人造板产量只有30.19万m^3，到2000年就增加到818.87万m^3，增长25倍，人造板产量占全国的比重也由1990年的12.34%增加到2000年的40.91%（国家林业局，2001）。

山东省每年生产木材200多万m^3，木材加工企业已发展到3万多个，年加工能力1100多万m^3，形成了集培育、加工、销售于一体的林业产业新格局。河北省人造板企业由1991年的50多个发展到2001年的2000多个。2002年江苏省从事三板（胶合板、中纤板、刨花板）加工为主的各类企业有6644个，其中产值1亿元以上的企业有15个，产值在5000万元至1亿元的企业有25个，产值在1000万~5000万元的企业有91个。全年总产值124.6亿元，利税15亿元，出口创汇2亿多美元，全年胶合板产量278万m^3，纤维板产量96万m^3，刨花板产量25万m^3，约分别占全国同类产品产量的29%、7%、7%左右，其中胶合板产量位居全国第二位，中纤板的产量位居全国第四位，此外，江苏省还有各类家具加工企业3000多个，总产值约40多亿元，其中出口1亿多元。

江苏省邳州市木材加工业的发展促进了10万亩农田的调整（发展林农、林经间作），帮助了20万农民就业（从事木材加工、木材运输等），提供了全市16%的税收，成为充满活力和后劲的新兴产业。沭阳县木材加工业总产值达25亿元，直接从事木村加工业就有5.4万人，全县利用农田营造了42万亩的人工用材林。泗阳县杨木加工产值2.5亿元，占该县农业产值的17.2%，获取利税为6000万元，从业人员3.5万人，安置下岗职工5000人，同时，杨木加工业的兴起，还促进了其他行业的发展，如全县现有920台货车，80%用于杨木加工产品运输（钟志勤和吴边，2003）。

从江苏省泗阳县杨木加工厂的发展可以看出这一时期林产工业的快速发展势头。1994~1998年，该县杨木加工厂从126个增加到417个，增长2倍多，杨木产品加工产量也增加2~3倍（表5-7）。

表5-7　1994~1998年江苏省泗阳杨木加工厂数量及加工产量情况

年份	杨木来源(万m^3)		厂家(个)		产量(万m^3)			
	本地	外地	总计	其中:单板	单板	包装板	胶合板	其他
1994	15	/	126	11	2.1	2.7	1.1	2.8
1995	18	/	152	61	3.5	3.1	2.8	4.5
1996	18	5	378	107	6.0	14.0	3.8	2.8
1997	18	8	398	172	7.5	9.0	2.8	4.2
1998	18	10	417	174	8.4	8.2	3.7	4.5

数据来源：丁胜，沈文星．江苏泗阳县速生丰产林市场结构均衡分析．林业经济问题，2001，21（5）。

5.1.4.3 林业经营形式

这一时期，农村造林形式日趋多样化，非公有制林业发展迅速。河北省的林业经营形式包括如下几种，基本上代表了这一时期我国农村地区的林业经营形式。

（1）个人承包，分散经营模式。对“四荒”、“四旁”等闲置土地，通过拍卖、承包、租赁等形式出让绿化权，由当地农民或干部职工造林和管护，收益比例分成。这种模式，规模可大可小，不受绿化主体身份、资金、文化水平等方面的限制，是非公有制造林最广泛的一种形式。辛集市政府1999年出台了《出让路渠绿化权办法》，对全县路渠两侧闲弃地实行公开拍卖，限期绿化，采伐后的收益一九或二八分成，投资者得大头。5年来，辛集市共出让路渠446条，总长度390km，植树31万株。

（2）专业承包，家庭经营模式。集体统一规划，对适度规模的荒山进行拍卖或承包，一定几十年不变。由林果专业经营者购买后，以山为家，实行庄园式的综合开发，滚动发展。这种模式，承包期较长，对投资者资金实力要求弹性较大。经营者以治山为业，谋划比较长远，治理积极性高。元氏县北正乡农民时法林，1994年承包荒山3.6hm^2。一家人吃住在山上，投资1.2万元，架线、打井，栽植石榴2000多株、红枣1500多株，年收入6万多元，成了远近闻名的庄园主和荒山开发致富的典型。目前，元氏县已发展林果经济庄园70多个，开发荒山近1333.3hm^2，取得了显著的成效。

（3）大户承包，合作经营模式。由一户或几户具有较强经济实力的大户（多为农民企业家）承包，对荒山进行综合性开发，实行股份合作经营。这种模式，由于投资主体经济实力较强，投入有保障，一般建设规模较大，科技含量较高，管理较为规范，已具现代企业的雏形。多出现于经济发展水平较高，农村二、三产业发达，部分农民已有相当的资本积累，且农民对土地的依赖程度较低的地区。目前这种形式正处在快速发展期。沙河市綦村镇胡站生，利用前几年开铁矿积累的资金，联合5户农民，合股承包荒山666.7hm^2，投入资金1000多万元，购置了挖掘机、铲车等施工机械，实现了水、电、路三通，已完成造林246hm^2，兴建了养鱼池、饲养场，建成了集旅游观光、果品生产、畜禽饲养于一体的生态园区。目前，沙河市承包绿化荒山面积在66.7~133.3hm^2的大户36个，133.3~666hm^2的8个，666.67hm^2以上的3个，共承包荒山1666.67hm^2，总投资3500万元，植树660多万株，大户承包造林已成为沙河市林业发展最具活力和生命力的增长点。

（4）集团（部门、企业）承包，股份经营模式。有实力的部门或企业，由集体牵头，职工入股，组建股份制的开发公司，购买或承包荒山，进行综合开发经营。这种模式，入股人员多，并有部门或企业做后盾，资金实力雄厚，经营理念先进，内部管理规范，集约化经营水平高，代表了未来林果经营企业的发展方向。临城县近年来不断优化林业投资环境，吸引各级部门和各地企业来该县投资开发荒山。县电信局成立了绿岭开发有限公司，吸收多名职工入股，投入资金400多万元，承包荒山200hm^2，聘请河北农大教授做顾问，已开发113.3hm^2，全部实行高标准造林、高标准配套，采用优良品种，实行集约化经营，建成了集先进技术、先进管理于一体的高效林果经济园。目前已有河北省农科院、河北日报社等6个省级单位，市工商联、市委党校等8个市级单位，临城县环保局、水务局等26个县级单位及广东三泰实业集团等企业纷纷投资临城的山场开发，已高标准造林4000hm^2。

（5）统一治理，分户经营模式。由村集体统一规划、统一组织施工，治理后分户经营，以劳作股，多干多得。这种模式，将一家一户的小生产者有效地组织起来，较大程度地集中了人力、物力、财力，依靠当地的农户，也可以对荒山进行大规模、高标准治理。这种形式较多出现于经济发展水平相对较低，群众对开发荒山认识程度较高，村班子号召力和凝聚力较强的地区。邢台县前南峪村自20世纪80年代以来，大搞生态经济沟建设，主要实行集体治理、分户承包的方式，治理山场553.3hm^2，植树14万株，荣获联合国“环境保护全球五百佳”提名奖”。目前，邢台县3.67万hm^2非公有制造林中，有60%以上是统一治理、分户经营的形式，全县造林绿化成效显著，被誉为“太行山最绿的地方”。

（6）能人带动，一体经营模式。承包大户进驻山村，与当地群众结成利益共同体，组成开发公司，对全村山场统一规划，以雇工的形式带领村民对荒山进行综合治理，对山村进行整体改造，村民通过工资增加收入，企业通过开发荒山取得收益。这种形式，把村民、村集体和承包人三者的利益紧密地结合起来，形成了利益共同体，解决了其他形式的大户承包经常出现的矛盾纠纷，开创了山区综合开发的新路子。石家庄市卫生局退休干部吕日新，去年联合8名老同事，承包井陉县洞阳坡村荒山67hm^2，投资70多万元，成立了井陉县生态经济园区有限公司，以当地村民为公司员工，全村常年有100多人出工，每月工资性收入几万元，实现了企业和农民双赢的目标。目前，这种模式在井陉县已经逐步推开，成为当地造林绿化的重要形式。

（7）返租倒包。是指国家或集体为了建设重点防护林体系，拿出一部分资金，将已承包到农户手中的土地按标准统一租下来，造林完成后，再将土地承包给农户经营管理，收益全部归农民或国家、集体与农户按一定比例分成。邯郸、邢台两市京深高速公路两侧绿化，大多采用的就是这种形式。

河北省非公有制林业发展迅速。据统计，2001～2003年3年间，累计完成民营造林98.8万hm^2，占同期造林总面积的79%，非公有制林业已经成为推动林业快速发展的重要力量。从规模上看，中小承包户居于主体地位。据统计，全省造林规模在6.67hm^2以下的有260.7万户，占总户数的96.2%，而66.7hm^2以上的承包户仅为712户。从经济成分上看，个体经济占大多数。其中个体经营占82%，企业经营占6%，股份制经营占7%，部门造林占5%。从林种上看，非公有制造林的侧重点是经济林和用材林，其中经济林占81%，用材林占11%，防护林占8%。从投资上看，非公有制造林投入正逐步成为林业建设投入的主体（孟树标等，2005）。

在山东省，速生丰产林地使用权的取得形式有以下几种：一是承包，即农民或职工在自己承包的土地上营造速生丰产林，这种方式占52.5%。二是租赁，占5.9%。三是置换，即欲营造速生丰产林的农户为便于经营，用自己的承包地换取其他农户的承包地，这种方式占22.4%。四是转包，占8.7%。五是返租倒包，占7.4%。六是竞拍，占3.1%。林业户中以兼业经营为主，兼业经营户中以兼营非农产业为主。调查资料显示，在林业户（指种植速生丰产林的农户）中，纯林业户（即只种植速生丰产林的农户）占0.2%，其经营面积占速生丰产林面积的4.4%；兼业经营户占99.8%，其经营面积占速生丰产林面积的95.6%。在兼业经营户中主要兼营农业（种植业、畜牧业、渔业）的占38.4%，主要兼营非农产业的占55.7%，其他占5.9%（山东课题组，2004）。

5.1.4.4　实施山区综合开发——改善农村林区贫困的途径

我国是一个多山的国家，山区面积663.6万km^2，占我国国土总面积的69.1%，占全国总人口的55.7%，山区乡村人口站全国乡村人口的64%。山区自然资源丰富多样，全国90%的林地，84%的森林蓄积，77%的草场，76%的湖泊，98%的水能都集中在山区。而且84%的国家级贫困县集中在山区。山区是森林、野生动植物等生物资源分布最集中的地区，是大江、大河的源头，由于长期以来山区生态环境遭受破坏，造成我国水、旱等自然灾害频繁发生。因此，开展以“改土、治水、植树、修路、办电”为主要内容的山区综合开发，是有效解决我国人多地少矛盾、保障和改善农产品有效供给、改善生态环境、促进农村发展的有效途径。山区是我国重点林区，因此，山区综合开发也是增加农村森林供给的重要途径。

1996年初，中央农村工作领导小组会议决定由林业部牵头在全国开展山区综合开发试点示范工作。到1999年，在全国先后分4批安排了除上海外的30个省（自治区、直辖市）的114个示范县。山区综合开发的主要内容是“改土、治水、植树、修路、办电”，具体包括：①以基本农田建设为前提，严格实行退耕还林，保护和改善生态环境；②以优质林果业为重点，大力发展种植业、养殖业，积极调整和优化山区产业和产品结构，不断增加山区群众的经济收入；③加强山区基础设施建设，大力改善山区生产、生活条件，保障山区农业和农村经济的持续稳定发展；④积极发展能够充分发挥山区资源优势，又能大量安排剩余劳动力就业的资源开发型和劳动密集型加工业，加速山区产业化进程。

山区综合开发是实现我国经济和社会可持续发展的必然选择，是缩小地区差距，实现全国经济社会协调发展的根本手段，是启动、拓展农村市场，保持农民收入持续增长，拉动内需，培育农村新的经济增长点的有效途径，是缓解我国人多地少矛盾的重要手段。

国家为支持山区综合开发，在农业银行特设了山区综合开发贴息贷款，由财政按6%的利率予以贴息（中央3%，地方3%）。4年来，共安排专项贷款30亿元，落实贴息资金累计1.35亿元。

山区综合开发取得了显著的生态、社会和经济效益。1997年59个示范县共投入配套资金6.7亿元，完成坡改梯和中低产田改造10.6万hm^2；建设水利工程7万多处；造林种果20.4万hm^2，其中新造经济林8.2万hm^2；修建乡村公路7000km；续建和新建小水电站43个，新建装机容量13万千瓦；举办各类培训班1万多个，培训人员达98万，推广使用技术670项；59个示范县农民人均收入较1996年增长14.2%。如陕西省延安市宝塔区，1996年以来，通过新建8.2万亩高标准基本农田，退耕山坡地43.2万亩，人工造林27.4万亩，人工种草10.38万亩；通过工程措施和生物措施相结合，综合治理水土流失面积46.5万亩；1998同1995年相比，基本农田由22.9万亩增加到31.1万亩，森林覆盖率由46.7%提高到51.84%，水土流失治理程度由47%上升到51.5%。广西贺州市，1998年同1995年相比，县级财政收入由10551万元增加到16832万元，年均增长2093万元；农民人均收入由1638元增加到2675元，3年增加1037元，年均增加345元（国家林业局，1999）。

5.1.4.5 世界银行造林项目在增加农民收入、减轻贫困、增加林产品产出和改善生态环境方面的贡献

世界银行贷款国家造林项目是世行迄今为止在全球最大规模的造林项目之一。项目总投资5亿美元，其中世行贷款3亿美元。设计目标是用6年时间，在北起辽宁南至海南的16个省营造高标准人工林98.5万hm^2。该项目从1990年开始实施，1997年结束时，实际完成总投资5.57亿美元，其中世行贷款3.28亿美元，营造集约经营人工林138.5万hm^2。

国家造林项目取得了良好的经济效益。从1997年起的18年内，每年可提供120万~4400万m^3不等的木材，陆续产出木材共2.11亿m^3，薪材1696万t，以及一部分林副产品，其总产值为1001.5亿元。这是对我国城乡大规模的建筑用材和造纸、人造板、煤炭工业等需材大户的一个强有力支持，对弥补我国未来的木材缺口将发挥重要作用。

项目产生的环境效益也很可观，项目实施后，每个项目县可增加森

林覆盖率2%~3%，而且，随着这些人工林的兴起，项目地区将逐步实现木材生产从依靠天然林向人工林的转变，从而大大减轻对天然林的采伐压力，使天然林得到有效保护。由于项目造林严格执行了“环境保护规程”，造林只能选择荒山荒地和郁闭度小于0.3的疏林地，因此，其产生的涵养水源、保持水土的效益十分明显。根据有项目与无项目的对比分析，项目营造的138.5万hm^2人工林，可增加水源涵养量4.9亿m^3，每年减少水土流失量2196万t。在整个生产期内，能吸收和固定的碳量一共可达7.22亿t，相当于吸收了9.9亿t标准煤燃烧后排放的二氧化碳量，相当于减少了中国二氧化碳年排放量的1/4。

项目的社会效益显著。项目主要分布在适于林业发展的山区，而这些地方大多是经济欠发达、人民生活水平不高的贫困地区。在306个项目县中，有近1/3为贫困县，覆盖的贫困人口达到1200万人。项目实施期间，平均为每个项目县的农民带来直接劳务收入721万元，增加就业62万人·日。同时，项目人工林采伐后，还能平均增加每个项目县的长远经济收入2.3亿元。这对项目地区贫困人口增加收入，减轻贫困，提高生活水平将发挥重要作用。项目期间，共举办国内培训3812期，培训人员22.85万人·次，其中县级培训人员21.5万人·次、实地培训农民78万人·次（国家林业局，1999）。

近几年来，一些地方以各种名义毁林开荒或乱占滥用林地搞开发区等，造成林地的大量流失和森林资源的严重破坏（表5-8）。必须采取严厉措施，坚决制止毁林开垦和乱占林地行为，抢救和保护森林资源。全国共发生毁林开垦3220904起，面积1533071.6hm^2，其中：1994年以前2232385起，面积1241369.4hm^2；乱占林地45077起，面积173887.2hm^2（国家林业局，1998）。

自新中国成立以来，我国农村地区的营造林、林产加工业不断发展，增加了农村地区的森林资源、木材及林产品供给总量，提供了大量的农村林业就业机会，增加了农民收入，对我国农村经济发展做出重要贡献；华北中原地区的农村林业异军突起，不仅在短期内解决了木材、薪柴、饲料短缺问题，而且使这一地区的森林培育业成为种植业中有比较优势的产业，大量耕地转为林地。这一地区林产工业发展很快就突破了改革开放初期利用本地资源、满足本地市场需求的模式，利用国内经

表 5-8 林地占用情况统计

省份	乱占林地面积(hm^2)	毁林开荒(hm^2)	非法占用林地调查时间
北京	432.25		1992 ~ 1998
河北	1858.4	2585.4	1994 ~ 1998
山西	106		
内蒙古	24623.87	294129	1996 ~ 1998
吉林	2138.8	85976.2	
黑龙江		313300	
辽宁	267		1994 ~ 1998
浙江	5000		
福建	6000		1995 ~ 1998
江西	1652		
河南		112000	
湖南	16122.47	290054.22	1994 ~ 1998
广东	7638.37	25294.79	
广西		63000	
云南	636.91	300935	
甘肃	57.98		
新疆		38161.74	

资料来源：《中国林业年鉴 1998》。

济快速发展带动的国内需求，迅速扩张以人造板为主的林产加工业，逐步扩大国内市场份额，在短短 20 年的时间内实现了乡村工业从“资源取向”向“城市取向”以及“国际取向”的转变。加工业的发展又后向带动森林资源培育业，使这一传统的无林少林地区成为我国林业发展最具活力的地区；同期，我国南方重点林区受传统体制的困扰，木材生产和资源培育发展缓慢。在实现初步的经济发展之后，森林与贫困问题开始受到关注，山区综合开发的实施成为我国解决林区贫困问题的开端，打破森林丰富地区的贫困陷阱，最终还是要靠经济发展。

5.2 不同经济增长时期我国农村地区的森林生态恢复实践

5.2.1 传统农业时期（1949 年以前）

自古以来，我国历代政府和民间群众都有植树造林改善生态的愿望和行动。我们的祖先在修筑长城的同时，就营造了榆溪塞以护长城。据考证榆溪塞有两条，一条沿长城由现在甘肃岷县洮河而下，又沿黄河往东，再由贺兰山往北，直过阴山山脉，在长城两侧各营造3行树木。西汉在维修遗留下来的长城时，对榆溪塞进行了拓宽，并在修筑鄂尔多斯东南部长城时，营造了更宏伟的防护林，即第二条榆溪塞，其规模相当可观。魏时因“受森林荒废之患”而“为农牧者多提倡植树种果”。晋时已知森林荒废而成水患的道理，特别是黄河流域一带，已经是“是知森林之荒废，而贻患社会之安宁”，故重视植树。明洪武帝建国“以农桑为立国之本”，“令天下树桑、枣、柿、栗、胡桃等”。对毁坏林木者“有犯刑律”。清左宗棠开府后，东起潼关，西迄新疆之兴筑大道沿途种植树木，当时“有毁树者即军法从事”。在左氏开赴新疆时，自玉门关至乌鲁木齐数千里，令士兵沿途植树，故有“新栽垂柳三千里，引得春风渡玉门”的诗句。清封禁东北森林数百年，至民国元年农林部开放东三省国有林，始大规模采伐，后遭沙俄和日寇掠夺，而植树者甚少。伟大的革命先驱孙中山先生极其重视恢复森林，在《建国方略》中提出“于中国北部及中部建造森林”，主张要“造全国大规模的森林”。1942年曾设立黄河水源林业管理局，在天水设立水土保持试验区，实行荒坡、河滩植树，进行小流域治理，并筹划从1945年开始在西北地区防沙造林，包括陕西、甘肃、辽宁、青海及原热河、察哈尔、绥远7省，营造宽十里长达万里的防沙林带（王焕良，1995）。营造三北防护林的构想应当源于孙中山先生。

为了防止风沙对农田的侵袭，北方各地群众还在田边地角自发营造各种不同规模的小型防护林。尽管这些防护林没有统一规划，规模较小，防护作用较差，但它毕竟是以林护农、林农结合的开端，在我国林业发展史上有一定意义。

地处西北毛乌素沙漠南缘的陕西榆林地区和内蒙古伊克昭盟（鄂尔多斯市的旧称）南部，近百年来被流沙埋没农田、牧场各120万亩，当地农民曾营造小型林网，以抵御风沙，保护农田。在内蒙古伊克昭盟伊金霍洛旗、乌审旗、鄂托克旗等沙化严重的农区，群众营造了不少沙柳林带，一般都与主风垂直栽1~2行。新疆、甘肃、宁夏等地有些农田处于沙漠包围下或威胁中。为了同风沙、干旱斗争，新疆南北广大地区的农民素有在耕地边缘植树的习惯，一般栽树 1 ~ 2 行，也有先设防风墙，再加之一条单行林带的。

华北地区的小型防护林带主要在冀北、晋北、永定河下游、冀南、豫东、豫北等风沙危害十分严重的地区。河北省永定河下游地区由于河流多次泛滥、决口，在沿河两岸形成 130 万亩沙荒、沙地，严重影响着人民生活的提高。为了改变这种状况，当地群众常在自己耕地上或村庄宅院的迎风一侧栽上成行的树木，或栽植杨柳杆子林、条子林，或进行林粮、果粮间作，以防止风沙对庄稼和村庄宅院的侵袭。冀西正定、行唐、曲阳、新乐等县有 53 万亩沙荒。为了抵御风沙，当地农民创造了多种合作造林的组织形式。用小叶杨、侧柏等在风口地带、农田的东西北三面营造林带，林带宽 1.5 ~ 3m，植树 2 ~ 3 行，每块形成 10 亩左右的小型防护林网。1949 年 7 月，在行唐县故郡村南的大片荒沙上，华北农业部和冀西沙荒造林局科技人员指导设计营造了 24.5km 长、范围 316 亩的果园防护林。由于黄河多次改道和决口，豫东、豫北 34 个县形成 1600 万亩沙碱荒地。这些地区的群众也有栽植小型防护林同风沙斗争的悠久历史。一般是沿南北方向栽植单行的小叶杨或旱柳，3 年平茬 1 次，萌条丛生，形成紧密结构的林带。

内蒙古通辽、吉林扶余、辽宁昌图和康平等县也较早开始营造小型防护林。如扶余县三家村的农民在 20 世纪初期就自发地营造了宽 4m、长 5km 的林带，使林带保护下的农作物产量提高 1 倍以上。康平县纪家窝堡在 20 世纪 30 年代营造了 20 多条林带，扩大耕地面积 1500 多亩（《当代中国》丛书编辑委员会，1985）。

5.2.2 计划经济时期/工业化初期（1949 ~ 1978 年）

新中国成立初期，全国林业生产的总方针是“普遍护林，重点造林，合理采伐和合理利用”，当时确定的全国造林重点是：在淮河、辽河、永定河及黄河上游的汾、洛、泾、渭等流域，重点营造水源林，在豫东、东北西部、西北的三边，陕西省榆林等地营造防沙林。据统计，1949 ~ 1952 年，营造的防护林面积为 1334 万亩，占同期全国各林种造林总面积的 52%。1950 ~1952 年，全国造林的重点地区在冀西、冀中（永定河下游等地）、陕北、豫东、东北西部和苏北沿海一带风沙危害严重的地区。1952 年底，冀西、永定河下游完成计划的防护林建设任务，冀西6县建立公私造林合作社160个，参加社员31300人，共造林10.69万亩，绿化沙荒13.3万亩，基本上固定了流沙（到1964年，共造林52.3万亩，实现全部绿化）。永定河下游防护林包括固安、大兴、永清、安次4县、14区、346村，林带总长3212.5km，林地面积27680亩，防护农田98万亩，平均造林成活率86.8%。

在完成豫东、陕北和东北西部防护林后，配合治黄、治淮，在黄河中游的泾河和永定河流域，淮河上中游的河南桐柏山、伏牛山和安徽大别山等地营造水源林。"一五"期间，营造豫东沙荒防护林69万亩，保护了255万亩农田，黄河、淮河等流域中上游配合水利工程造林，使全国控制水土流失面积达69.2万km^2（《当代中国》丛书编辑委员会，1985）。

5.2.3　经济起飞期（1979～1990年）

这一时期，我国启动了三北防护林工程和平原绿化工程，农民的无偿投工投劳对这些森林生态恢复工程做出了重要贡献。

5.2.3.1　三北防护林体系工程及其影响

土地荒漠化是当前全球性的环境与社会经济问题，我国是世界上受荒漠化危害最为严重的国家之一，而防护林建设通常被认为是最直接、最有效的防治手段。20世纪70年代末，我国也上马了三北防护林体系工程，三北防护林是我国最早、规划期最长、投资最大的防护林工程，被誉为世界生态工程之最。迄今为止已持续20多年，并已成为我国北方荒漠化防治体系中的核心。

三北防护林工程于1978年由国务院批准，建设范围东起黑龙江省的宾县，西至新疆维吾尔自治区的乌孜别克山口，北抵国界线，南沿天津、汾河、渭河、洮河、布尔汉达山、喀喇昆仑山，东西长4480km，南北宽560～1460km。工程包括新疆、甘肃、青海、宁夏、陕西、内蒙古、山西、河北、北京、天津、辽宁、吉林、黑龙江13个省（自治区、直辖市）的551个县（旗、市、区），总面积406.9万km^2，占国土面积的42.38%，总人口1.5亿，约占全国人口的14%。按照《三北防护林体系建设总体规划方案》，三北防护林体系分为三个阶段：第一阶段（1978～2000年），又分为三期：一期为1978～1985年，二期为1986～1995年，三期为1996～2000年；第二阶段（2001～2020年）；

第三阶段（2021～2050年）。

经过一、二期的建设，在三北地区有近1333万hm^2农田实现了林网化，约有12%的沙漠化土地得到了治理，约有4万多km^2的“不毛之地”变成林地，133多万hm^2黄沙辟成了农田，有1000万hm^2草场得到保护和恢复，初步治理了30%的水土流失面积，已经解决了600多万农牧户燃料奇缺的问题，活立木总蓄积由7.25亿m^3增加到9.86亿m^3（王焕良，1995）。

1978～2001年，三北地区共造林2374.7万hm^2，其中人工造林1685.1万hm^2，飞播造林94.9万hm^2，封山育林594.7万hm^2。这些树木成林后，三北地区的森林植被将增加5个多百分点。在东北三省、京津已基本建成了省级防护林体系框架，在陕西、甘肃、宁夏、青海、新疆、山西、河北、内蒙古8省（自治区）已有73个县建成了县域防护林体系（李育才，2001）。

在荒漠地带的新疆和田地区，干旱地带的河西走廊，宁夏的引黄灌区，陕西、山西、北京、天津的平原，东北的松辽平原以及三北地区大大小小的盆地、滩地、川地，过去因为遭受风沙侵袭和干热风危害，粮食产量低而不稳。现在已有1100万hm^2农田实现林网化，形成了几十个县乃至跨省（自治区、直辖市）连片连网的大型农田防护林体系。据定点观测和对比试验数据分析，在农田林网有效防护范田内，近地表风速降低30%～50%，相对湿度提高15%～5%，土壤蒸发量减少20%～30%，土壤含水量增高10%～20%，夏季气温降低3～7℃，无霜期延长5～7天。有效地减轻或免除了风沙、干热风的危害。由于林网的防护功能，粮食产量净增10%～30%；治沙造林保存面积已达1000万hm^2（其中三北防护林建设以来治沙造林保存面积520万hm^2），加上天然林和“四旁”树，沙区林地总面积已达1650万hm^2，已有12%的沙漠化土地得到治理，有10%左右的沙漠化土地得到控制，130多万hm^2荒沙变成了农田、果园。毛乌素和科尔沁两大沙地林木覆盖率已达30%以上，生态环境有了很大改善，农牧民温饱问题基本解决。腾格里、库布齐、塔克拉玛干等十大沙漠边缘的治沙造林也取得了显著成绩；内蒙古、宁夏、甘肃、新疆的荒漠半荒漠草原地带沙化、盐渍化、牧草严重退化，由于营造防护林和封沙育林育草，现在已有890多

万 hm^2 草场得到保护和恢复，产草量增加达 20% 以上；营造水土保持林 245 万 hm^2，初步治理了 30% 以上的水土流失面积，许多荒山披上了绿。陕西渭北、山西昕水河流域、甘肃的泾川和青海的湟中、湟源等 38 个县，过去缺林少草、水土流失非常严重，长期处于低产贫困状态，现在林木覆盖率已选 20% 以上，粮食产量成倍增长，林业已成为当地的一个重要经济支柱；大兴安岭南麓和燕山山系过去多为荒山秃岭，如今以针叶树为主的造林发展较快，不但涵养水源功能明显，并能提供中、小径级的木材；营造的 93 万多 hm^2 的薪炭林，平均年产薪柴 700 万 t，加上多能互补，已经解决了过去靠铲草皮、烧牛粪度日的 500 多万农牧户的燃料奇缺问题；经济林也有很大的发展，已由 15 年前的 83 万 hm^2 增加到 217 万 hm^2，年产各种干果鲜品 60 亿 kg，产值 60 亿元；三北地区的林木蓄积量已由 15 年前的 6.3 亿 m^3 增加到 8.7 亿 m^3。据统计，每年抚育间伐和林木更新生产木材 800 万 m^3，不少地方民用木材已经做到自给有余（李建树，1993）。

5.2.3.2 农民对三北防护林工程的贡献

农民在三北防护林工程建设中功不可没。在三北一、二期工程中，乡村集体林场和农民个人共营造三北防护林 122.9 万 hm^2，占一、二期工程造林总面积的 77.3%。二期工程中农民投工投劳折资 35.6 亿元，人均 31.7 元，为三北工程开始时三北地区农民人均年纯收入的 27.3%。据辽宁省昌图县典型调查：为弥补三北造林投入的不足，昌图县从 1986 年起每年按每亩耕地提取 0.3 元绿化费，非农业人口每人每年提 1.2 元，全部用于防护林营造。仅此一项，全县 1986 年以来每年投入造林绿化资金 120 万元。这项造林经费直到 1993 年才取消。其间，该县耕地面积 22.9 万 hm^2，按此计算，该县的农民每年缴纳绿化费 103 万元，1986 ~ 1993 年共缴纳绿化费 1546 万元。在我国早期的森林生态建设中，农民作出了很大的贡献，替国家支付了公共投资的成本（林业部，1995）。

1978 ~ 1988 年 11 年三北防护林共保存人工造林、植树、植灌面积为 742.04 万 hm^2，占 11 年人工造林累计完成数 925.60 万 hm^2 的 80.16%。在 742.04 万 hm^2 保存面积中，国家造林占 13.43%，国合造林占 0.15%，集体造林占 61.58%，个人造林占 24.84%。充分体现了国家、集体、个人一齐上的方针，但集体造林仍是当时造林的主体。人工造林保存面积如再加上第一期工程飞播造林成苗率大于40%的保存面积3.77万hm^2，封山（沙）育林有成效面积71.83万hm^2，三北防护林11年建设共增加林木面积817.64万hm^2，增加林木覆盖率2%（缪璋怡，1992）。

据三北二期工程（1986~1995年）成果检查验收统计分析，非公有制比重由一期工程的36.9%下降到21.6%，减少了15.3个百分点。非公有制林业徘徊的原因：一是社会的大环境发生了深刻的变化。这一时期，我国的改革开放全面展开，农村的劳动力纷纷进入城市谋事。二是由于林业的生产周期长、见效慢、比较效益低等弱质性和农民的有限的经营能力，在市场经济中林业显得竞争乏力，导致劳力、技术、资金等资源流向那些看得见、摸得着、短期效益明显的产业上去，不仅农民不愿造林，城市人也都纷纷“下海经商”。

到三北三期工程时非公有制造林比重恢复到50.0%，比二期工程上升了28.4%。四期工程的第一年（2001年）非公有制造林已占60.0%，西北地区有的省（自治区）采取了“政策引导，项目带动，企业介入，社会参与，个体承包”的模式推动非公有制林业发展，凡从事防护林建设的不论国有、集体、个人统一纳入建设计划，经检查验收合格的，一律给予造林苗木补助；东北、华北地区的一些省（直辖市）也出台了许多有利于非公有制林业发展的政策措施，三北地区非公有制林业呈现出日趋快速健康发展的势头。

5.2.3.3 三北防护林工程存在的问题

由于树种结构单一，结构稳定性、抗逆性差，三北防护林在20世纪80年代末开始爆发大范围病虫害，到1994年，内蒙古自治区砍掉受害杨树300万株，甘肃省砍掉1000多万株，陕西省累计清除1451万株，河北省325万株，宁夏4000万株，山西省每年因病虫害造成的材积损失达249.2m^3。据统计，三北地区杨树受害的总面积达到400万亩（夏自谦，1995）。

沿海滩涂及里下河浅水沼泽地复合生态经济开发。江苏省沿海和里下河地区面积405.3万hm^2，占全省总面积的39.5%，70年代前开发程度低，生态环境差，灾害多，生产力低下。近十年来，进行了一些乡村规模的林农渔牧复合生态开发，大大改善了生态环境，提高了农林牧渔业生产和农民收益。开发中的主要内容：一是建立了一些规模不等的以林为主体的生态保障体系。已建成200多万hm^2的带、片、网构成的防护林体系。据观测，在1984和1989年两次台风中，由于林场森林的截流，使邻近乡村的玉米减少20%的损失、棉花减少30%的损失。二是林木在发挥保障良好的生态环境作用的同时，由于间作农作物产生的以耕代抚的作用，促进了生长，一般10～15年生就可成材，大部分林地单位蓄积量可达到或超过国家规定的速生丰用材林标准，已逐步成为江苏省主要商品型用材林基地（林业部，1990）。

河南黄河故道防护林工程效益。河南黄河故道是黄淮海平原的一部分。黄河历次决口改道，在豫东广阔的平原上遗留下300多万亩沙荒、沙岗，使3000万亩农耕地变成风沙、盐碱低产区。建国初期，国家为了改善沙区生态环境，在国民经济十分困难的情况下拿出大批救济粮食，以工代赈，发动群众在豫东沙荒区进行了规模巨大的防护林营造工程，经三年时间，共造林70万亩，完成了总长达520km的五条大型骨干防护林带，使500万亩农田受到保护。60年代中期，以兰考县实行农桐间作治沙治碱为榜样，在黄泛区大面积推广；70年代又推广了镇平、修武营造农田林网的经验，从而使防护林工程由营造防护林带和实行"四旁"植树向大规模的农田林网化和农林间作发展。80年代初期，河南省决定恢复、完善豫东黄河故道防护林、兴建豫北黄河故道防护林工程。工程主要有两个林带，总长424km，涉及16个县。该工程于1980年规划设计，1983年开始实施，计划由国家、集体和农民共同集资营造，营造固沙林和林带60万亩，农田林网191万亩，农桐、农果间作267万亩。到1990年，工程基本完成。据统计，豫东、豫北黄河故道沙区的32县，有林地面积达302万亩，农田林网1344万亩，农桐间作1948万亩，"四旁"植树6亿株，林木覆盖率达21%左右，全部实现平原绿化标准。绿化主要效益是：①改善了农业生态条件。有300多万亩沙荒、沙岗变成绿洲，1500万亩沙碱薄地变成了林茂粮丰的稳产、高产田。地处黄泛区的周口地区，经过多点观察，在防护林的有效范围内，地表风速降低30%～40%，相对湿度提高10%～20%，有效地控制了风、沙、旱、涝和干热风的危害。②保障了农业生产。内黄县统计，故道沙区粮食生产1989年较1982年亩增40.6%，总产量增加2.38倍。③建立木材生产基地。到1990年，该地区活立木蓄积1600万m^3，有16个县活立木蓄积超过50万m^3（林业部，1990）。

5.2.4 经济快速增长期（1990年以来）

这一时期，林业与国民经济和社会发展的关系中出现的新趋势和新问题：①林业与国民经济和社会发展的关系发生显著变化，生态环境问题成为我国社会经济发展的主要制约因素，生态需求正在取代林产品需求成为新时期社会对林业的主导需求；②林业发展战略由大规模造林转向注重更广泛的发展目标，如减轻贫困和生物多样性保护；③发展不足仍是生态环境破坏的主要原因，通过发展改善农民的生存和经济状况，减轻他们对森林资源的压力，关系到林业生态建设的成效和持续性。1998年大洪水后，我国政府对林业生态建设高度重视，相继启动了退耕还林工程、京津风沙源治理工程等对农村林业发展有重要影响的森林生态恢复项目，在短期内迅速扩大了我国农村地区的林地边界。

5.2.4.1 平原绿化对农村生态、经济、社会发展的贡献

平原绿化的发展历程：20世纪50年代重点改造沙荒，60年代有计划地营造农田防护林，70～80年代以农田防护林网为主体的网、带、片、点相结合的防护林体系，发展到目前的集林粮间作、枣粮间作等传统农林间作模式与农业综合开发林网、环城、环村林绿化美化相结合的综合性、多功能、高产出的发展模式。

平原绿化的大规模兴起始于20世纪80年代中期，当时，中国刚开始进行经济体制改革，城乡对林产品的需求急剧增加，木材及其制品供不应求，木材价格大幅上涨，农村出现建房热，获得土地经营权的华北平原农民为了解决长期以来困扰他们的“燃料、肥料、饲料、木料”四料俱缺现象，开始在农田、“四旁”地、村庄周围大量栽植树木，与此同时，初级木材加工和木材市场也开始涌现。

（1）增加森林植被，为农业发展提供保障。1998年以来，全国平原绿化累计完成造林698万hm^2，平原地区森林覆盖率由1987年的7.3%提高到现在的15.7%，新增农田防护林376.8万hm^2，保护农田3256万hm^2，农田林网控制率由1987年的59.6%增加到现在的70.7%。许多地方生态环境明显改善，农业生态屏障初步形成。据调

查，农田防护林对黑龙江省三大作物小麦、大豆、玉米的平均增产效益为15%，仅护田增产一项年增产粮食23.8亿kg。位于黄河故道、昔日风沙严重的安徽省砀山县，经过几十年的植树造林，如今已经发展成为绵延百里的果海绿洲，有连片果园90万亩，不仅提供大量优质的果品，增加农民收入，而且也有效地改变了当地的生态环境。据当地气象部门统计，20世纪50年代当地平均每年发生沙暴14.5次，70～80年代降到每年2～3次，90年代以来，沙暴已基本绝迹。

（2）增加木材供给，促进林业产业发展。平原地区有林地面积已达1518万hm^2，活立木蓄积6.2亿m^3，各种经济林503万hm^2。各地通过营造用材林、农田防护林，形成了一批初具规模的用材林基地，带动了以林产品为依托的加工企业的兴起。林业产业化的发展解决了林产品销路，延长了产业链，增加了经济效益，极大地带动了原料林基地建设。山东省兖州市以太阳纸业集团为龙头，实施毛白杨科研、育苗、营林、造纸产业一体化生产，计划用5年时间在全市营造1万亩育苗基地、20万亩纸浆林基地。其他纸业集团，通过与乡镇政府和农户签定合同、制定木材保护价格的方式，由农民建立几万亩、十几万亩的原料林基地。

平原林业的崛起，开始改变我国木材供给的格局。目前，经过几十年的发展，在缺林少材的平原地区已经形成了一批产量可观的木材生产基地。江苏省杨树大面积栽培起源于80年代，如今已经成为全省栽植面积和数量最大的树种，全省连片种植面积达400万亩，蓄积量达1700多万m^3，占全省林木总蓄积量的43%，而且每年以30%左右的速度递增，年总蓄积生长量达300万m^3。资源的发展带动了木材加工业的发展。全省依托杨树资源兴办的各类木材加工厂5600个，年产值78亿元，加工总产值约占全省林业总产值的48%。黑龙江省平原地区林木蓄积量已达7514.6万m^3，年生产木材30万m^3，缓解山区森林资源的压力，有力地支持天然林资源保护工程的顺利进行。

（3）促进农村经济发展，增加农民收入。通过平原绿化工程，各地发展了各种形式的经济林果、用材林基地，有力地调整了农村产业结构，促进地方经济发展。石家庄市梨树面积达61万亩，年产量8亿kg，1997年梨果产值9.1亿元。全市形成5个梨果基地县，26个专业乡，406 个专业村，带动农户 14.8 万户，其中梨果收入达万元的有 1.5 万户。内蒙古平原区经济林果年产量已超过 5 万 t，薪柴 3 亿多 kg，提供绿肥 3000 多万 kg（国家林业局，2001）。

5.2.4.2 退耕还林工程

2000 年，退耕还林还草试点工作在 1999 年四川、陕西、甘肃三省先行启动的基础上，又在河北、山西、内蒙古、吉林、黑龙江、河南、湖北、湖南、重庆、四川、贵州、云南、陕西、甘肃、青海、宁夏、新疆等 17 个省（自治区、直辖市）及新疆生产建设兵团的 188 个县展开。

2002 年，退耕还林工程正式全面启动，工程范围扩大到 25 个省（自治区、直辖市）及新疆生产建设兵团，包括 1580 个县。2003 年，国家继续扩大退耕还林规模，安排退耕还林任务 713.3 万 hm^2，其中，退耕还林 336.7 万 hm^2，宜林荒山荒地造林 376.7 万 hm^2。2004 年，退耕还林工作的重心由大规模推进转移到成果巩固上来。国家对退耕还林任务进行了结构性、适应性调整，工程区普遍加强林草管护、中幼林抚育，积极发展后续产业和替代产业，重视退耕农户的长期生计安排，落实基本农田建设、农村能源建设、封山禁牧、生态移民等各项配套措施，推动退耕还林工程稳步发展。1999 ~ 2004 年，工程已累计造林 1689.07 万 hm^2，累计粮食兑现数量总计 4604.22 万 t，累计生活费兑现金额总计 176.51 亿元。

甘肃省防护林建设。1956 年以前，全省仅在河西沙漠边缘分散零星地营造了一些防风固沙林带。1956 年甘肃省委做出了营造“绿色万里长城”的决定，这条“绿色长城”西起敦煌的哈拉湖，东至民勒、古浪、永登，经过 14 个县（市）。1958 年 4 月，在 1500km 的风沙线上，每天出动 50 万人参加植树造林工作，仅半个月就造林 10 万 hm^2，完成计划的 64%。但随后所剩无几。1964 年，甘肃省动用省林业经费的 1/4，计划大规模营造水土保持林，但由于山地权属矛盾，农林、林牧矛盾，零碎分散的森林形不成体系，于 70 年代初下马。改革开放以来，该省先后启动“三北”、长江中上游、防沙治沙、平原绿化等林业生态工程，经过 20 年的努力，防护林建设取得了喜人成绩，生态和社会效益显著。至 1998 年底，全省累计营造防护林保护面积 157.53 万

hm^2，其中农田防护林 11.6 万 hm^2，防风固沙林 33.33 万 hm^2，水土保持林 112.6 万 hm^2，全省森林覆盖率由 1978 年的 6.8% 提高到 9.04%，初步控制水土流失面积 22.4 万 km^2，保护农田和村舍 185.6 万 hm^2，各种自然灾害比 1978 年减少 1/4（国家林业局，1998）。

5.2.4.3 农村土地利用变化

从 20 世纪 80 年代末至 90 年代末的近 10 年间，我国耕地面积减少 324 万 hm^2。在耕地资源去向中，耕地转变为建设用地占耕地面积减少的 46.29%，生态退耕占耕地面积减少的 38.28%，耕地转变为水体占耕地面积减少的 11.29%，沼泽化、盐碱化、沙漠化、撂荒等占耕地面积减少的 4.14%。因此，建设用地成为全国耕地面积减少的主导因素，其次是生态退耕，沙漠化、盐碱化等造成的耕地面积损失不容忽视。

我国开垦耕地面积 620 万 hm^2，主要来源于草地，占耕地开垦来源的 55.69%；其次是林地，占 28.67%，未利用地占 10.82%；水体、滩地占 4.64%。林地开垦主要集中在东北和内蒙古东部地区，黑龙江占 48.02%，内蒙古占 14.51%，辽宁占 12.35%，吉林占 5.15%，合计占 80.03%；云南、广西、四川、贵州、河南、福建等占 12.7%；其他地区占 7.27%；退耕还林、还草面积为 127 万 hm^2，其中还林占 47.91%，还草占 52.09%。退耕还林主要集中在浙江、吉林、辽宁、云南、黑龙江、内蒙古、广东、四川、福建、湖南、江西、新疆、北京等地，占全国退耕还林总面积的 87.16%，其他地区占 12.84%。因此，退耕还林较多的地区主要位于沿海、东北、西南及新疆地区；由耕地转变为沙地的面积为 14312hm^2，其中陕西占 25.24%，河北占 22.81%，新疆占 21.52%，内蒙古占 20.99%，宁夏占 3.43%，河南占 2.96%，青海占 2.24%，吉林占 0.77%，甘肃占 0.05%。因此，我国耕地资源受到沙漠化的威胁，主要集中在西北及内蒙古草原等地区。这些地区风沙较多，气候干旱，沙漠化已造成耕地面积减少及严重的风蚀（田光进等，2003）。

在我国快速的经济增长过程中，工业化和城市化向农地扩展的过程仍在继续，毁林毁草开荒仍在继续，但主要集中在东北及内蒙古等林地、草地资源丰富地区，西北和内蒙古草原地区的荒漠化仍在扩展。由于这一时期退耕还林工程还没有开始，退耕还林的规模还赶不上开垦耕地的面积，在退耕还林的省份中包括了浙江、福建、广东等沿海经济发达地区，这一时期的退耕应该是没有得到任何中央政府财政支持的改善生态，表明这些地区经济快速增长后已经产生了改善生态的需求，并付诸行动。

5.2.4.4 我国农村地区森林生态恢复存在的问题

形式主义、不尊重生态学基础、不重视利用农民的乡土知识、政绩工程等问题的存在降低了我国农村地区森林生态恢复的效率。新中国成立50多年来，在国家的大力支持下，黄土高原地区人民为了改善日益恶劣的生产生活条件，进行了长期的大规模植树造林行动，用辛勤的劳动赢得了世人赞叹，取得了显著成效，但由于自然的和人为的两方面因素的制约，以致出现了50多年的人工林成活率低，保存率低，生长率低的三低问题。调查据统计，在黄土高原造林50多年间，仅水土保持部门植树造林面积累计多达512万 hm^2，但现今实际林地面积约450万 hm^2，其中天然林420万 hm^2，森林覆盖率7.1%左右，灌木林和疏林地346.6万 hm^2，现有林地中的绝大部分是天然次生林，现存全部人工林地只有29.7万 hm^2，仅为水保部门造林面积5.8%，具有规模的人工林地更是微乎其微，而且，所种者多是乔木，可现存者多是灌木。可见过去人工林质量和效率之低。1983年中央出台政策并拿出财政资金支持几个水土流失重点地区的“种草种树，治穷致富，三年停止生态破坏”的水土保持建设项目三年政策实施期间，对实施区的农民无偿供给燃料，并对荒山造林者按实际造林面积给予劳务补偿费。开始几年，这一政策的实施效果非常明显，曾一度使实施区不少面积的荒山秃岭开始变得绿起来，就连很多水渠边、地埂上，也能见到葱郁的苗木，给人生机勃勃的感觉。但很可惜好景不长，三年政策实施期满后，随着煤炭无偿供给和生态建设补偿金的停止，植被破坏随即反弹，没过几年，一片片开始修复的植被逐渐又恢复了它以前的荒凉（傅伯仁，2004）。

5.3 小 结

纵观改革开放以来的我国农村林业，基本的趋势是对森林依赖重、受计划经济的束缚大、森林资源丰富的地区农村林业发展慢，对森林资源依赖轻、市场配置资源的地区林业发展快，国家生态林业重点地区的农村林业发展快。近年来，对私有林业的鼓励以及林权改革的再次起步，南方集体林区的林业发展正在加速。从森林供给形式来看，平原地区以及西北干旱、半干旱地区主要以植被恢复为主，南方集体林区既有植被恢复也有植被保护，森林采伐限额制度和采伐许可证制度的实施，使所有这些地区的林业生产者都以放弃或减少/延迟林业收益的形式提供森林生态效益。

我国农村林业的发展路径从计划经济向市场经济，从生存、生产到逐渐融入国家工业化进程，直至今天成为国际林产品贸易的重要组成部分。在这个过程中，农村地区的林地生产力得到增强，农村森林资源增加，农民林业收入提高，与我国经济发展的趋势相同，可以预计，随着我国经济的进一步发展，农村林业将在增进农村地区生态环境和提高农村居民生活质量上获得进一步发展。从农村资源配置的角度看，随着我国行政体制改革的进一步深入，农、林、水各自按部门配置资源、重复低效的状况将有所改观。

6

我国农村地区森林供给途径、规模及地区分布

供给是市场模型的重要组成部分。供给是指商品供给量与该商品价格之间的一种关系，它反映了在不同价格水平下商品的供给量。供给曲线体现在其他条件不变时，该商品的市场价格与生产者愿意生产和销售的数量之间的关系。供给曲线向上倾斜的重要原因之一是收益递减规律。考察供给决定因素的基本点在于：生产者提供商品是为了利润。因此，决定供给的一个关键因素便是生产成本，生产成本主要取决于投入品价格和技术进步，相关物品价格、政府政策以及特殊条件如气候等也是决定供给的重要因素。

在本研究中，农村地区森林供给的定义是：在一定价格、政策和经济发展水平下，农村地区森林资源、木材及林产品和森林生态供给总量。农村地区森林供给问题包括木材及林产品供给、资源（劳动力、森林与林地）、生态供给（本文以退耕还林代替）以及林业收入供给。按照农村地区森林供给的受益方向，本研究将农村森林供给分为地方森林供给（on-site forest supply）和外部森林供给（off-site forest supply），前者是指主要使当地农村人口受益的森林供给如木材、林产品和以改善当地土地生产力的森林生态恢复（农田林网、农林间作、牧场防护林等），后者指主要由农村以外人口受益的森林供给，如森林旅游、生物多样性以及退耕还林。当然。外部森林供给不能完全排除当地人口的受益。将农村森林供给划分为地方森林供给和外部森林供给的目的是界定农村森林产品的公共性及其政策意义。地方森林供给主要属于商业生产范畴，应当按市场配置资源，地方公共物品如农田林网等应同农村基本

建设一样，由地方政府在产权界定的情况下，纳入地方公共产品扶持的范畴。像退耕还林、生物多样性保护这样主要以增进地区和全国森林生态供给为目的的造林和保护项目，应主要由中央财政支持。

6.1 我国农村地区森林供给的途径

6.1.1 地方森林供给

6.1.1.1 地方林产品供给

（1）木材。木材是农民生产、生活重要的物质和经济来源。林业可为农民提供生产和生活用木材及竹材。根据目前采伐限额估算，每年农民自用材消耗量约3000万m^3，相当于2001年商品木材产量（不含农民自用材）的66%。由于受经济收入水平的限制，今后相当长一段时期内，农民用材还将主要依赖自给和国产木材。

（2）非木质林产品。非木质林产品为增加优质木本粮油、干鲜果品和森林蔬菜及食用菌等绿色食品，优化和调整食物结构，保障粮食安全发挥着重要的作用。我国拥有丰富的可食性生物资源，大约有8万种热带森林物种是可食用的。目前，已发现有开发利用价值的野生淀粉植物资源约有300种，35亿kg，如橡子粉等；已经开发利用的木本粮食100多种，如板栗、柿子、枣等；野生油脂植物约有400种，初步查明含油40%以上的约有300种，能够食用的约有50种，如光皮树、核桃、油茶、橄榄、棕榈、文冠果等；叶蛋白植物资源十分丰富，豆科植物有1252种，禾本科植物约有1200种，主要有刺槐、栎类等（中国可持续发展林业战略研究项目组，2003）。

（3）农村能源。森林是农村生产、生活能源的重要来源，是我国农村能源中的重要组成部分，也是全国再生性能源开发利用的重点目标之一。目前，全球使用薪材和木炭的总人数约占世界总人口的85%，年消耗薪材约占世界总采伐量的59%，主要用于农村能源。我国目前每年薪材消耗约有1亿m^3，薪材占全国农村能源消费的24%，占农民生活能源消费的33%以上。自1981年以来，能源林（薪炭林）建设已列入国家林业发展计划。20多年来，已在全国建立100个试点县，相对集中连片，形成规模较大的能源林基地，累计营造薪炭林536万

hm^2。同时，在薪材碎料成型技术、薪材气化等转化技术、推广节能灶、充分利用林区“三剩物”、林产工业废料以及利用剩余物制木煤气等方面取得了成效，为发展和利用薪炭林提供了技术基础。薪炭林的发展，不仅缓解了农村能源供需矛盾，也减轻了生态公益林的压力。发展薪炭林，还可以带动相关产业的发展，如柳编、养蜂蜜源等。在农村大力发展能源林，对于改善农民生活条件具有重要的现实作用和安全保障，具有良好的发展前景。

（4）林地。林地是农村地区主要的自然资源之一，包括有林地、疏林地、灌木林地，还包括“四旁”林地、庭院林地以及以村庄美化为主的村片林/风景林等。近年来实施的退耕还林工程，退耕造林地也应包括在内。随着我国经济发展水平的提高，农村林地供给将呈上升趋势。

（5）林业就业。森林培育、管护、采伐、运输以及农村林产品加工将提供大量农村就业机会。据1999年农业普查，我国专门从事林业生产的农村劳动力达104万人。同时，我国农村地区的木材及林产品加工业，也是增加农民就业机会的重要渠道。农村林产品加工业属劳动密集型产业，随着农业产业结构的战略性调整和林业产业的快速发展，特别是非公有制林业的发展，使其在大农业中的比重不断上升。我国林木及林下动植物资源极为丰富，随着科学技术的发展，对森林资源的深度开发、多层次加工利用及其产品的系列化生产，已形成了木材加工、造纸、林产化工、林果及饮料生产、山野菜、食用菌、饲料工业等加工体系及产业链，为农村劳动提供了大量的就业和增收机会（如图6-1）。

6.1.1.2 地方森林生态供给

地方森林生态供给是指以改善当地生态环境、增加农地产出的森林生态产品供给，包括各种生物水土保持措施，如封山育林、农田防护林、农林间作等。地方森林生态供给可以改善当地农业生产环境，提高土地生产力，扩大农业生产边界。这些森林生态产品可以由个人提供，如各地广泛出现的承包荒山、荒地造林等，也可以由当地政府提供，如与农田基本建设相配套的农田防护林、牧场防护林等。贫困地区的地方森林生态产品应当由政府提供，因为贫困农户改变土地利用、植树造林短期内没有替代收入来源，需要政府资助，富裕地区的地方森林生态产品供给可以引入市场机制。

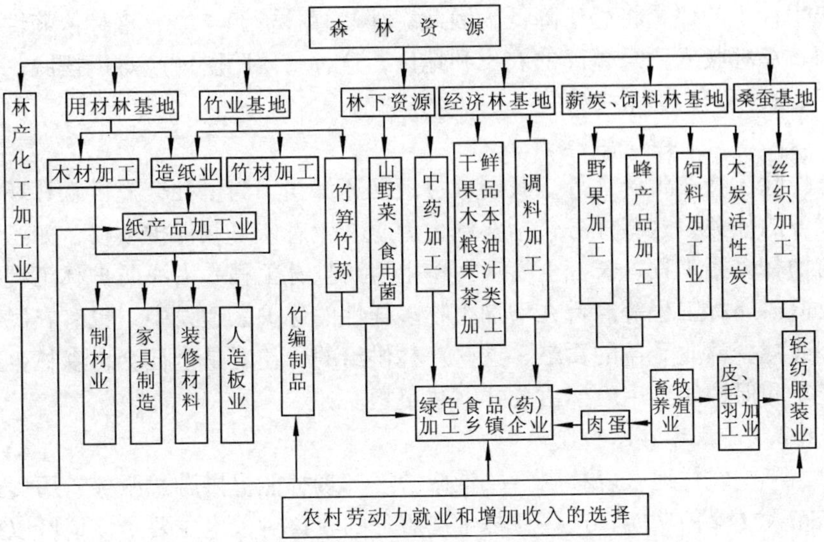

图 6-1 林产品加工产业链为农民提供就业示意图

6.1.1.3 森林依赖性与森林资源丰富地区的贫困陷阱

森林依赖性是指森林收入或森林产品占林业生产者/森林所有者收入或生计的重要程度。在我国南方和西南林区的部分地区，林业及其衍生产业是地方经济的支柱产业，地方经济也有森林依赖性。因此，在我国，森林依赖性包括个人和地方经济两种依赖性。

森林资源丰富地区的贫困陷阱是指森林资源丰富地区贫困的集中度要高于森林资源贫乏地区的贫困现象。一般而言，资源贫乏有可能成为贫困的原因，为何在资源丰富的地区也会发生贫困？为何自然资源禀赋丰富的比较优势未给当地的经济发展带来更多的机会？李周等人的研究发现，森林资源丰富地区贫困陷阱的根本原因在于：随着经济的发展，森林资源对经济增长的贡献呈下降趋势，具体原因包括：①农户缺乏将木材转化为商品所需的市场信息；②木材收入分配存在较多的制度障碍；③大多数林木为防护林，农民得不到任何经济补偿；④发展经济所需的内外部环境尚未形成（李周等，2004）。Hyde 认为木材属于劣质产品，即随着人们收入水平的提高，对木材的需求将降低。

在农村经济发展过程中，林业同其他种植业一样，在地方经济和农户生计中的比重将趋于降低，因此，那些森林资源丰富、森林依赖性越强、森林收入比重越高的农户和地区，这种贫困陷阱就越难以摆脱。

6.1.2 外部森林供给

6.1.2.1 生态环境供给

除了林业生产之外，我国农村地区还承担了为全社会提供森林环境服务的任务，这些任务包括实施大型森林生态恢复和保护项目，如三北防护林体系工程、长江上游黄河中上游防护林工程、沿海防护林工程以及退耕还林工程等。旨在增加生物多样性的保护区建设中，也有农民放弃或减少林业受益的贡献。这些森林供给的受益者是全社会，森林生态恢复和保护的费用应当由公共财政负担。

6.1.2.2 森林游憩功能

一些农村地区森林属于风景旅游区，森林能提供游憩服务、历史遗产和人文保护功能，这些森林生态服务的收益对象也主要是该地区以外的人口，因此，应属于外部森林供给的范畴。由于可以获得森林旅游收入，这类森林环境服务的费用可以通过市场来解决。

6.2 我国农村地区森林供给规模及地区分布

6.2.1 森林资源供给总规模及变化趋势

农村地区的森林资源是我国森林资源的重要组成部分。近年来，随着我国经济体制改革的不断深入，农村经济的发展以及农村土地结构向可持续利用方面转变，我国农村地区的森林资源呈逐渐扩大趋势，森林质量逐渐提高，对农村经济和社会发展的贡献增大，在改善国土生态状况方面发挥越来越重要的作用。

据第六次森林资源清查（1999 ~ 2003 年），我国林业用地面积 28280.34 万 $hm^2$①，其中，有林地面积 16901.93 万 hm^2，占 59.76%。活立木蓄积 1325935.60 万 m^3，其中，森林蓄积 1209763.68 万 m^3，占 91.24%。森林面积按土地权属划分，国有 7334.33 万 hm^2，占

① 本文所用全国森林资源数据未包括香港特别行政区、澳门特别行政区和台湾省。

42.45%，集体9944.37万hm^2，占57.55%。森林面积按林木权属划分，国有7284.98万hm^2，占42.16%，集体6483.58万hm^2，占37.52%，个体3510.14万hm^2，占20.32%。在现有未成林造林地中个体比例达41.14%，非公有制林业成效突显，所有制形式和投资结构开始趋向多元化。全国天然林面积11576.20万hm^2，占有林地面积的68.49%，天然林蓄积1059311.12万m^3，占森林蓄积的87.56；人工林面积5325.73万hm^2，占有林地面积的31.51%，人工林蓄积150452.56万m^3，占森林蓄积的12.44%（国家林业局，2005）。

农村地区森林资源是我国森林资源的重要组成部分。据全国第六次森林资源清查，我国农村地区林业用地面积16987.7万hm^2，占全国的60.1%，活立木蓄积435177.0万m^3，占全国的32.0%；农村地区森林面积9885.5万hm^2，经济林面积2029.9万hm^2，竹林面积452.3万hm^2，人工林面积2448.3万hm^2，分别占全国的58.5%、94.9%、93.4%和46.0%，森林资源总量占全国的一半以上，经济林和竹林资源占全国的绝大多数，在农村地区的经济林面积中，个体经济林1321.2万hm^2，占61.77%，集体经济林708.76万hm^2，占33.1%。虽然农村地区的人工林面积仅占全国的46.0%，但农村地区的人工林蓄积占全国人工林蓄积的68.5%，说明农村地区人工林质量较高。

6.2.1.1 全国森林资源变化趋势（1973~2003年）

新中国的森林资源变化大体经历了三个阶段：

第一阶段，从20世纪50年代到70年代末，森林资源主要处于以木材利用为中心的发展阶段，林业为国民经济的恢复、建设和发展做出了重大贡献。这一时期，林业作为基础产业，从国家建设需要出发，其首要任务是生产木材，森林资源曾一度出现消耗量大于生长量。根据1962年主要林区森林资源调查的结果，全国森林覆盖率为11.81%。1973~1976年开始了第一次全国森林资源清查，全国森林覆盖率为12.7%。1977~1981年第二次全国森林资源清查，森林面积有所减少，森林覆盖率为12.0%。在林种结构中，用材林所占比重高达70%以上，防护林所占比重不足10%，这反映了以木材利用为主的林业经营思想。

第二阶段，20世纪70年代末期到90年代后期，森林资源处于木材利用为主和兼顾生态建设的发展阶段，在满足生产、生活和国家经济建设需要的同时，逐步得到了有效保护和发展，步入了较快增长时期。这一时期，坚持“以营林为基础，普遍护林，大力造林，采育结合，永续利用”的方针，提出了建设比较完备的林业生态体系和比较发达的林业产业体系的奋斗目标，全国开展了大规模的造林绿化工作，陆续启动了三北防护林体系建设等一大批林业生态建设工程。第三、四、五次全国森林资源清查结果显示，我国森林面积、蓄积出现了双增长的良好局面，森林覆盖率从12.0%增加到16.55%。全国用材林所占比例保持在60%以上，防护林比重有所加大，但不足森林面积的15%。以木材生产为主的林业经营思想仍占一定地位，林业生态建设开始得到重视，投入力度逐步加大。

第三阶段，20世纪末以来，以六大林业重点工程实施为标志，林业建设开始步入以生态建设为主的新时期，森林资源进入快速增长的新阶段。进入21世纪，我国林业贯彻“生态建设、生态安全、生态文明”的战略思想，坚持“严格保护、积极发展、科学经营、持续利用”的指导方针，实施以生态建设为主的林业发展战略，森林资源保护与发展取得了显著成绩。第六次全国森林资源清查结果显示，我国森林资源呈现如下特点：一是森林面积持续增长。森林面积增加1596.83万hm^2，森林覆盖率由16.55%增加到18.21%，增长了1.66个百分点。二是森林蓄积稳步增加。林木年均净生长量1596.83万m^3，年均采伐消耗量3.65亿m^3，继续呈现生长大于消耗的趋势。活立木总蓄积量净增7.98亿m^3，年均增加1.62亿m^3，森林蓄积量净增8.89亿m^3，年均净增1.78亿m^3。三是森林质量有所改善。林分每公顷株数增加了72株，林分每公顷蓄积量增加了2.59m^3，中龄林和近熟林比例提高了2.09个百分点，阔叶林和针阔混交林面积比例增加了3个百分点。四是林种结构渐趋合理。防护林面积5474.63万hm^2，特用林面积638.02万hm^2，两项合计占林分面积的42.81%，上升了21个百分点；用材林面积7862.58万hm^2，占林分面积的55.07%，比第五次清查下降了19个百分点，表明我国以木材生产为主向以生态建设为主的林业历史性转变已初见成效。五是非公有制林业成效突显。非公有制森林面积比例为20.32%，森林蓄积比例为6.77%。在现有的未成林造林地中，非公有制比例达41.14%，表明我国林业所有制形式和投资结构开始趋向多元化。

总之，新中国成立50多年来，我国森林资源发生了很大变化，森林面积、蓄积不断增加，结构逐步改善，质量有所提高。我国森林资源在世界上已具有相当重要的地位，森林面积和蓄积均占世界前列，森林面积居世界第5位，森林蓄积居世界第6位。

但是，森林覆盖率居世界第130位，森林资源人均占有量相对较少，人均森林面积居世界第134位，人均森林蓄积量居世界第122位。森林资源地域分布极不均匀，占国土面积32.19%的西北5省（自治区），森林覆盖率仅为5.86%。我国仍然是一个森林资源匮乏的国家，森林生态系统的整体功能还非常脆弱，与社会需求之间的矛盾仍相当尖锐，森林资源的数量和质量有待进一步提高，保护和发展森林资源任重道远（国家林业局，2005）。

6.2.1.2 农村地区森林资源总体变化趋势

新中国成立以来，我国农村地区的森林资源变化基本与全国变化同步。从20世纪50年代到70年代末，是我国计划经济主导的时期，也是工业化的准备时期。这一时期，农村地区的森林资源消耗一是为国家工业化建设提供物资和资本积累，二是满足农村人口的生产生活需要。“大跃进”、“文化大革命”等政治波动和“以粮为纲”政策的实施，使这一时期的森林资源处于非正常消耗状态，从农村地区土地利用来看，开荒种地、增加粮食产量是主导趋势。因此，这一时期我国农村地区的森林资源总体处于消耗大于增长阶段①，尽管50年代在华北、中原地区开始了以防止风沙为主的防护林建设，60～70年代在南方林区已经开始用材林基地建设。

从20世纪70年代末到90年代后期，是我国经济体制改革和对外开放时期，也是我国工业化初期到进入高速增长期。这一时期，影响农村地区森林资源消长的主要因素包括：林业“三定”政策的实施和计划经济时期多年抑制的木材消费释放，在短期内推动了农村地区的木材消费，木材价格迅速提高，调动了农民造林的积极性，在南方集体林区

---

① 这一时期，东北、西南、西北等森林资源最多的地区是国有林区，集体林主要集中在华东和中南地区，没有全国范围内农村地区森林资源数据，不能推断全国森林变化的趋势。

和华北、中原地区80年代初出现了第一轮造林热，一些地区泡桐已经种进了农田；全国范围内木材供给缺口，加速了森林资源培育，速生丰产林和工业原料林建设逐渐扩大；不断增加的木材及其产品的进口，缓解了国内森林资源压力；三北防护林体系等主要林业生态建设扩大了农村地区的森林边界，因为这些植被恢复活动主要是在农村土地上由农民参与完成的；工业化和城市化进程在一些地区也造成了林地向城市建设用地、工业用地的转化。因此，这一时期，我国农村地区的森林资源总体处于恢复性增长阶段，但林业用地面积有一定的缩小。

20世纪90年代末以来，农村地区森林资源增长的最重要因素是退耕还林工程、京津风沙源治理等林业生态工程的实施。这些工程实现了我国历史上首次大规模的耕地向林地的转化，是我国经济增长反哺生态环境的开端，迅速地扩大了我国农村地区森林资源的边界。

经过50多年的发展，我国农村地区的森林资源总体呈增长趋势，且增长幅度高于全国。农村地区有林地面积①从1973～1976年间的1.53亿hm^2，增加到1999～2003年间的1.70亿hm^2，增长11.09%，高于全国同期林业用地面积增长9.78%。值得注意的是，1984～1998年，农村地区林业用地面积呈减少趋势，减少了398.1万hm^2，这反映了我国经济高速增长时期林地向耕地、工业用地和城市用地的逆转。从90年代末开始的退耕还林工程等在农村地区开展的林业生态工程，将大量陡坡耕地和退化草地转化为林地，使我国农村地区的林业用地实现恢复性增长（图6-2）。

1973～2003年的30年间，我国农村地区活立木蓄积从约27亿m^3增加到43.52亿m^3，增长60.37%，森林面积从约6492万hm^2增加到9885.5万hm^2，增长52.27%，经济林面积从约764万hm^2增加到2029.9万hm^2，增长165.86%，竹林面积从约291万hm^2，增加到452.3万hm^2，增长55.51%。从1984～2003年的20年间，我国农村地区人工林面积从1326.29万hm^2增加到2448.3万hm^2，增长84.61%，人工林蓄积从3.17

① 1973～1996年、1977～1981年的农村地区林业用地面积根据1984～1988年森林资源清查中集体林占全国的比例推断，这两个时期的活立木蓄积、森林面积、经济林面积、竹林面积也据此推出。

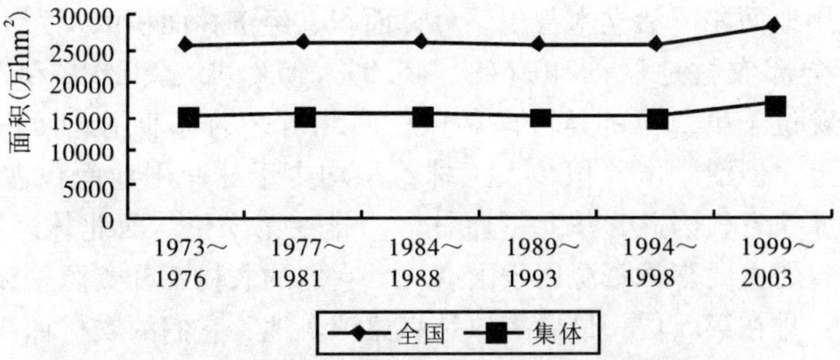

图 6-2 1973～2003 年全国及农村地区林业用地面积变化

亿 m^3 增加到 10.31 亿 m^3，增长 225.47%。农村地区森林资源增长的幅度均高于全国水平，反映了在我国近年来发展经济、改善环境的宏观背景下，农村地区森林资源加速增长的总体态势（图 6-3）。

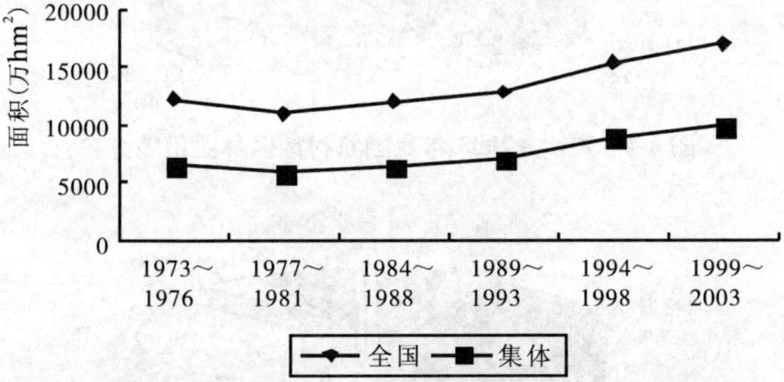

图 6-3 1973～2003 年全国及农村地区森林面积变化

6.2.2 森林资源供给地区分布及变化趋势

从地区分布①来看，南方 9 个省（自治区）的农村森林资源最多，

---

① 本文没有按以往的森林资源分区，而是按土地利用变化的情况分组，将全国分为 6 个地区，京津沪为一组即华北平原，其特点是城市化程度最高，森林面积最少；河北、河南、山东、江苏、山西 5 省为一组，这一组农区林业发展最快；辽宁、吉林、黑龙江为一组，是传统东北林区；浙江、安徽、江西、湖南、湖北、福建、广东、海南、广西为南方 9 省林区组，基本上按以前的分组；重庆、四川、贵州、云南为西南林区组；陕西、甘肃、宁夏、青海、新疆、西藏、内蒙古为西北林区组，这一组最大的特点是近年来由于退耕还林等工程的实施，林地面积显著扩大。

其林业用地面积、活立木蓄积、森林面积、经济林面积以及人工林面积分别占全部农村地区的 40. 6%、45. 0%、53. 9%、50. 4% 和 52. 9%；森林资源位于第二位的是西南林区；西北省区的林业用地面积虽然占 20% 以上，但活立木蓄积和人工林蓄积均少于林业用地面积占 10% 的华北中原 5 省，因此，华北平原林区应排在第 3 位，西北林区第 4 位；东北 3 省的主要森林资源属于国有林，它们的农村森林资源总和少于西北林区，排在第 5 位；最后一位是京津沪 3 地，它们的农村林业用地面积和森林面积分别占全国农村地区的 0. 62% 和 0. 44%，反映了高度城市化的特征（图 6-4 和图 6-5）。

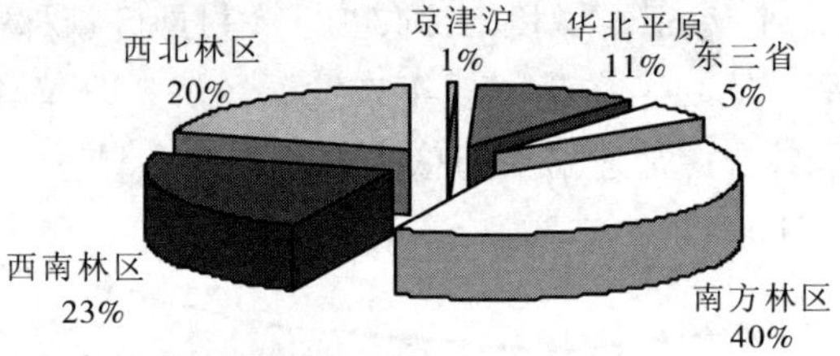

图 6-4　1999～2003 年我国农村地区林业用地分布

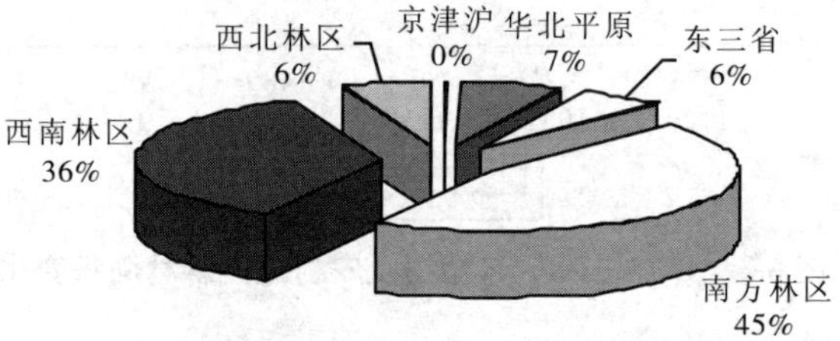

图 6-5　1999～2003 年我国农村地区活立木蓄积分布

森林资源禀赋和 20 多年经济发展路径的差异决定了我国不同地区农村森林资源的变化趋势。总体看，森林资源最丰富的南方集体林区森林资源稳步增长；华北平原地区增长迅速；近几年林业生态工程在西北地区的大幅度推进导致了西北地区林业用地面积的大幅度增加，但森林蓄积变化不大；西南地区农村森林发展与南方地区相似；东三省发展缓慢；京津沪地区林业用地面积虽有减少，但森林面积和活立木蓄积有较大幅度的增长，表明这一地区农村森林质量在提高。

6.2.2.1 京津沪地区

作为我国的首都和最现代化都市的代表，这一地区农村森林资源的突出特征是森林资源少，在全国的比重小，森林资源变化的总体趋势是森林面积扩大和森林质量提高，农村人口对森林资源的生计依赖最低，森林为城市环境服务的森林供给趋势逐渐清晰。在经济发展对木材及林产品的需求增加以及林业技术进步的推动下，1984～2003年的20年间，京津沪地区农村森林的活立木蓄积、森林面积、经济林面积、人工林面积和蓄积分别增长86.68%、70.04%、76.65%、76.65%和43.03%，其中，森林面积的涨幅位于其他5个地区的前列。同时，作为经济高速发展地区的代表，这一地区农村土地利用的突出特征是工业化、城市化向农村地区的迅速扩展和农地面积的缩小。1984～2003年的20年间，这一地区的林业用地面积从112.23万 hm^2 减少到104.88万 hm^2，减少6.62%，其中，在经济发展初期的1984～1993年，林业用地面积下降幅度达11.13%（表6-1）。

表6-1 1984～2003年京津沪地区农村森林资源变化

年份	林业用地面积（百 hm^2）	活立木蓄积（百 m^3）	森林面积（百 hm^2）	经济林面积（百 hm^2）	竹林面积（百 hm^2）	人工林面积（百 hm^2）	人工林蓄积（百 m^3）
1984～1988	11232	69885	2577	1118	27	899	31528
1989～1993	9982	100675	3213	1637	22	875	26090
1994～1998	10121	118829	3933	1825	22	1194	39113
1999～2003	10488	130460	4382	1975	25	1438	45095
2003年比1984年增长(%)	-6.62	86.68	70.04	76.65	-7.41	59.96	43.03

资料来源：全国森林资源统计（1984～2003）。

近年来，随着这一地区经济的进一步发展，对森林的环境服务需求如景观、涵养水源、生物多样性保护不断增加，森林生态需求在20世纪90年代中后期成为这一地区林业发展的主导需求，政府部门投入大量资金植树造林，扩建城市绿化带，实施退耕还林保护这些地区的水源，进行城乡绿化一体化建设等，这一系列措施使这一地区的林业用地面积在90年代末出现恢复性增长。

京津沪地区农村森林资源及其变化具有经济高度发达地区的特征，不代表我国农村地区森林资源变化的总体趋势，但作为国际化大都市，它们在引导我国森林生态需求方面发挥着重要作用。

6.2.2.2 华北地区①

这一地区是我国重要的粮食产区，20世纪80年代前属无林少林地区，目前在林产加工业和贸易驱动下，该地区成为我国农村林业发展最迅速、经济效率最好的地区。这一地区农村森林资源总量在全国位于南方林区和西南林区之后，排在第三位，散生木、“四旁”树、农林间作、农田林网以及村庄片林等构成这一地区平原森林资源的主体，自90年代中期开始，这一地区速生丰产林和工业人工林发展迅速，成为农村地区森林资源的重要组成部分。70年代后期开始的大面积农田林网和农林间作，使这一地区成为我国农林复合经营发展最好的地区，这种趋势延续至今，也使它成为我国森林外林业对农村经济贡献最大的地区。

1984～2003年的20年间，这一地区的森林资源处于全面增长趋势。林业用地面积、活立木蓄积、森林面积、经济林面积、竹林面积、人工林面积和蓄积分别增长5.88%、43.14%、70.08%、68.92%、92.56%、84.62%和226.34%，其中，森林面积增长与其他地区相比位于第一位（表6-2）。

华北地区农村森林资源增长的主要因素包括：第一，森林资源少，国家和农户对这一地区森林资源的依赖度都少，这一地区农村林业发展的制度性约束少，突出表现为林业税费负担轻，木材市场开放程度高，农民从林业生产中获利多。在改革开放初期的20世纪80年代，木材市场价格就开始引导这一地区的林业生产，并延续至今。第二，木材加工和贸易的逐渐扩张带动了本地区森林培育业的发展。改革开放初期，这一地区农村生产、生活对木材的需求迅速增长，农户急需的家具、农具和农村建房方面的木材加工业迅速扩大；80年代末90年代初，当地木

① 传统的华北平原地区包括河南、河北、山东的全部平原地区，江苏、安徽北部平原地区以及山西东部的平原地区，因为安徽省林地的主要范围属于南方林区，安徽就不再此次划分的平原林区内。在农村森林的范围内无法区分平原森林和非平原森林，本研究中华北地区农村森林资源包括这些省所有的农村森林。

表 6-2 1984～2003 年华北地区农村森林资源变化

年份	林业用地面积（百 hm^2）	活立木蓄积（百 m^3）	森林面积（百 hm^2）	经济林面积（百 hm^2）	竹林面积（百 hm^2）	人工林面积（百 hm^2）	人工林蓄积（百 m^3）
1984～1988	172012	2039269	51914	21787	242	14365	316992
1989～1993	157809	2329961	58948	26201	285	15328	413057
1994～1998	167752	2950712	78345	37540	366	18857	488310
1999～2003	182121	2918947	88293	36803	466	26521	1034458
2003 年比 1984 年增长（%）	5.88	43.14	70.08	68.92	92.56	84.62	226.34

资料来源：全国森林资源统计（1984～2003）。

材加工品市场逐渐饱和后，这一地区的木材产品加工市场开始向国内其他地区和海外市场扩张，在安徽、河南等地，仅加工桐木质镜框的村就达几十个，产品销售到全国各地的农村和城市市场。同时，出口到日本的泡桐原木和初级加工品也迅速增加，1982～1988 年，我国泡桐原木和拼板出口量分别为 10.5 万 m^3 和 13.88 万 m^3（雍文涛，1992）。到 2002 年，河南、河北、江苏、山东和安徽的木材加工企业总数达 54015 个①。第三，在木材及林产品相对于农作物的比较利益不断提高的趋势下，这一地区的农民将大量边际土地和部分耕地转变为林地，扩大了林业生产的土地边界。第四，这一地区从建国后，就开始在冀西、豫东沙地营造防护林，在 20 世纪 70 年代末、80 年代初开展了以改善生态、提高农村土地生产力的大规模的农田林网和农田防护林建设，这些以生态建设为目的的造林，也扩大了这一地区的农村林业发展空间。

华北地区农村林业是我国森林外林业快速发展的代表，林业增加农民收入和促进农村发展在这一地区的作用最明显。

6.2.2.3 南方地区②

本地区是我国农村森林资源最丰富的地区，具有森林资源丰富地区

① 国家林业局木材行业管理办公室：全国木材经营加工单位清理整顿汇总表。

② 包括安徽、浙江、江西、福建、湖南、湖北、广东、海南。

经济发展缓慢、农村人口贫困的主要特征。这些特征包括地方经济和农村人口对森林资源的依赖性高，而且长期内找不到替代资源；经济体制改革进展缓慢，林地权属、林业税费负担以及木材长期垄断经营三大农村林业发展难题在长期内得不到破解，使农民林业收入低下，没有发展林业的积极性；许多地方呈典型的森林富裕地区的贫困状况，即森林资源丰富地区贫困集中度高于森林资源贫乏地区，林区贫困的宏观背景是随着经济增长，森林资源对经济增长的贡献逐渐减小，具体原因包括农户接近市场的程度低、木材收入分配存在较多制度障碍，大多数林木为防护林，农民得不到任何经济补偿等。近年来，我国经济快速增长使得这一地区林业管理体制的缺陷凸现，国内木材需求日益增加的趋势与南方地区森林供给的滞后形成鲜明反差，这种反差在1998年实施天然林资源保护工程后更加突出，提高南方地区林地生产力、增加森林供给成为地方政府和农民的迫切愿望，自2003年起，福建、江西等地集体林权改革取得突破性进展，80年代初没有分到农户的林地在这次改革中真正分到了户，调动了农民造林、营林的积极性。

因此，自1984年改革开放以来，南方地区农村森林资源总体上稳步增长，但增幅不如华北地区高。1984～2003年的20年中，南方林区的林业用地面积增长2.05%，增幅很小，森林面积、经济林面积、人工林面积分别增长54.11%、52.40%和102.31%，活立木蓄积增幅不大，但人工林蓄积增长257.43%，表明南方林区人工造林质量在提高（表6-3）。

表6-3　1984～2003年南方地区农村森林资源变化

年份	林业用地面积（百 hm^2）	活立木蓄积（百 m^3）	森林面积（百 hm^2）	经济林面积（百 hm^2）	竹林面积（百 hm^2）	人工林面积（百 hm^2）	人工林蓄积（百 m^3）
1984～1988	675191	12914551	345707	67080	27899	63992	1623146
1989～1993	674348	13538959	392267	76176	30376	82696	2264608
1994～1998	672256	15301607	497399	93068	34204	122656	3489859
1999～2003	689018	19596279	532762	102228	38442	129463	5801626
2003年比1984年增长(%)	2.05	51.74	54.11	52.40	37.79	102.31	257.43

资料来源：全国森林资源统计（1984～2003）。

6.2.2.4 西南地区

本地区是我国第二大农村林区，第六次森林资源清查结果显示，这一地区森林面积2326.75万hm^2，活立木蓄积15.77亿m^3，分别占全部农村地区森林面积和活立木蓄积的23.5%和36.2%。本地区森林资源的主要特征是大片天然林属国有林，农村森林主要以人工林和天然次生林为主。20世纪70～80年代开展的用材林基地建设，90年代开始的速生丰产林建设有力地增进了本地区的用材林资源，90年代中期开始的长江防护林工程以及天然林资源保护工程增大了防护林的比例。这一地区农地利用的突出特点是人地矛盾突出，土地利用率高，陡坡耕种范围广，是长江流域水土流失的重要来源。1999年以后，这一地区开始实施大规模的退耕还林工程，将大量陡坡耕地退耕还林还草，改变了农村地区不可持续的土地利用模式，也增加了农村地区林地供给总量。

1984～2003年，西南地区的森林资源呈持续上涨趋势。活立木蓄积、森林面积、经济林面积、竹林面积分别增长35.48%、65.80%、113.28%和37.34%，在林业重点工程的带动下，这一地区人工林发展迅速，成效好，人工林面积增长135.30%，人工林蓄积增长371.45%，在6大地区中处于首位（表6-4）。

表6-4 1984～2003年西南地区农村森林资源变化

年份	林业用地面积（百hm^2）	活立木蓄积（百m^3）	森林面积（百hm^2）	经济林面积（百hm^2）	竹林面积（百hm^2）	人工林面积（百hm^2）	人工林蓄积（百m^3）
1984～1988	411189	11643891	140337	13630	4352	17260	362750
1989～1993	403973	12318473	152025	17939	4639	21506	533527
1994～1998	396181	13667352	201443	23247	4339	31910	932979
1999～2003	391371	15774990	232675	29070	5977	40613	1710196
2003年比1984年增长(%)	-4.82	35.48	65.80	113.28	37.34	135.30	371.45

资料来源：全国森林资源统计（1984～2003）。

6.2.2.5 西北地区

该地区包括内蒙古、陕西、甘肃、宁夏、青海、新疆和西藏7省（自治区），是我国自然条件最不适于森林生长、森林资源最少的地区。

根据第六次森林资源清查，该地区林业用地面积3468.82万hm^2，森林面积722.89万hm^2，活立木蓄积25.91亿m^3，分别占全部农村地区森林资源的20.42%、7.31%和5.95%，森林资源数量少、质量低是这一地区森林资源的主要特点。

该地区农地利用的突出特点是水资源矛盾突出、广种薄收和长期的毁林毁草开荒。据卫星遥感调查，黑龙江、甘肃、新疆、内蒙古等省（自治区），1986～1996年毁草垦荒117.2万hm^2，其中一半在开垦几年后落荒，成为新的荒漠化土地。青海省1958～1960年，毁林开荒40多万hm^2，实际只保留了6万多hm^2，特别是在柴达木盆地，通过不适当开荒，将高寒荒漠灌丛毁掉，对当地生态造成严重破坏。内蒙古从20世纪50年代末到70年代中期，全区沙化面积扩大23%，年均增加沙化土地26万hm^2，赤峰市和伊克昭盟（鄂尔多斯市的旧称）沙化面积分别扩大67%和38%。

该地区是我国重要生态林业建设地区，三北防护林体系工程、防沙治沙工程主要在该地区实施，1999年开始试点启动的退耕还林工程，将大面积陡坡、劣质和沙化耕地退耕还林还草，大范围地改变了不利于生态环境的农村土地利用结构。这些林业生态工程的实施有效地扩大了这一地区森林资源的生产区域，增进了该地区森林生态的供给规模。

因此，1984～2003年，该地区林业用地面积增长了90.75%，位于6个地区林业用地面积增长幅度的第一位，而且这90.75%林业用地面积的增长主要发生在1999～2003年生态林业建设推进速度最快的时期。我国近年来生态林业建设政策，在该地区起到了迅速扩张林业用地数量、改变不合理的农村土地利用结构的结果。在林业用地面积扩张的同时，该地区的森林数量和质量均有提高，2003年同1984年相比，该地区的森林面积、活立木蓄积、经济林面积、人工林面积和蓄积分别增长63.86%、65.89%、147.01%、69.35%和246.63%（表6-5）。

6.2.2.6 东北三省

由于东北三省主要的森林资源为国有林，该地区农村森林资源从总体上看处于边缘状态，在全国的比重不大。1999～2003年，东三省农村地区林业用地面积788.90万hm^2，占全国农村林业用地的4.64%，活立木蓄积2.51亿m^3，占全国的5.76%，森林面积581.53万hm^2，占全国的5.88%。

表6-5　1984～2003年西北地区农村森林资源变化

年份	林业用地面积（百 hm^2）	活立木蓄积（百 m^3）	森林面积（百 hm^2）	经济林面积（百 hm^2）	竹林面积（百 hm^2）	人工林面积（百 hm^2）	人工林蓄积（百 m^3）
1984～1988	181851	1561873	44115	7324	224	16205	254625
1989～1993	198705	1991332	47843	11172	320	16291	456991
1994～1998	188125	2362903	60027	16257	321	20869	708484
1999～2003	346882	2590994	72289	18091	320	27443	882615
2003年比1984年增长（%）	90.75	65.89	63.86	147.01	42.86	69.35	246.63

资料来源：全国森林资源统计（1984～2003）。

该地区森林资源的增减主要受地区经济和农村发展进程的影响，受国家林业政策的影响微弱。因此，在全国农村地区林业普遍快速发展的情况下，该地区目前的林业用地面积比20年前的1984年减少近21%，人工林面积减少2.74%，偏离全国农村林业发展增长的主要趋势。1984～2003年，该地区活立木蓄积、森林面积、经济林面积和人工林蓄积分别增长58.83%、12.15%、21.26%和44.07%，低于全国的平均水平（表6-6）。

表6-6　1984～2003年东北三省农村森林资源变化

年份	林业用地面积（百 hm^2）	活立木蓄积（百 m^3）	森林面积（百 hm^2）	经济林面积（百 hm^2）	竹林面积（百 hm^2）	人工林面积（百 hm^2）	人工林蓄积（百 m^3）
1984～1988	99792	1577821	51854	12227		19898	577496
1989～1993	75878	1936759	48996	12638		14643	472779
1994～1998	77018	2252488	56309	14351		18968	687886
1999～2003	78890	2506003	58153	14827		19352	832009
2003年比1984年增长（%）	-20.95	58.83	12.15	21.26		-2.74	44.07

资料来源：全国森林资源统计（1984～2003）。

6.2.3 农村地区林产品供给规模

6.2.3.1 木材生产

经过20多年的发展，我国农村地区林产品供给总量逐渐提高，1986~2004年，我国乡村年木材产量从2249万m^3增加到2579万m^3，增长15%，乡村年木材产量占全国年木材产量的比重从34.58%增加到49.62%，乡村木材生产对全国木材生产的贡献逐渐加大（图6-6）①。

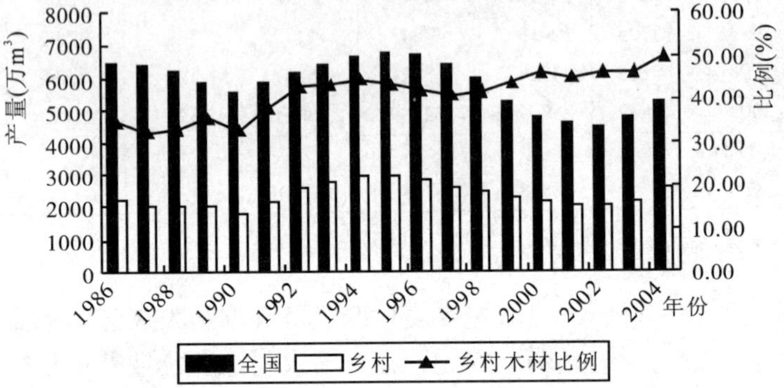

图6-6 1986~2005全国、乡村木材产量及比例变化

6.2.3.2 非木质林产品生产

我国有丰富的非木质林产品资源，大宗的非木质林产品包括生漆、油桐籽、油茶籽、乌桕子、五倍子、棕片、松脂、竹笋干、紫胶等。2002年，我国竹材产量达5.8亿根（国家林业局，2002）。

6.2.3.3 乡村木材及制品加工

据1995年第三次工业普查，我国乡村木材及竹材采运、木材加工及竹藤棕草制品业、家具制造业和纸及纸制品业的企业数为99015个，就业人数645.93万人。根据2002~2003年的全国木材经营加工单位清理整顿数据，全国集体木材加工企业有10942个，私营企业有152775个②，表明近年来乡村木材加工企业数量大幅增加。

可惜的是，在我国的林业发展过程中，劳动密集的小型林产加工企业在我国一直被视为技术落后和资源浪费的代表，因此，尽管这些企业

① 根据相关年份中国林业统计年鉴整理。

② 不完全是乡村木材加工企业。

创造了大量的乡村就业机会，因为不符合政府发展资本密集的大企业的发展思路，它们的发展一直得不到支持，而且在提高森林资源利用效率和环境保护的旗帜下，林区的小型企业一次次地成为清理的对象。

6.2.3.4　非木质林产品进出口

近10年来，我国非木质林产品的国际贸易呈增长趋势，在国际市场中占有重要位置，进出口总量稳定增长，出口值在我国林产品出口中的比重下降，但水果/果汁等产品出现大进大出的国际贸易格局，我国劳动密集型产品的出口优势开始显现，由创汇非木质林产品生产变为就业非木质林产品生产，扩大了我国农村地区的林业就业机会。

1998～2004年，我国非木质林产品出口值增长76.7%，进口值增长405.7%，其中，柑橘出口量从13.8万t增加到36.1万t，增长61.9%，苹果出口量从10.7万t增加到77.4万t，增长99.0%，梨出口量从9.7万t增加到31.8万t，增长90.8%。随着出口量的增加，我国新鲜水果出口在国际市场的份额也不断增加，其中，柑橘的国际市场份额从1994年的1.99%增加到2003年的3.72%，苹果从2.28%增加到9.82%。竹藤是我国主要的非木质林产品出口产品，20世纪80年代中期，竹藤及其制品出口值占我国林产品出口的比重最高时曾达到近40%。进入90年代以来，竹藤产品继续占领国际市场，出口量值稳定增长，主要出口产品包括竹笋、竹藤制品和原竹，主要进口产品是原藤。进入20世纪90年代以来，我国竹藤产品出口稳中有降，出口值保持在3亿～5亿美元，1995年出口值达到最高峰的5.3亿美元，2001年，我国竹藤产品出口总值3.48亿美元，占林产品出口值的比重为4.4%①。

6.2.4　农村地区林业就业和收入

农村森林培育、木材及竹材采运和加工业为农村提供了大量的就业机会。据1996年全国农业普查结果，还有专门从事林业生产的104万农业人口。2002年，乡镇规模木竹采运、木材加工及竹、藤、棕、草制品、家具和造纸及纸制品业的平均职工人数131.11万人。2002年，

① 谢晨：《我国农用林产品的国内外市场贸易及政策趋势》，向东南亚国家教育联盟农用林产品市场提交的论文，2005年11月23日至26日。

我国村及村以下木竹采伐提供就业机会3.13亿个工日，其中，木材采伐2.32亿个工日，竹材采伐8074万个工日，村及村以下木竹采伐相当于提供142万个全职工作岗位[①]。除木竹生产和加工外，林业重点工程建设在工程区还提供了大量的林业基础设施建设、森林管护、林木育苗等方面的就业机会。

林业收入是农村收入的重要来源。农村林业收入的主要来源包括木材、竹材及其采伐运输和加工收入，茶、桑、果收入及其他非木质林产品收入。2002年，全部山区和丘陵区茶、桑、果产值741.91亿元，村及村以下木、竹采伐产值223.99万元，农村林业总产值1033.50亿元，乡镇规模木材及竹材采运、木材加工及竹、藤、棕、草制品业、乡镇家具制造业、造纸及纸制品业总产值2101.16亿元（国家林业局，2003）。

6.3 小 结

20年来，我国农村地区的森林资源和林业生产总体处于增长态势。6个地区各具鲜明的森林资源禀赋特征和森林供给路径，增加森林供给总量、扩大森林生态服务是我国农村地区林业发展的共同趋势。20年来农村地区森林资源总量及分区变化表明，促进商品林业发展最重要的驱动力是市场化改革程度，成功的市场化改革带来了正确的价格信息，促进林产品加工和贸易的发展，从而推动森林资源培育的发展，华北地区森林资源迅速增长的经验充分证明了这一点；国家林业政策的推动也是我国农村地区森林资源增长的重要因素，这尤其体现在具有外部环境效益的生态林业建设上，从三北防护林体系建设到目前正在实施的退耕还林工程，国家生态林业投资在扩大我国农村地区林业生产边界、扭转毁林毁草开荒趋势中起决定作用，有力地推动了我国西北、西南生态脆弱地区森林资源的增长；南方地区森林资源增长缓慢的情况说明丰富的森林资源不是现阶段农村林业发展的决定因素，突破制度障碍、促进农村发展应是这一地区今后增加森林资源的主要推动力。

① 1个工作岗位按220个工日计算。

7

我国农村地区森林供给决定因素

通过第6章对我国农村地区森林供给途径、供给规模及地区变化看，影响我国农村地区森林供给的因素是多方面的，既包括经济增长、城市化进程和地区资源禀赋，还有农林产品价格比较优势、森林资源禀赋、经济发展水平以及由此决定的林业改革途径选择，是地区间森林供给规模和发展速度的重要影响因素。正如尹润生所观察到的，华北平原地区与南方地区不同的林业发展进程是由它们所选择的不同的改革途径所决定的，但他没有解释这两个地区为什么会选择不同的改革途径。本文将在以下部分探讨我国农村地区森林供给的决定因素。

7.1 经济增长

农村地区林业发展的根本动力是经济增长。经济增长推动森林需求的变化，提供反哺环境的公共投资和扩大进口保护本国森林资源的机会，推动技术进步，提高资源利用率。经济增长也是目前我国农村地区正在进行的诱致性制度变迁的主要推动力。

7.1.1 推动森林需求变化

经过近30年的经济快速发展，我国国民经济和社会发展对森林的需求发生重要变化。新中国成立初期，国民经济处于逐步恢复发展时期，社会对林业的主导需求是木材，加之受“以粮为纲”思想的影响，是林地成为扩大耕地面积的主要来源。森林被当作一种单纯的经济资源，林业仅仅作为一项基础产业，以木材为中心来组织和安排林业生产，毁林开荒屡禁不止，大面积天然林被采伐；改革开放后，随着社会经济的不断发展和人民生活水平的不断提高，林业被定义为既是一项重要的基础产业，又是一项重要的公益事业，同时兼有生态、经济和社会三大效益。这一时期，开始实施以三北防护林建设工程为代表的生态工程，提出了建立林业生态体系和林业产业体系的目标，人工林得到大力发展，毁林开荒有所减缓，森林生态效益补偿问题提上日程，但当时的经济发展水平决定了以木材为中心的发展模式仍然难以改变；进入21世纪，我国进入了全面建设小康社会，加快建设社会主义现代化建设的新的发展时期。但是，恶劣的生态环境已经成为制约我国经济和社会可持续发展的根本性原因之一，社会对生态环境的需求达到了前所未有的程度，改善生态环境日渐成为社会对林业的主导需求。随着国家实施可持续发展战略和西部大开发战略，以六大林业重点工程的全面启动为标志，我国的林业发展开始实现五大转变，既有以采伐天然林为主向以采伐人工林为主的转变，由毁林开荒向退耕还林的转变，由无偿使用森林生态效益向有偿使用森林生态效益的转变，由部门办林业向全社会办林业的转变（中国可持续发展林业战略研究项目组，2002）。经济增长所带来的森林需求变化以及所造成的生态退化，从正反两个方面推动了我国森林需求的变化。

7.1.2 提供反哺环境的森林生态公共投资

从20世纪90年代开始，我国森林生态建设投资力度不断加大，年投资额从1990年的2.56亿元增加到2004年的351.02亿元，2004年的生态林业投资额是1990年的137倍，充分体现了我国政府对森林生态建设的重视（国家林业局，2004）。

为了改变我国日益恶化的生态环境，从1998年起，我国政府相继启动和重新整合了天然林资源保护工程、退耕还林工程、京津风沙源治理工程等六大林业重点工程，根据规划，到20世纪末，六大林业工程仅造林指标一项就达7611万hm^2，工程总投资达数千亿元（中国可持续发展林业战略研究项目组，2002）。

7.1.3 扩大木材进口保护本国森林资源

随着经济发展和综合国力的增强，我国木材及林产品贸易目标，从出口创汇逐渐转变为扩大进口、弥补国内市场不足。1998年实施天然林资源保护工程后，我国国内商品木材供给从1997年的6395万m^3减少到2004年的4759万m^3，减少25.58%（国家林业局，2004）。为弥补国内市场对木材及其制品日益增长的需求，我国在大规模扩大人工林造林规模的同时，开始逐渐扩大木材及产品进口量，从表7-1可以看出，1995~2004年，我国主要木材及其制品的进口量都大幅度增长，增加最快的是原料类产品，其中原木、锯材、木片和木浆分别增长918.68%、601.24%、49778.59%和826.64%，充分反映了这一时期我国经济快速增长对原材料及初级产品的大量需求，使我国成为世界上最大的木材及林产品进口国之一。

表7-1 1995~2004年我国主要木质林产品进口变化

进口项目	1995	2004	增减(%)
原木(m^3)	2582601	26308522	918.68
锯材(m^3)	862990	6051670	601.24
单板(m^3)	341638	154142	-54.88
刨花板(m^3)	55232	652594	1081.54
纤维板(m^3)	273448	1377045	403.59
木片(t)	607	302680	49778.59
木浆(t)	778617	7214995	826.64
纸及纸制品(t)	2868379	5100886	77.83

资料来源：根据《2005中国林业发展报告》附表整理。

我国木材及其制品国际贸易格局的变化得益于我国经济增长，为我国实施天然林资源保护工程等森林保护措施提供了资源基础，有利于实现林业可持续发展目标。

7.1.4 促进农村发展，扩大农村地区森林供给边界

改革开放以来，我国农村地区的经济状况发生了根本性的变化，主要体现在以下几个方面：

（1）农业生产快速发展。1990~2003年间，我国农业总产出（GAO）增长了近90%，其中，农作物产出增长了60%，畜产品产出增长了145%。

（2）生产结构发生变化。生产结构持续由以种植业为主向以牧业和渔业为主转变，种植业产值占农业总产值的份额从1990年的65%下降到2003年的50%，同期，畜牧业从26%增加到32%，渔业份额从5%提高到14%，林业的份额稳定在4%的水平。

（3）农业就业人数下降。20 世纪 90 年代初以前，农业就业人数持续增长，最高时接近 3.5 亿。此后便开始下降，到 2003 年为 3.13 亿，但仍高于改革之初的就业人数。随着我国经济其他部门就业的快速增长，农业劳动力占总就业人数的份额从 20 世纪 70 年代末的 71% 下降为 2003 年的 42%。

（4）农村居民收入大幅增长。中国改革时期的显著成就之一是农村居民人均实际收入的强劲增长，这主要归功于非农就业机会的增加。1980～2000 年间，农村居民实际收入增长超过 3 倍，年平均增长率约为 6%。

（5）农村贫困大幅度降低。根据我国对贫困人口的定义（购买力平价计算，每天收入不低于 0.6～0.7 美元），贫困人口数量从 1978 年的 2.5 亿人下降为 2003 年的 2900 万人，同期，农村贫困人口比例从 31% 下降为 3%。根据世界银行对贫困线的定义（购买力平价计算，每天收入 1 美元），我国农村生活在贫困线以下的人口数量，在 2002 年仍高达 8800 万人，但消除贫困所取得的进步仍然极为显著，1979～2002 年间，大约 4 亿人口收入增长超过贫困线（经济合作与发展组织，2005）。

农村发展对农村林业的显著影响包括转移农村剩余劳动力，减轻对森林资源的压力；减少贫困，减轻贫困人口对森林植被的依赖和破坏；增加农业产出、调整农村产业结构，实现从毁林开荒到退耕还林的历史性转变，扩大农村地区的森林供给边界。

于 2006 年开始实施的社会主义新农村建设将大幅度增加农村基础设施建设，提高农村地区的土地生产力提高，扩大农村市场半径，进一步提高农村地区人口的社会福利水平，带动森林生态和产品需求的增加，推动农村地区林业生产的发展和森林供给总量的增加。

7.2 森林资源禀赋、经济发展水平与改革路径选择

从第 6 章对我国不同地区森林资源供给布局及变化趋势可以看出，自改革开放以来，我国南方重点林区的森林资源增长低于华北中原无林少林地区。造成这种差异的原因：

（1）森林资源禀赋以及由此产生的不同改革路径选择。华北中原地区森林资源少，地方政府和农村人口对森林产出的依赖程度低，新旧体制转换的成本低、风险小，使这一地区的林业改革从发轫之日起就积极打破原有计划经济体制的束缚，积极创新森林资源管理、利用体制，消除任何不利于林业发展的不利因素，有力地推动了这一地区农村林业生产力的发展。南方集体林区作为森林资源丰富的传统林区，地方经济和农村人口生计长期以来严重依赖森林资源，从计划经济向市场经济体制转变的成本高、风险大，因此，改革开放以来，南方集体林区选择了缓慢的改革路线，林权、税费和市场三大严重阻碍林业发展的难题迟迟得不到解决。因此，森林资源禀赋以及由此产生的资源依赖性决定了农村地区的林业改革路径，也导致了不同的林业发展规模和速度。

（2）经济发展水平。除了森林资源禀赋之外，地区经济发展水平也是影响农村林业发展的重要因素。相对于贫困、边远的传统林区，江浙一带、华北地区总体经济发展水平高，农村地区林业发展的进程也快。发展不足使大多数重点农村林区的森林资源得不到充分利用，形成森林资源丰富地区的贫困陷阱。因此，推动传统农村林区的林业发展，关键是推动经济发展。

7.3　农林产品比较收益变化驱动

正如 Durger 和 Yang（2005）的研究所发现的，我国农村地区造林增加的因素之一是林产品相对于农产品价格比较优势以及农业生产的相对风险和价格波动。以竹材价格为例，1979～1999 年的 20 年间，我国竹材价格指数均高于同期农产品价格指数（图 7-1）。木材及林产品相对于农产品的价格优势也是推动近年来我国农村地区林业发展重要因素。

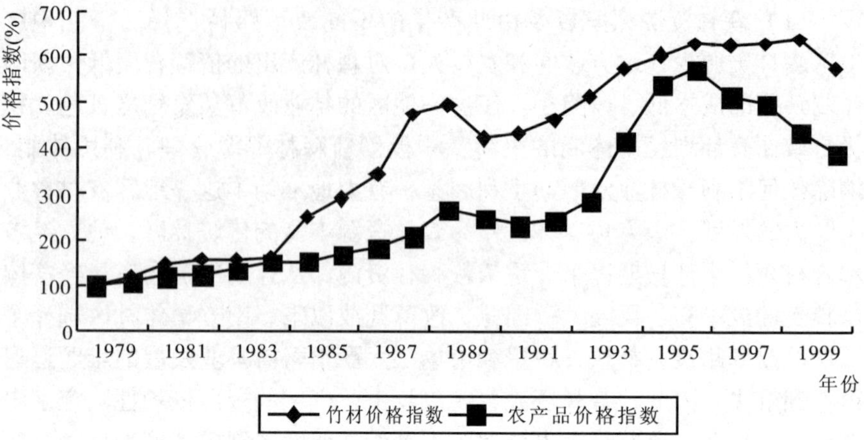

图 7-1　我国竹材价格指数与农产品价格指数的比较

7.4　农村林业政策[①]及其变迁

自 20 世纪 80 年代末以来，我国林业改革的长期目标是提高林业生产力、增加森林产品和森林生态供给总量。实现这个长期目标：一方面要消除计划经济体制对林业发展的约束；另一方面要在发展林业生产的同时满足国民经济发展对森林的新需求。为此，自改革开放以来，我国林业政策的设计和实施实际上向两个方向发展：一方面不断消除计划经济体制的制度障碍的政策改进，如林权改革、采伐限额以及林业税费改革等；另一方面制定新的林业政策如天然林资源保护、退耕还林以及森林生态效益补偿基金等。

当前我国林业政策具有一个经历 20 多年经济快速增长、处于经济过渡时期、发展中的人口大国的特征，这表现在：

（1）经历 20 多年的经济快速增长，为实现林业政策由木材生产为主向生态环境建设方向转变提供了经济基础。这不仅表现在以三北防护

① 除了国有林政策外，我国目前主要的林业政策如林地、采伐限额、林业税费以及退耕还林等政策都主要针对农村林业，我国的主流林业政策就是农村林业政策，因此，本章的林业政策不再特指农村林业政策。

林为首的十大防护林体系建设上，更体现在天然林资源保护工程和退耕还林工程上，这些重大政策的出台与实施如果没有雄厚的综合国力作基础是不可能实现的，同时，经济的快速增长也为林业发展提供了广阔的市场。

（2）作为发展中的人口大国，我国林业的发展一方面面临着缺少资金、技术、信息的困扰，另一方面又存在资金效率低、资源配置不合理的现象；同时，人口增长和贫困对林地造成的压力在长期内不可能得到缓解。

（3）林业政策的制定、执行中带有明显的过渡经济时期的特征，其集中表现为计划与市场的矛盾，部门利益和地方利益的冲突，这些反映在林业上就表现为政府对林业生产、流通、分配的干预，且具有计划经济的强制性，其直接后果是林业发展萎缩，林业生产者的利益受损。

（4）保护与发展的矛盾。为实现森林的可持续发展，从 1988 年起，我国开始对国有林区实行调减木材产量政策，但由于相应措施不配套，其政策效果不大。目前的天然林资源保护工程也面临保护与发展的矛盾。

（5）政策目标的超前性与政策措施的滞后。由于我国生态环境的整体脆弱性，发展生态保护性林业一直是我国林业政策的重要目标。然而，我国的许多大型生态防护林建设是在资金支持不足的情况下进行的，主要财力、物力靠群众无偿义务投入。这造成了防护林后期管理的许多问题（退耕还林工程后续资金支持问题、自然保护区只建不管；林业分类经营政策由于资金不到位，实施中存在许多问题等）。没有相应的政策措施做后盾，超前的政策目标往往导致政策收益小，效率低，而这一点没有引起决策部门的足够重视。

（6）林业政策受国家宏观经济政策及其他部门政策影响较大，同时，由于政策的制定和执行自上而下，缺乏建立广泛的征询生产、加工、贸易及消费者意见的机制，导致政策缺陷较多，成本较高，执行效果不理想。

（7）由于上述矛盾和冲突的存在，我国林业政策实施的成本很高，如林地林木纠纷不断、偷砍盗伐林木、木材生产者的利益受损等，一些政策、法令达不到预期目的（如采伐限额问题）。

目前，影响我国农村地区林业发展的主要林业政策包括森林权属、林业税费、木材流通及价格政策、森林资源采伐限额政策、森林生态效益补偿基金以及退耕还林政策。下面将简要阐述这些政策的变迁、现状及其对农村林业发展的影响。

7.4.1 森林权属制度改革[①]

自20世纪80年代初我国森林权属实行“非集体化”以来，私有成分在我国林业发展中的作用日趋重要。在农村实行家庭联产承包责任制和森林权属的非集体化过程中，集体所有和管理的森林逐渐下放给农户，其主要目标是激励农户长期投资和管理森林资源。

集体林产权界定。林权是森林、林木、林地权属的简称，包括森林、林木和林地所有权、使用权、经营权、处置权及收益权。集体林的所有权，应指集体所有制的经济组织依法对自己所拥有的森林、林木、林地享有占有、使用、收益和处分的权利。集体林所有权分解后的使用权，是指集体林所有者或非所有者对森林、林木、林地进行有效经营利用以获取经济上的利益的权利。

集体林的收益权，是指集体林所有者依法获取森林、林木、林地所产生的某些利益的权利。根据《中华人民共和国森林法》的规定：①集体所有制单位营造的林木，归该单位所有，属于集体林；②集体承包国家所有和集体所有的宜林荒山荒地造林的，承包后种植的林木归承包集体所有；③国家保护承包造林集体的合法权益，任何单位和个人不得侵犯承包造林的集体依法享有的林木所有权和其他合法权益。

集体林的处置权，是指集体林所有者对其森林、林木依法进行处置的权利。我国集体林权属中的处置权，具有不完全性。根据《中华人民共和国森林法》规定，采伐林木必须申请采伐许可证，凭许可证采伐，即集体林的所有者限制性地拥有处置权。个体林私有林的产权包括对私有林的占有权、使用权、收益权和处置权。根据《中华人民共和国森林法》的规定：城乡居民对自有房屋庭院内、自己的房前屋后、农民自留地上的私有林和自留山上的薪炭林拥有完全产权。城乡居民对

---

① 本节内容大多引自孔繁文、谢晨、戴广翠：《我国森林资源政策评价》，FAO，GCP/RAS/158/JPN，Working Paper，1999，不同资料出处将另外注明。

自留山、责任山和承包的“四荒”地营造的林子具有完全的占有权、使用权和限制性的收益权和处置权。

7.4.1.1 森林权属的历史进程

我国林地权属改革可分为五个时期，即：1949 年以前；1950 ~ 1956 年土改和山林私有时期；1958 ~ 1980 年山林集体化时期；从 20 世纪 80 年代到 90 年代末的林地权属多元化时期；目前正在进行的以分林到户为目标的新一轮农村林权改革。

（1）1949 年以前。从清朝末期至 1949 年，山林权属有三种形式：即国有、公有、私有三种所有制形式。国有林是指国家所有之森林，包括一切无主的天然林；公有林系指省有林、县市有林、乡镇有林或公共法人所有之森林；私有林系指自然人或私人依法取得其林地之所有权或他项权后于林地投资经营之森林。为涵养水源，防止水风潮害，防止水土雪崩，保存名胜古迹，把大江大河两岸的森林和大片天然林，均编为保安林。保安林范围内的私有林收归国有林。在收归国有林时，对其中的私有林用其他国有林与之交换。根据其重要性，大多数森林归国家所有，如东北地区面积占全国 1/3。蓄积占全国 2/3 的森林归国家所有。

（2）1950 ~ 1956 年土改和山林私有时期。新中国成立后，土地权属发生了巨大的变化。这一时期的山林权属变化可以分为两个阶段：1950 ~ 1952 年的土改时期和 1953 ~ 1956 年的初级农业合作化时期。

• 1950 ~ 1952 年的土改时期：新中国成立初，《中华人民共和国土地改革法》规定大森林、大荒地、大荒山等均归国家所有。废除民国时期土地所有制，实行了农民土地所有制。在土改过程中，地主所占有的山林，予以没收，富农和林业经营者出租的山林、祠堂、庙宇等各种“社会占有”的山林，予以征收；属于农民所有和小林业经营者的山林不予征收。没收和征收的山林，原则上分配给无山和少山的农民。土地改革完成后，地主、富农的山林面积占全乡山林面积的比重减少，贫农的山林面积上升。

• 1953 ~ 1956 年的初级农业合作化时期：从 1953 年开始，我国农村开始合作化运动，农民私有的主要生产资料转为集体所有，社员生活资料、零星林木、家禽家畜、小农具等仍属私有，社员成片的山林作为主要生产资料，通过折价入社，转为合作社集体所有。

（3）1958～1980年山林集体化时期。1958～1960年，全国开展了轰轰烈烈地的“大跃进”运动，以发展工业和农业基础，调动所有的资源来支持这项运动。农村经济通过公社化，扩大生产规模来全力支持工业化。森林作为重要的自然资源，无论是国有的还是集体的，无疑都要全力支持工业化建设，因此，全国范围内形成第一轮滥伐森林的高潮。1961～1964年，重新恢复私有权。中共中央对确定林权，保护山林和发展林业作出若干规定，明确“社员房前屋后、自留地、自留山和坟地上的林木，以及林木入社时给社员留下的自留树，都归社员所有”。

这项政策没有执行多久，1966年开始了“文化大革命”。持续10年的“文化大革命”期间，农村出现并社并队，没收自留山、自留地、自留树，几乎没有私人所有的树木，取消社员家庭副业，集体山林迅速遭到破坏。

（4）从20世纪80年代到90年代末的林地权属多元化时期。1978年我国农村开始非集体化改革，集体的土地承包给农户，实行农业生产责任制。与此相适应，1981年在集体林区实行了林业“三定”政策。

这一政策可以说是我国森林权属变化史的分水岭。农村家庭再一次获得了私有的林权，即自留山，永远归自己所有，并允许继承。同时，实行林业生产责任制，即国有和集体的森林可以通过承包的形式由农户经营。同愿意经营的农户签订承包合同，在规定的承包期内，由农户自己经营集体或国有的林地。承包期在20世纪80年代初期为5～15年，收益按比例分成，或者是规定额度，超额部分归经营者所有。一般来说，投入越大，收益越多。

1993年中共中央、国务院关于“建立社会主义市场经济若干问题的决定”进一步为森林权属改革提供了法律依据。同时，也推进了“四荒”拍卖，即将未经治理的宜林荒山（坡）、荒沟、荒滩、荒地（沙）通过拍卖使用权给私营者用于造林经营和新《森林法》（1998）的出台，新《森林法》清楚地规定，支持个人承包经营国有或集体林地，规定“农村居民在房前屋后、自留地、自留山种植的林木，归个人所有。……集体或者个人承包国家所有的宜林荒山荒地造林的，承包后种植的林木归承包的集体或者个人所有”（第 27 条）。新《森林法》使林地承包期得以延长到 70 年，并允许使用权和经营权转让（第 15 条），但规定只能用于造林，不允许转为农地。

土地承包法对集体林权益的保护。土地承包法赋予了集体林经营者长期而有保障的农村土地使用权，并依法规范了承包人的行为。该法明确了对农民土地承包经营权的保护。即禁止承包期内发包方收回和调整农民的承包地；任何组织和个人不得剥夺和非法限制农民承包土地的权利：承包方依法享有承包地使用、收益和土地承包经营权流转的权利．有权自主组织生产经营和处置产品，有权依法获得相应补偿：对侵害承包权益的行为承包方有权依法提出申请仲裁或向法院起诉，侵害人要承担民事责任直至刑事责任。

（5）2003 年以来的以分林到户为目标的新一轮农村林权改革。

7.4.1.2　森林权属改革变迁

（1）林业“三定”政策。改革开放以前，许多地方由于受“左”的思想影响，山权树木所有权几收几放，林业体制多变，严重挫伤了林业生产者的积极性，导致乱砍滥伐林木，同时，许多地方由于山界林权、行政区划界限不清，或者由于过去对山林处置不当，国营之间、国营与集体之间以及集体与集体之间的山林权纠纷较为普遍，为了妥善解决林业生产上权、责、利的问题，调动各方面的积极性，我国政府于 1981 年 3 月发布了《关于保护森林发展林业若干问题的决定》（以下简称《决定》），这项决定提出了“稳定山林权，划定自留山，确定林业生产责任制”的林业政策，其具体内容是：国家所有、集体所有的山林树木，或个人所有的林木和使用的林地，以及其他部门、单位的林木，凡是权属清楚的，都应予以承认，由县或者县以上人民政府颁发林权证，保障所有权不变。要根据群众的需要，划给社员自留山（或荒沙荒滩），由社员植树种草，长期使用。划自留山的面积和具体办法，由各省（自治区、直辖市）规定。社员在房前屋后、自留山和生产队指定的其他地方种植的树木，永远归社员个人所有，允许继承。国营林场和社会都要按照中央《进一步加强和完善农业生产责任制的几个问题的通知》精神，结合林业生产的特点，认真落实林业生产责任制。

与林业“三定”政策相配套，国家鼓励社员在房前屋后和生产队指定的地方植树造林。在社会荒山荒地特别多、群众缺柴的地方，还可以由省、市、自治区作出规定，在不影响集体林业发展的前提下，划给社员一定数量的自留山或荒沙荒滩，植树种草。这些树木和林产品，永远归社员个人所有，并可在集市上出售。不论公社、大队、生产队所有的林木，还是社员个人的林木，都应明确林权，长期稳定不变。尊重社会经营林业的自主权（林业部，1987）。

林地改革的尝试首先是在南方集体林区9省（自治区）开始的，包括浙江、安徽、福建、江西、湖北、湖南、广东、广西和云南。1981年林业“三定”后，全国有1781个县，475万个村完成了林业“三定”，分别占应进行“三定”的县和村的77.5%和82%。已给全国5700多万农户划分自留山4.7亿多亩，承包责任山6亿多亩，占全国宜林荒山、荒滩、荒坡面积的90%以上，并定权发证，安定人心（林业部，1987）。具体林地改革结果见表7-2。

表7-2 南方集体林区林地承包经营情况（1986）

省份	集体林地面积（万 hm^2）	家庭承包经营（万 hm^2）	占比例（%）
浙江	573	437	76%
安徽	379	280	74%
福建	819	265	32%
江西	927	858	92%
湖北	704	575	82%
湖南	1114	83	75%
广东	927	817	88%
云南	2031	1117	55%
总计	7476	5181	69%

山林分户的过程是：山林面积多的队是将全部有林山按不同树种、林龄、山场远近分成若干片，每片按人口、户数分成若干块，抓阄定块到位。山林少的生产队采取“山归山分，树归树分”，立木点株、估积、编号，按照人均株数或材积，抓阄落实到户。在分林到户的过程中，不同树种之间、不同社会经济发展地区之间分林到户的效果不一样：经济林、竹林分户经营的效果好，原因是分林到户工作简单易行，户与户之间比较平均，与采伐迹地更新、木材限额采伐等没有矛盾；同

时，在以粮食生产和多种经营为主的丘陵地区，山少树少，树种比较单纯，林地林权清楚，户与户之间林木拥有量悬殊不大，分户经营的效果也较好；大部分重点林区成片用材林分户经营后，出现了许多问题：一是林木采伐乱，造林更新难。出现“一户多山，一山多户”的状况。安徽省休宁县迴溪乡有一户 3 口之家，分到 10 多块山，面积最大的一块 3 亩左右，最小的不到半亩，最远的有二三十里。如此零星分散的小规模经营对造林、采伐和管理造成了许多困难。二是现有成片林按人口到户没有分均匀，林农获得的木材收益不均。三是户与户之间的边界不清，潜伏着新的山林纠纷。四是容易发生森林火灾，给护林防火造成一定困难。

实行“三定”后，各地林地林木权属的变化各不相同，如同为重点林区，湖南省怀化地区 82% 的林地实行分户经营，而福建省 90% 的用材林仍归集体经营。在无林少林的华北中原农区，林木实行“树随地走”跟农田一起分给了农户。至此，我国农村林业产权出现了两个分支，即分户经营的自留山、责任山、承包山等非集体林产权和统管山、集体林场等集体林产权。随着我国经济体制改革的不断深入，他们各自呈现不同的发展轨迹，但其目标是逐渐趋同的，即合理配置资源，提高林业生产效率。福建省的林地在林业“三定”后基本上还是集体经营，以后虽然数次改革，但始终没有触动集体控制林权的根基，因此，目前才有了福建为首的第二次林权改革。林业“三定”后，浙江省林权改革走出了与福建、江西等林业大省不同的路径，1983 年林业“三定”政策结束时，浙江省将 85% 的集体山林划作责任山和自留山，1989 年针对林业“三定”中出现的问题，浙江省没有实行福建等地的集体经营，而是进一步明确规定营林生产应以家庭经营为主要形式，到 1991 年到户经营的山林占全省集体山林总面积的 77%（浙江省林业志编委会，2001）。

实行林业“三定”后，许多地方把划定自留山（平原地区划定自留荒山荒地），鼓励社员植树造林，看成是利用农村剩余劳力，加快绿化，解决社员烧柴用材，发展多种经营的一项重大政策。凡是有条件的地方，都根据群众烧柴、用材的实际需要、经营能力的大小和荒山荒地的多少，就近给社员划一定数量的自留山。自留山的面积，一般都是荒山多的多划，少的少划，有些地方按亩计算，规定每户3~5亩，多的每户达到10亩。有的地方按百分比计算，规定自留山面积占社队林业用地总面积的5%~15%，个别的达到20%~30%。大面积的林木和大型防护林，一般都建立林场或专业队（组），实行专业承包责任制。小片林木、农田林网和零星树木，一般包到组、到户、到劳，实行联产计酬，或收益分成。田间地边的树木，采取“树随地走”的办法，由农业承包者统一负责（关于稳定山权林权落实林业生产责任制情况简报，林业部，1987）。

林业“三定”政策的实施在短期内激发了农民造林的积极性。全国林业专业户、重点户和各种联合体的造林比例已由1981年的6.7%上升到50%以上。乡村合作林场（原社队林场）仍然是农村集体造林的一种主要组织形式，林场个数有所增加，经营活力增强。1982~1987年，全国集体和个人的造林比例都在90%上下，1985年，个人造林面积占全部造林总面积的57.12%，内蒙古、四川、陕西、黑龙江和广西等省（自治区）个人造林的面积都在400万亩以上，还涌现一批年造林、治理小流域百亩、千亩的造林大户（林业部，1987）。

林业“三定”政策的短期效果是激发了农民造林的积极性，但长期激励没有形成。林业“三定”政策实施后的短短几年内，全国的“二户一体”（林业专业户、重点户和林业联合体）经营已发展到400多万户，初步形成了以公有制为主、多种经济成分和经营方式并存的林业经济新格局。1985年，陈根长对湖南省怀化地区的会同、靖县、沅陵、辰溪、麻阳五县百村1.75万户的调查发现，自1981年实行“林业三定”以来，自留山、责任山、统管山造林进度不快，他发现在1.75万户中，“三定”以来未造林的有8641户，占总户数的49.19%。按其原因：反映经营林业实惠少，不划算的有1687户，占19.5%；怕林业周期长，风险大，有造无收的有606户，占7%。这说明有四分之一以上的人是从经济收益上考虑问题而不愿造林的；怕几十年后的政策变化的有1476户，占17.1%；有其他生产门路，对林业无兴趣有1148户，占13.2%；缺劳力、缺资金、有种苗的有1112户，占12.8%；缺技术、缺种苗的有946户，占10.9%；属五保户、特贫户、基本生活还未解决、无力造林的有511户，占6%。陈根长1985年发现的农村地区造林缺乏激励的因素目前依然存在，依然是我国农村地区造林的主要障碍。

（2）活立木转让。自山林分到户之后，由于没有稳定的收入预期以及造林资金的困难，各地在20世纪80年代中期出现了活立木转让。随着经济体制改革的不断深入，活立木转让的需求也不断增加，与之相适应，在90年代，福建、四川及贵州的黔东南出台了活立木转让办法。

据计算，1984年3月到1993年5月，贵州省黔东南的16县（市）中出现了14宗森林产权有偿转让，面积达5.5万亩，成交金额为1643万元。1988年，福建省林业厅政研室组织开展了200例中幼林转让调查，其中数据较全的有110例，成交总面积43.28万亩，成交总额2340.7万元。买方为林业企事业单位为主的国营单位102例，集体3例，个体5例。

这一时期中幼林转让方主要是个体和集体造林单位，一是个人承包荒山造林转卖给国家单位和个人；二是联户造林转让给国家；三是集体造林转让给国家企事业单位。集体转让的林木，基本上是1973～1979年间集体造的林；联户和个人转卖的林木基本上是1983～1987年间造的林。转让的地点大部分是在交通较为方便的公路附近和河边，边远地区因管护、采运难度大，转让很少。森林购买单位主要是政府林业部门和单位，市场主导的活立木转让市场并没有形成。

活立木转让的直接原因有：一是出让方急需资金；二是出让方怕林业政策变；三是投资者寻求投资场所。如造纸厂用购买中幼林的方式来建立稳定的原料基地。活立木转让市场存在的问题：①市场规模小。平均一个县一年转让森林产权不到两起，转让的总面积只占有林地面积的0.5%；②转让程序不规范；③转让林木价格偏低。其原因一是要求转让的多，受让者少，供大于求，形成买方市场，急需资金的转让者便竞相降低价格；二是信息不灵。

1998年新修订的《中华人民共和国森林法》明确规定，林地资源可以转让，其目的在于保证森林资源的有效配置和增加市场参与。因此，由于价格和竞争机制的引入，促进了市场流通，也使利益分配更趋于平衡。

（3）“四荒”拍卖。“四荒”，是指未经治理的宜林荒山（坡）、荒沟、荒滩、荒地（沙）。我国的“四荒”地大多集中在中原、东北、西北、西南一带的边远山区和贫困地区。这些“四荒”面积大，开发利用率低，而其他资源又相对贫乏，生产门路窄，长期以来直接影响了这些地区经济发展和人民生活水平的提高。

自20世纪80年代初以来，开展了以稳定山权林权、划定自留山、确定林业生产责任制为核心内容的“三定”工作，采取了明确山林权属、调动群众造林积极性等措施。但是，随着农村商品经济的发展，农村林业发展出现了一些新的矛盾和问题：①承包荒山荒地后缺乏长远规划和必要的投入，存在短期行为，包而不治、治而不快、治而无效的现象；②生产要素不能合理流动和优化配置，出现了有山无人治或无力治，有人想治却无山可治的现象。这些问题的根源在于现行政策仍尚不能完全解决承包土地后的稳定感和权属感，无法调动他们治山兴林的积极性。“四荒”拍卖应运而生。

“四荒”拍卖始于20世纪初的山西、河北等省，从1992～1993年底，陕西省吕梁地区共拍卖“四荒”面积120万亩，参购农户达4.5万户，参购机关团体60个，收回拍卖资金194.78万元，治理面积达30万亩。到1996年，310万农户购买了370万 hm^2 的荒地，拍卖收入7.9亿元。

“四荒”拍卖是深化我国农村改革和林地使用权市场趋于成熟的标志。“四荒”拍卖的出现是为了解决行政性承包土地制度存在的问题，如低效率的土地分配和林地过于碎化。因为行政性土地分配没有考虑农户生产力的不同，没能力的农户获得很多土地，有能力的农户得不到土地。其结果是林地资源的不合理利用。同时，按人口分配土地阻止了土地集中，过于分散的林地增加了管理的成本和不便。对林业部门来说，拍卖不仅创造了增加林业生产力的机制，而且也为他们提供了出让土地使用权收入最大化的途径，因为在拍卖中谁出价高就卖给谁。

（4）1998年以来的林权改革。“四荒”拍卖在北方农村推动了林业发展，但仍未激活我国重点农村林区的林业生产，就其原因是集体经济仍主导着林地产权。于是，从2003年，新一轮的林业产权体制改革在福建、江西、湖南等省区兴起。此次林权改革的突出标志是将林业产权制度改革纳入整个农村工作中，林业产权制度改革与农村税费改革、机构改革和社会保障体制改革相结合。进一步落实林农的收益权，放手发展非公有制林业（柯水发，2005）。

此次改革的主要内容是减轻负担，明晰产权，放活经营，规范流转，综合配套。明晰产权就是把至今仍然模糊的森林、林木所有权、经营权和林地使用权按照原集体成员财产权利均等的原则，进一步明晰化，规范化，完善合同，进行登记和发证；减轻负担就是取消木竹农林特产税，取消市、县、乡、村出台的所有木竹收费项目，调整育林基金收取标准，调整分成比例；放活经营就是对毛竹和10cm以下的间伐材不纳入生产计划，符合条件的即审即批，取消木材由林业部门一家进山收购的规定，一律由生产者自产自销；规范流转就是按照权利均等的原则将原集体林在“三定”成果不便的前提下采取均山、均股、均利等方式均分到户后，放活经营权的流转。经营方式由经营者自主选择决定，办好变更登记；综合配套就是减轻农民负担后，林业主管部门的干部要列入国家编制，人头费纳入财政支出，要调整各级财政收入和支出结构，解决乡镇和地方财政减收的具体问题，稳定乡村干部和林业干部队伍（陈根长，2005）。

福建省林权改革的范围是集体商品林，因森林生态效益补偿机制尚未到位，生态公益林暂不列入改革内容，林权证只发到村集体和国有林业经营单位。此次改革不是简单的确权发证，而是重在“四权”（所有权、经营权、处置权、收益权）同落实。一是通过折股量化、股权到户（联户）或以人口、农户为单位均分、均包等形式，把集体林木所有权和林地使用权明晰到户、联户或其他经营主体；二是通过承包、租赁、股份合作、折价转让等多种形式，建立以林农为主体的微观经营主体，放活山林经营权；三是通过简化林政管理手续，放宽商品林采伐限制，实行木竹自主经营，落实林业经营者对林木的处置权；四是通过降低木竹税费，还利于民，确保林业经营者的收益权，最终实现“山有其主、主有其权、全有其责、责有其利”的目标，建立起经营主体多元化，责权利相统一的集体林经营新机制。

1998年河北省周曲县开始公开拍卖宜林地使用权，一般每公顷卖价750～1050元，绿化期限1～3年，经营期限20～70年。1998年，该县拍卖道路289条525km，河渠723条980米，闲散及边远次地135hm^2，共签订拍卖合同1740份，收拍卖资金1650万元（国家林业局，1998）。

梅河口市大桦树村进行了集体林地有传转让探索。天然林作价 80 元，人工林按林龄、面积、蓄积实行对比作价，最高 6000 元/hm^2，最低 750 元/hm^2，对只有村民参加分配的天然林让利 30%，实行分期付款，首期只交应付款的 20%。交足费用后，抓阄分林到户，合同期限 50 年（国家林业局，1998）。

1998 年会同县委、县政府做出《关于加强林业工作的决定》，在全县范围内推行山林股份制改造。林地林木权属按 1982 年林业“三定”的权属不变，尊重群众意愿，组建股份合作林场，全县新建 346 个股份合作林场，入股山林 15.7 万 hm^2，在股份设置中，林农的山林使用权股占 70% 以上，林场山林所有制股占 30% 以下，保证利益分配中林农占大头。县里提供的经济扶持石每个林场提供 500 元启动资金，从 1998 年起，征收林场的育林基金返回 4% 给林昌，保证木材生产计划单列道林场，尽快实现林场木材产销见面（国家林业局，1998）。

2003 年，河北省公开拍卖宜林荒山荒地，全省范围内的 70.88 万 hm^2 荒山、荒滩面向社会公开拍卖，任何社会主体均可以通过承包、租赁和拍卖等手段获得荒山荒地的使用权。这些荒山荒滩分布在河北省的 9 个市、72 个县（市、区、场）。其中，张家口市面积最多，共有宜林荒山 315926hm^2。林地的承包期最长达 70 年，开发经营者用大约 3～5 年的时间对荒山荒地进行绿化，绿化后可以开发利用。林业工程建设的产权证及时发放，保证投资者的权益。2003 年上半年，全省共拍卖、承包、租赁荒山荒地绿化使用权 7.1 万 hm^2。2003 年全省非公有制林业造林占全部造林比重的 90% 以上，其中千亩以上的造林大户 712 户（国家林业局，2004），2004 年，千亩以上大户已发展到 983 户。

山东省林业产权制度改革与非公有制林业。2003 年，山东省林权制度改革不断深化，促进了非公有制林业发展。非公有制造林占造林总面积的 80%。全省林权改革呈现 3 个特点：①经营规模化。按山系、流域、道路、区域等林业用地统一规划，依法明晰林地使用权，林地经营日趋合理化、规模化。据统计，非公有制林业经营者中，百亩以上的经营户有 3100 户，千亩以上的达 300 多户。②投资主体国有、集体、民营、股份制、外资，以及工人、农民、机关、企事业单位参与林业生产经营，林业产权明晰、投资主体广泛、经营形式多样、责权利统一的新型林权制度初步形成。③管理规范化。全面推行“两证一合同”管理，凡改制的林地，均由林地所有者和使用者签订合同，县级人民政府颁发林地所有权证和使用权证。到年底，全省已有121个县（市、区）进行了林权制度改革，拍卖承包沟、路、渠林带长达12万km，拍卖承包林地面积191.3万hm^2，发放林权证55.6万份，签订承包合同155.6万份（国家林业局，2004）。

2003年，甘肃省全省已拍卖宜林荒山、荒坡、荒沟、荒滩地27.5万hm^2，占全省现有宜林“四荒”地的9.4%，购买“四荒”地的个人达2.1万人，建成家庭林场7966个、4.3万hm^2（国家林业局，2004）。

山西省每年拿出300万元用于扶持林业大户，通过大户的示范带动作用，激励更多的人参与林业建设。全省民营林业发展面积达到54.3万hm^2，经营面积在33.3hm^2以上的营造林大户2600多家（国家林业局，2005年）。

7.4.1.3 森林权属改革滞后对我国南方集体林区林业发展的影响——以福建省将乐县安仁乡为例（朱东亮，2003）

林权虚置，集体林业财产被乡村集体干部剥夺。20世纪80年代初，安仁乡实行集体林业生产责任制，山林名义上由村林业合作社负责管理，实际上却被村干部控制着。据当地一些村民反映，刚刚开始“搞单干”（林业三定）的时候，大队也曾经把一些山林投标让农户承包，但此项改革尚未来得及实施，就被废止了，山林又重新被大队收回去。以后，一片片的山场被村干部卖掉，由私人承包砍伐经营。按规定，出卖集体的山场所得款项要用来发展村里的公益事业，但村民们认为村里的公益事业已经由村民每年上交的“三金”（90年代初期后变为“乡统筹、村提留”）款项承担，大家也没有看到村干部为村民办任何公益事业，因此，认为村集体的林业财产被村干部中饱私囊了。

森林资源趋于枯竭，生态退化严重。从20世纪70年代末到90年代初这段时期是安仁乡林业经营产出最高的时期，也是对森林资源掠夺经营最明显的时期。据统计，1977~1990年，全乡累计砍伐木材13.77万m^3，平均每年超过1万m^3。进入90年代，安仁乡每年“下山”的原木数量开始逐年下降。1999年，全乡砍伐的木材已降至2000m^3。90

年代初之前，乡里能够采伐的天然林已基本被采伐殆尽。在此之后，在砍伐的林木基本是那些人工培育的杉松木，有的甚至只有碗口粗，尚未成材，但就被干部卖掉，山上的树木越看越小，不能有效地调剂雨水，林地土壤肥力严重流失，导致洪涝干旱、山体滑坡等自然灾害频繁发生。从70年代开始，特别是80~90年代，当地村民发现，以往风调雨顺的安仁乡，开始变得洪涝灾害不断，冲毁了不少平地村子的良田。据1970年的一份统计材料，全公社因洪灾和山崩而损失的田地共658.06亩。1998年和2002年该项再次损失上百亩的良田。除此之外，森林的破坏使得一些原本可以利用山泉灌溉的地势较高的山顶或山腰上的田变成“望天田”，不得已，有的“望天田”要么抛荒，要么改为旱地。

森林资源枯竭导致乡村财政枯竭、乡村工业倒闭。由于山林一向是乡村两级财政收入的主要来源，森林资源的逐步枯竭，导致乡村财政困难。山林枯竭也使当地的乡村企业变得“巧妇难为无米之炊”。90年代以来，安仁乡几乎所有的乡村企业都已倒闭，失去这个好财源，乡村财政雪上加霜。

综上所述，我国南方地区林权改革的滞后延缓了这一地区农村林业的发展进程。我国林业产权制度变迁经历了一个曲折的过程，这个过程是与我国特定的社会历史背景和社会发展进程相吻合的。林业产权制度改革就是要创立以产权安排为基础，利益机制为纽带，政府干预和农民参与为标志，以优化资源配置，提高林业效率为目标的新型林业发展模式（张敏新和肖平，1999）。当前我国在明晰林业产权界定、林业产权有效分割、林业产权自由流转和规范交易、林业产权权益保障等方面，制度安排仍不完善，制度激励的功能尚未完全发挥，相关利益主体的林业生产经营积极性尚未完全调动起来，这些都有待于进一步完善。林权改革是我国农村林业存量改革中难度最大的，是一个长期的、渐进的改革过程，不能急于求成。

7.4.2 木材流通及价格政策

7.4.2.1 木材流通及价格政策沿革

（1）木材流通政策沿革。从20世纪80年代初开始，我国农村地区的木材流通体制主要发生了以下变化：①1985年根据中共中央一号文件，取消集体林区木材统购任务，实行自由上市，议购议销，木材市场开放；国家的木材收购计划，要同社队协商，统一安排，适当留有余地。少林地区，社会自己的林木，可以自采自用或议价出售。集体林区，在合理经营利用森林资源的前提下，社队完成国家收购任务后，余下的木、竹及其制品，可以议价出售。林木采伐要经过审批（林业部，1987）。②统配材占木材产量的比重不断降低，由80年代的80%，下降到1993年的10%，直至1998完全取消统配材。③木材市场开放之初造成乱砍滥伐、资源浪费、流通混乱、调控失灵等问题，1987年重新恢复林业部门一家进山收购木材政策，并规定木材收购最低价和销售最高价。④20世纪90年代中期开始，部分省份实行采购销直接见面试点，减少中间环节对林业生产者的负担。⑤2003年福建、江西林业产权体制改革中，提出完全取消林业部门一家进山收入木材政策，木材市场管制政策结束。

（2）木材价格改革政策沿革。改革开放以来，我国木材价格经历了由全国统一定价、双轨制及市场决定价格的改革过程，这一改革的成功为我国林业实现由市场配置资源打下了坚实的基础。以下是我国木材价格改革的简要过程：

1953～1978年改革开放期间的木材价格政策。在此期间，我国一直实行国家统一木材价格管理。木材价格分别在1956年和1965年调整过两次，到1978年，全国木材平均每立方米价格水平只有60.78元，平均每立方米仅比1953年开始实行统一定价时的55元提高5.78元。长期的木材低价政策，给我国的林业带来了严重的后果。由于维持森林简单再生产的费用不能从木材价格中得到正常必要的补充，林业生产缺乏必要的资金来源，森林采伐得不到及时更新，建国后新造的大量中幼林得不到及时抚育，森林资源越来越少，木材生产赖以存在的基础和社会生态环境受到了严重的破坏，使我国林业逐步陷入了森林资源和企业经济的双重危机。

1978～1984年的价格改革。在南方集体林区，改革开放之初，木材市场仍实行严格的管制。林区社队集体生产的规格材，国家统购70%～90%，具体比例由省、市、自治区确定。林区的非规格材和社员的木材，国家不实行统购。非林区社队和社员生产的木材，国家不实行统购。林区木材及半成品由林业部门统一经营管理，其他任何部门和单位都不得进入林区采伐、收购和加工。林区及毗邻县不开放木竹自由市场。林区社队集体生产的非规格菜、自留材（包括社会集体参加国营林业生产建设分得的木材）及其加工的大宗成品、半成品，由林业部门代销，也可以由林业部门批准，同意组织产区和销区互通有无。社员自有的木材，可以凭大队证明，由林业部门代销。非林区木竹自由市场是否开放，由省、市、自治区人民政府确定（林业部，1987）。

在国有林区，木材价格改革主要实行有计划的调整，国家先后两次分别调整了南北方木材价格。其中：1979 年南方木材出厂价格由每立方米 66. 86 元调整到 80. 40 元，提高 20. 3%。同时，木材收购价由每立方米 29. 43 元，提高到了 38. 46 元，提高了 30. 1%。1980 年北方国有林区木材出厂价格由每立方米 56. 20 元提高到 73. 06 元，提高 30%。1981 年，国家再次同时提高了南北方木材计划价格。在有计划的调整木材价格的同时，从 1980 年开始，国家允许林农自留林木和集体林区完成国家收购任务后的木材实行议购议销；从 1981 年开始，允许国营林场生产的抚育间伐材在国家计划出厂价格基础上加价 30% 出售。这样，到 1984 年底，全国木材的平均销售价实际已提高到了每立方米 106 元，比 1978 年平均实际提高了 74%。这一时期木材价格改革的目标主要是为了解决当时集体林区林农营林生产和木材采运工资偏低，以及森工企业采运成本上升的问题，木材价格改革还没有触动当时木材价格体系的计划经济实质，木材价格严重不合理的状况并没有得到大的改观。

1985 年以后的价格改革。这一时期木材价格改革进入了调放结合，放多于调，完全走上了价格“双轨制”的道路。

1985 年 1 月，根据中共中央、国务院中发〔1985〕1 号文件的精神，国家开放了集体林区的木材市场，取消了对集体和林农木材的统购，允许集体和林农生产的木材自由上市、议购议销，全面放开了集体林区的木材价格。当时，南方集体林区木材的平均收购价，即由每立方米的 55 元上升到了 120 元左右，提高了 1. 1 倍；平均销价由每立方米 118 元提高到了 230 元，提高近 1 倍。

7. 4. 2. 2 木材流通及价格改革影响

（1）木材流通政策改革的影响。在开放木材市场之初，曾出现过林农收入增加、木材价格稳定和农民造林积极性提高的良好状况，“还权还利于民”是对这一时期木材流通体制改革的总体评价。

据湖南省的调查，1985 年根据中央 1 号文件，取消集体林区木材统购任务，实行自由上市，议购议销，为集体林区经济注入了新的活力，主要表现在：①林农收入提高。1985 年木材市场放开后，全省平均收购价为 140 元，农民销售 $1m^3$ 木材，比 1984 年多得 63 元，农民所得在平均销售价中所占的比重，由 1984 年的 50% 左右增加到 60%。重点林区之一的绥宁县黄桑乡，1985 年人均林业收入 500 多元，靖县寨牙乡，1985 年个人存款已达 153 万元，人均 246 元，大部分来自林业。②解决了木材价格倒挂，推动了木材的节约代用。1984 年全省平均木材销售价格统配材为 122.01 元/m^3，非统配材为 156.36 元/m^3。在价格的刺激下，林农千方百计把大材变成小材。郴州红旗纸厂过去一直用调拨的大材、正材做原料，现在改用质次价低的等外材，尽量少用规格材。③对国家贡献增多。木材价格放开，不但林农收入提高，国家收入也明显增多。按省财政厅提供的数据，1985 年湖南木材产品税 8104 万元，为原计划的 166.1%，比 1984 年增加 3675 元，增加 78%（孔繁文等，1999）。

木材市场开放之初出现的问题：①乱收费克扣林农。价格放开后，农民收入有所提高，部分地方乘机乱收费用，增加农民负担。这些费用可归纳为三类：集体提留；集体林到户的山价；自立的费用。会同县有的乡从木材价款中提取 19 种费用。②经营混乱。市场放开后，木材提价幅度大，经营木材有利可图，由于一时管理失控，出现了“工农商学兵，一齐当木商”的局面。怀化地区经营木材的有 1042 个单位，19973 家个体户。他们多无证收购木材，不但助长了林农超砍，还在价格上、检尺上克扣林农，偷漏国家规定的税费。

木材市场开放后，许多地方再次出现了乱砍滥伐森林的歪风，当时认为产生这种情况的原因，主要是有关的党、政领导机关，对违法毁林事件的重要性认识不足，打击不力。要抓紧做好稳定山权、林权、划定自留山，确定林业生产责任制工作。因此，中央实施了收缩改革的政策，要求凡是没有搞完林业三定的地方，除国家计划规定的木材生产任务外，其他采伐暂时一律冻结。“三定”结束的地方，必须其实加强林政管理，普遍制定乡规民约，严格执行木材采伐审批和运输管理制度，没有林业部门发给的证明，不得采伐、运输和销售木材。林区和毗邻地区的木竹自由市场，必须坚决关闭。集体所有林，要实行专业承包责任制，不允许按人平分（林业部，1987）。

为了遏止森林资源遭受破坏的趋势，许多地方从1985~1988年对木材流通进行了三次调整：第一步，从1985年下半年到1986年底，改无限制的放开经营为由木材公司一家收购，多家销售；第二步，从1987年到1988年上半年，改多渠道销售为由县乡镇企业、农林牧特产公司等7家单位销售；第三步，1988~1989年，实施木材公司一家收购、一家销售的政策（宁超群，1989）。

一家收购政策对保持森林资源的持续经营，维护林区正常的生产秩序起到了积极作用，但这项政策的负效益也是很大的，主要表现在以下几方面：①收购价与市场价的严重扭曲，减少了林业生产者的收入；②一家收购政策在排斥其他部门经营木材的同时，也在一定程度上阻断了外界资本对林业的注入；③一家收购政策所造成的林业生产者收入低下，一方面挫伤了林业生产者的生产积极性，造成林业生产萎缩，另一方面垄断经营的利润又没有完全返回到林业生产中去。

这样，自1987年开始到21世纪初实施新一轮林权改革的近20年间，林业部门一家收购政策使林业生产者被迫接受垄断经营着强行制定的收购价格，被迫履行养活一个缺乏效率的国有木材公司和由背景的木材加工企业的责任，这是农民缺乏培育用材林的积极性的主要原因（李周，2004）。取消林业部门垄断经营木材将对促进我国农村地区用材林和速生丰产林培育业起到重要作用。

（2）木材价格政策改革影响。相对于木材流通体制改革，木材价格政策改革的较为彻底，它使山外的林业资源得到市场配置，使我国农村地区的木材及非木质林产品加工业迅速发展。我国目前能成为世界家具出口大国，木材价格的完全放开应是最初的推动力之一。

开放集体林区木材价格，是对集体林区经济政策的一次大调整，也是改革木材价格的一项重大措施，对于搞活林区经济、理顺木材价格关系、促进林业发展都有着重要的意义。南方木材价格放开后，不仅木材价格水平有了较大幅度的提高，林区和林农的收益均有不同程度的增加，从而调动了林区各级政府和林农发展林业的积极性，也使木材价格改革向前迈进了一大步。我国木材价格的这些改革，标志着我国木材价格由计划价格管理体制向市场价格体制的过渡和主要由市场调节木材价格运行机制的基本确立，有力地推动了我国农村地区林业的发展。

7.4.3　林业税费政策

7.4.3.1　林业税费政策沿革

林业税费问题自1985年木材市场开放以来一直是困扰我国农村林业生产的重要因素。20年来，林业税费经历了如下的变化：

在1985年木材市场开放之初，税费负担主要来自南方集体林区的农村集体开支，这时国家税收比重高，约占20%左右。

从1985年到90年代初，各种巧立名目的税费负担猛增，税费负担主要压在木材生产者身上，木材经销部门特别是林业部门所属的木材公司获得大量木材经销利润，而林业部门也通过林业“两金”以及其他林业收费项目获得一部分木材生产收益（表7-3）。

从90年代起，特别是1994年实行新的税制改革后，国家对木材生产实行了税收倾斜政策，但是林业总的税费负担并未就此减轻，在木材生产者的税费负担没有减轻的情况下，木材经销部门也出现不堪重负的情况，以至出现林农不愿意伐木，木材经营者不愿收购木材的情况。

表7-3　江西木材销售价格构成情况比较（松原木标准品）

年份	林区路边销售价（元/m³）	价格构成							
		收购价		税金		国家收费		经营费、利	
		金额（元/m³）	比重（%）	金额（元/m³）	比重（%）	金额（元/m³）	比重（%）	金额（元/m³）	比重（%）
1984	89.06	55.30	62.1	8.91	10	18.00	20.2	6.86	7.7
1987	239.90	107.49	44.8	20.71	8.6	36.96	15.4	71.81	31.2
1988	449.90	114.70	25.5	32.93	7.3	99.42	22.1	202.85	45.1
1988年比1987年增长（%）	87.54	6.71	-19.3	59.01	-1.3	168.99	6.7	182.48	13.9

资料来源：李瑞庭，李家忠．对江西集体林区木材价格间距的调查与总考．价格月刊，1989（11）。

2000年初，旨在减轻农民负担的农村税费改革试点工作在安徽省展开，改革的主要内容包括：取消乡统筹费、农村教育集资等专门面向农民征收的行政事业性收费和政府性基金、集资；取消屠宰税；取消统一规定的劳动积累工和义务工；调整农业税和农业特产税政策等，为以后的农村税费改革奠定基础。

2004 年起，国家进行农村税费改革，取消对对原竹、原木产品征收的农业特产税，也不征收农业税，税收为零。但对农村林业生产影响重要的林业政府性基金包括育林基金和更新改造基金（维简费）仍在执行。

从 2006 年起，我国全面取消农业税，育林基金和维简费的改革也势在必行。

由于林业税费改革对我国农村地区林业发展影响深刻，以下部分将对 2004 年以前的林业税费体系、存在问题及影响进行阐述。

7.4.3.2　2004 年以前的林业税费体系

林业税费主要是指对木材、竹材及其制品征收的税费。林业税费体系由国家税收和林业收费两部分组成，其他各种形式的收费项目是经济改革过程中出现的不规范经济行为造成的，属于不合理收费，在今后国家税费改革中将会被逐步取缔，不应成为林业税费体系的一部分。

（1）林业税费种类和税费归属。对木竹征收的国家税收包括农业特产税、增值税、教育费附加及城市维护建设税四项，其中农业特产税、教育费附加及城市维护建设税是地方税；自 1994 年实行分税制和地方财政包干后，农业特产税作为地方税上升幅度很大。教育费附加及城市维护建设税是对增值税征收的附加税，税额仅分别为每立方米 1.6 元和 0.96 元，且对木竹经销和加工单位征收，对林业生产影响很小。增值税是中央与地方共享税，中央 75%，地方 25%。增值税主要影响木竹及产品的经销和加工。

除了这四项国家税收之外，林业部门还征收育林基金、维简费和林业保护建设费，这三项林业收费均归林业部门征收和使用。育林基金是为了弥补国家营林资金投入不足，本着“以林养林”的原则在 20 世纪 50 年代初建立的林业生产性专项资金，主要由林业部门从木材销售收入中按规定比例提取。40 多年来，全国仅森工企业累计提取育林基金就达 200 多亿元，近年来，每年育林基金收入都超过 40 亿元。

（2）纳税人与征收范围。农业特产税的纳税人是木竹生产和经销单位（个人），计征基价是木竹实际收购价和销售价，征收范围包括木材、竹材、林副产品以及经济林产品；增值税的纳税人主要是木竹经销和加工单位（个人），征收范围包括木竹及其制品；林业“一金两费”主要对木竹经销和加工单位（个人）征收，育林基金和维简费的计征基价是木竹收购后的第一次销售价，林业保护建设费为每立方米5元。“一金两费”的征收范围是木材、竹材、林副产品、经济林产品、生产林化产品的原料以及食用竹笋。

（3）税费率和征收环节。林业税费的征收标准如下：农业特产税的税率是16%；增值税进项税税率10%，销项税税率13%，小规模纳税人的增值税率为4%；育林基金12%，维简费8%，林业保护建设费5元/m^3。

农业特产税分两个环节征收，即木材生产者在其出售木竹时按收购价的8%缴纳农业特产税，木材经销单位（个人）销售木竹时要按销售价的8%缴纳销售环节农业特产税，“一金两费”、增值税等也在销售环节征收。

（4）税费减免。增值税减免：国营林场出售木材、林业生产单位和个人销售的自产木竹，免征增值税；国有森工企业利用林区“三剩”物生产的产品实行增值税即征即退免征增值税。其中增值税即征即退政策对提高木材资源利用率、增强国有森工企业的竞争力、增加农民收入、保护森林资源发挥了重要作用；企业所得税：对国有农口企事业单位从事农林产品初加工取得的所得暂免征收企业所得税；育林基金减免：农民采伐其房前屋后、自留地个人种植的属自用的木竹；维简费减免：农民采伐其房前屋后、自留地个人种植的属自用的木竹，；小杂竹；竹制品；林副产品；经济林产品；林化产品原料；林业保护建设费减免：农民采伐其房前屋后、自留地、责任山、自留山属自用的木竹。

这些税费减免主要集中在国营林场生产销售的木材和农户生产的自用材上以及经济林产品上，对集体林和农户商品材生产、荒山荒地造林没有税费减免。

（5）税费使用。林业税费中的税收部分均纳入财政收入，用于公共支出。“一金两费”专项林业资金则主要用于林业生产投资。育林基金用于造林、森林资源管理、病虫害防治、护林防火等，湖南省规定育林基金用于生产性支出的比例应在60%～70%。维简费用于固定资产折旧、林业部门的设备更新和技术改造、新产品开发等。林业保护建设费用于林政管理、森林放火和林区中幼林间伐的道路建设等。这些专项资金一般占当地政府林业投资的60%左右，对农村林业发展起着非常重要的作用。

7.4.3.3 2004年改革前的林业税费问题及影响

现行林业税费体系从税费征收项目、征收标准、征收管理以及税费使用和分配都存在问题：

（1）税费征收项目繁多，不合理收费现象严重。湖南省省以上的林业税费项目8项，福建省则达12项。1999年湖南省不合理林业收费项目16项，这些项目主要是省以下特别是县以下政府和部门规定的收费项目。不合理林业收费产生于80年代末期，之后收费项目不断增加，1984年福建省对木材征收的税费只有4种，1999年达到44项；不合理收费其产生的根源是经济改革过程中政府行为的不规范以及政府职能与经费支出的错位；在重点木材生产地区，地方财政过分依赖林业收入，导致各种不规范的税费征收方式的产生，使林业税费征收更加混乱。不合理林业收费进一步加重了林业生产者的税费负担，也扭曲了政府收入渠道，是今后林业税费改革的重要内容。林业税费综合税费负担水平达到40%以上，不适合收益低、投资回收期长的林业生产，尤其是贫困的山区林区。

（2）税费征收体系不健全，管理混乱。林业税费征收体系不健全、管理混乱主要表现在以下几方面：①税费征收单位不一，有的地方所有的林业税费都由林业工作站征收或代收，有的地方税费由税务和林业部门分别征收；②不同地区税费项目不一，如上所述湖南省省以上林业税费项目8项，福建省为12项；③同一种税费多种征收标准。农业特产税按规定应分别按收购价和销售价的8%征收，浏阳县制定农业特产税收购环节和销售环节征收基价，然后按各8%征收，靖州苗族侗族自治县则制定计税收购基价，按其16%征收，这些计税计费基价的制定可以简化税费征收，提高税费征收效率。因为林业税费的纳税人包括大量农户和个体工商户，木材材种、规格多样，木材价格不断变化，按实际市场价格征收困难很大，但目前这种定价办法已被不少地方用做多征税费的手段。调查中发现根据农户调查结果以及木材最低收购保护价推算，1999 年松杉木的平均收购价在 150～220 元之间，而计税收购价平均在 460 元，高出实际收购价 1～2 倍，这就是说仅以这种方式，木材生产经营单位（个人）就要多缴 1～2 倍的税款，“一金两费”的征收也制定同样的计费基价；四是应纳税人与实际纳税人不一致。像靖州苗族侗族自治县木材经销商就缴纳几乎所有林业税费，而不是按规定的木材生产者缴纳生产环节农业特产税（国家林业局经济发展研究中心课题组，1999/2000）。

（3）林业专项资金使用不合理。“一金两费”林业专项资金应主要用于林业生产和森林资源管理等生产性支出，但近年来借调、摊派、挤占挪用林业专项资金严重。1997～1998 年靖州苗族侗族自治县育林基金的使用主要在营林生产、营林管理以及行政管理和林业公检法（其他支出主要是行政管理和林业公检法经费）三大块上，其中生产性资金的比例 1997 年为 42%，1998 年仅占 22%。而 1964～1988 年靖州苗族侗族自治县 92% 的育林基金都用在林业生产和科研上。1995 年江西省 7 个县林业专项资金用于生产性支出的比例最高 53.54%，最低只有 29.45%，有的县地方借调、挤占、挪用的资金比例高达 20.51%。地方政府挤占挪用的林业资金则被用于建电站、建宾馆、修公路、购小车。造成资金使用不合理的首要原因是林业专项资金属预算外资金，缺乏有效的财政监督，加之长期以来营林资金无偿使用，使得林业专项资金的使用效果更差；其次随着森林资源管理任务和人员的增加，尤其是林业基层单位如林业工作站、木材检查站等工作人员的工资办公经费没有财政支持，而是要由林业部门自己通过收费来解决，有的地方林业资金只有 10% 用于生产性支出；第三，林区地方财政困难，政府占用挪用林业资金现象时有发生。育林基金变成养人基金。

（4）对不同所有制单位实行不同的税费征收标准和减免优惠。国有林业企业和林业部门办的企业享有优惠的税费征收标准和税费减免。首先，征税不同。国有林场自产自销的木材，免征增值税，森工林场、集体林场直销木材就要缴纳增值税，农户自产自销木材免征增值税的规定也没有执行；其次，林业收费标准不同。林业部门的木竹经营单位经销的木竹，育林基金征收率为12%，维简费8%，而集体经济组织、林农直接销售给用户或木材市场的木竹，育林基金征收率为15%，维简费10%。而且，国营林场征收的育林基金85%可以留在林场用于营林生产，其他林业生产单位的都要上缴县林业局。

1994年税制改革后，国家继续对国有林业企业实行优惠政策：一是对国有林区重点森工企业生产销售的原木生产环节和销售环节合并，按10%的税率征收农业特产税，其中对东北、内蒙古按5%的税率执行，小径材免征农业特产税；同时，对东北、内蒙古国有林区森工企业生产销售薪材、次加工材发生亏损的，报经省、自治区农业税收征收机关核准后，可免征农业特产税。二是继续对东北、内蒙古国有林区森工企业利用林区“三剩”物和次小薪材为原料生产加工的综合利用产品，实行增值税即征即退政策，并将此项政策扩大到全国国有森工企业。三是第一次将森工、场圃纳入种养业范畴，在所得税政策上给予优惠扶持，这也是林区税收政策的重大突破，即对林业从事种植业、养殖业、农林产品初加工业的所得给予免税。林业税收的这些差异虽然有利于扶持处境艰难国有林，但同时也不利于吸引集体、个体和其他经济对林业的投入（国家林业局经济发展研究中心课题组，1999/2000）。

税费设置没有考虑森林生态环境和社会效益的外部性。税费体系的设置以增加财政收入和林业收费为中心，没有考虑森林生态环境和社会效益的外部性设置更优惠的税收征收标准和减免政策，激励林业生产和森林资源保护和可持续经营，而且，税费征收标准由行政确定，而没有考虑林业生产的成本和收益；高额的林业税费成为林业生产者沉重负担。到2004年，广西林业税费仍十分沉重，木材税费达20多项，占一次销售价的45%以上。有的地方甚至高达木材销售的70%。造成森林培育的收入分配税费占大头，经营者得小头。扣除采伐、运输等成本，营造速丰林的经营者收入还不到木材价格的10%，有的甚至还要亏本，使投入速丰林建设的积极性受到严重影响，阻碍了社会各种生产力要素向速丰林基地建设方面流动。

这样的林业税费政策长期运行的结果是农民林业收入微薄，造林积极性受到严重打击，在南方集体林区出现了农民放弃林业有其木材生产的现象。由于大量的林业税费收入用于农村地区的公共财政，育林基金等林业规费主要用于支持林业部门在县、乡村的运行，因此，改革开放以来林业税费的实质是农民继续提供公共积累和经济转型的改革成本。

7.4.3.4 林业规费改革取向

我国林业税费体系的形成具有深刻的所有制、经营机制和经济发展背景。首先，南方集体林区的生产力水平低，人口压力大，经济发展缓慢，地方财政和乡村人口对木材收入的依赖性较大，这是林业税费负担形成和难以解决的重要原因；其次，城乡分割的社会福利体系。由于历史和经济发展水平的限制，目前我国的城乡差距依然存在，城市的基础设施建设主要由财政支出，而农村的社会福利事业则主要由农业及农村工业来支持，乡级财政主要靠农业生产和乡镇工业支持，对于林区来说，就主要依靠木材产出，因此，出现县乡村林业提留或收费等不合理收费现象；最后，林地林木权属的下放，使南方集体林区的林地权属非常复杂和不稳定，林业生产者没有经营和管理森林的长期预期，现有的森林资源管理体系（林业工作站、林业公检法、木材检查站等）发挥着森林资源保护和管理的重要作用，然而，这些政府职能行使目前基本没有财政支持，而主要靠从林产品中收取的林业资金来解决。

因此，要实现南方集体林区的林业可持续经营，必须改革现有不合理的林业规费体系，而且改革不是一个简单的降费过程，它涉及各级地方财政和各级林业部门的切身利益。有鉴于此，合理的林业规费体系的建立可从以下几方面入手：

（1）取消育林基金和维简费。建国初期，国家从林业部门转移走大量资金，为保证森林资源的恢复和更新，形成了林业部门征收各种基金和收费的起源。就目前的南方集体林区来说，取消育林基金及维简费有充分的理论及现实依据：第一，育林基金和维简费是产品经济理论和资源无价论的产物，其建立针对的是天然林和国家森林产权，这两者在南方集体林区基本上不存在。而且，市场经济条件下，林农自己造林，借钱还债，由债务关系解决，而企业造林，同样有权益和债务关系约束。第二，取消育林基金和维简费有了经济可能。尽管南方林区的地方财政较为依赖林业，但总体上看，林业税费在地方财政收入中的比重下降，同时，中国的公共财政完全有能力支付林业规费改革的成本。第三，取消维简费及育林费有了现实可能。按福建省三明市有关政策，

1998 年后短伐期工业原料林基地，维简费 100%、育林费 70% 返还经营者。收了又返回，增加管理成本，多此一举，而如果只返林场，不返林农则更不公平。

（2）取消各种不合理的收费。要取消省以下各级政府和有关部门在事权职责以外，越权设立或批准的对林业的各项收费。这些收费项目虽然没有以国家政策的身份出现，但在当地却是合法的。这难免有通过此类费用的收取来弥补由于计费基价降低而带来的林业规费减少和"养人经费"不足之嫌。因此，对林业规费的讨论除了要关注那些明文规定的政策外，更应该分析在这之外的费用以及这些费用形成的深层次原因。唯有此，讨论林业规费及其改革才有现实意义。

（3）完善林业部门中的公共财政支出体系。1994 年进行的分税制改革是在中央、地方事权划分基础上的财权划分，但在执行过程中并未完全理顺中央政府与各级地方政府、中央政府与各级部门之间的事权与财权关系。如前所述，一方面，林业长期扮演着积累资本和财富的角色，尤其是建瓯、邵武这样的典型林区，林业部门承担了种种本应由各级财政支出负责的活动；另一方面，地方财政减少林业局预算编制，拖欠林业行政事业费和人员工资的情况时有出现，林业规费变为养人经费是地方林业部门不得已而为之的结果，再加上林业部门本身机构臃肿，人员超编严重，林业部门倾向于利用其行政职能收费，其中有的是行使管理部门职能的合理收费，有些则是在各级公共财政支出不到位的情况下，林业部门为了生存和自身利益而滋生的不合理收费。另外，改革后的财政分权体制缺乏一个完善的中央财政转移支付制度，只有税收返还和专项补助而没有对林区的一般性转移支付，并且是以保证地方既得利益为主要特征。而林区大多是经济欠发达地区，税收基数本来就小，因而返还林区所在地方政府的资金难以满足需要，被迫增加对林业的收费，从而直接引发了多种不合理的林业收费（孔凡斌，2003）。

7.4.4 森林采伐限额管理制度

7.4.4.1 森林采伐限额管理制度的沿革

（1）建立和完善年森林采伐限额管理制度。1985 年以前，我国实行木材生产计划管理制度，其管理的主要目标是木材生产。在南方集体林区，自 1987 年起，就出现了森林资源总量控制的雏形。《中共中央、国务院关于保护森林发展林业若干问题的决定》中明确指出，各省、市、自治区要根据用材林的消耗量低于生长量的原则，严格控制采伐量。要以国营林场和林区县委单位，按照轮伐要求，合理确定年度木材、毛竹采伐量。国家统配材、地方用材、国营林业单位和其他部门自用材等，都要纳入采伐计划，实行全国“一本账”。集体林的采伐，由县林业行政部门发给采伐证，其他部门采伐自己经营的林木和社队集体采伐自用材，由当地林业行政部门按照《森林法（试行）》的有关规定进行审批，发给采伐证，无证采伐的，以破坏森林论处（林业部，1987）。

由于实行以需定产，重采轻育，造成森林资源长期过伐，特别是东北内蒙古国有林区，可采资源面临枯竭。1985 年 1 月 1 日实施的《森林法》明确规定：“国家根据用材林的消耗量低于生长量的原则，严格控制森林年采伐量。”为贯彻执行《森林法》，林业部于 1985 年 6 月颁发了《制定年森林采伐限额暂行规定》，并组织开展全国各省（自治区、直辖市）1987~1990 年年森林采伐限额的编制工作，1987 年 4 月国务院下发了《国务院批转林业部关于各省、自治区、直辖市年森林采伐限额审核意见的通知》，森林采伐限额政策开始实施，从此，我国的森林采伐管理有木材生产计划管理制度转入森林采伐限额管理制度（表 7-4）。

表 7-4 全国年森林采伐限额情况

年份	年采伐限额（万 m^3）	主伐（万 m^3）	抚育采伐（万 m^3）	其他采伐（万 m^3）	商品材采伐量（万 m^3）	商品材出材量（万 m^3）	农民自用材（万 m^3）	培植业用材（万 m^3）	薪柴（万 m^3）	毛竹年采伐限额（万根）
1987~1990	12633.8									
1991~1995	24359.5				9989.2	6062.3	4529.6	642.6	9198.1	36340.0
1996~2000	26651.9	11152.1	4633.8	10866.0	13485.4	8002.9	4590.9	980.9	7594.8	56228.5

资料来源：《中国林业五十年》。

集体林区森林资源消耗长期以来严重存在“管一块、漏一块”的状况，为了严格实行森林采伐限额制度，探索、总结集体林区全额管理经验，根据林业部决定：1990 年对东北、内蒙古国有林区森工企业实行采伐限额计划管理的同时，要求各省、自治区、直辖市选择一个以集体林为主的县（市）进行采伐限额计划管理试点工作。1990 年，全国已有 21 个省份开展了此项工作（林业部，1990）。

1991 ~ 1995 年期间，对整个森林资源消耗实行全额管理，将所有的森林资源消耗纳入采伐限额的编制和管理，将森林资源消耗分为商品材、农民自用材、培植业用材、薪柴和其他用材，并将这五项指标作为分项限额进行编制和管理，实现了既控制总量消耗，有控制分项结构消耗。1996 ~ 2000 年期间，为加强采伐源头管理，使年采伐限额管理落到山头地块，在采伐限额编制和管理上增加了采伐类型（主伐、抚育伐、其他采伐）指标（表 7-4），使森林采伐限额管理由消耗结构分项管理向采伐类型分项管理过渡（国家林业局，1999）。

（2）国家林业局调整人工用材林采伐政策。在充分调查研究和广泛征求各方面意见的基础上，国家林业局 2002 年 8 月对人工用材林采伐管理政策进行了调整。调整目的是为适应社会主义市场经济和林业跨越式发展的需要，充分调动社会各界营造林的积极性，加快推进由以采伐利用天然林为主向以采伐利用人工林为主的转变。调整的原则为：坚持依法限额管理、凭证采伐的原则；坚持分类经营、分类管理的原则；坚持以市场为导向、科技为依托的原则；坚持可持续经营和发展的原则。

调整涉及如下几种情况：①对已经达到规定生产量和工艺成熟指标的人工短轮伐期用材林（包括速生丰产林），其商品材采伐限额不足的，可由省级林业主管部门在预留的商品材采伐限额中解决。省级林业主管部门解决确有困难，由省级林业主管部门对本省（自治区、直辖市）需增加的人工短轮伐期用材林采伐限额严格审核汇总后，每年集中一次向国家林业局提出申请，在国家备用的采伐限额中解决。“生长量和工艺成熟指标”的具体标准由省级林业主管部门提出意见，报国家林业局批准。②对 2000 年（含 2000 年）以后新造并达到一定规模的人工用材林，省级林业主管部门对林木经营者已依法编制并实施森林经营方案的，其森林采伐限额可以按森林经营方案确定，并实行森林采伐限额和木材生产计划单列。“一定规模”的标准由省级林业主管部门根据造林面积和蓄积量提出意见，报国家林业局核定。③2000 年后新造人工用材林各树种的主伐年龄由省级林业主管部门根据本地实际，按照其工艺成熟和数量成熟相结合的办法具体规定，并报国家林业局备案。④因农村产业结构调整，2000年以后在非规划的林业用地上新造的用材林，经当地林业主管部门对其造林面积、树种和蓄积量等资源情况确认后，林木所有者在申请采伐林木时，林业主管部门要在法定的采伐限额内确保林木所有者对林木的采伐利用，并积极主动地办理林木采伐许可证，其林木的采伐年龄可参照林木所有者的建议确定。⑤对符合技术规程要求的人工用材林进行抚育间伐，凡采伐林木胸径小于10cm（含10cm）的，可以不纳入木材生产计划管理。但是其消耗蓄积量必须纳入森林采伐限额管理。⑥对于竹林（包括天然林竹林）的采伐，国家不再下达年度生产计划，由各省（自治区、直辖市）依法按国务院批准的毛竹、杂竹采伐限额控制执行。另外，现已纳入长江上游、黄河上中游天然林资源保护工程区内的人工用材林不在调整之列（国家林业局，2003）。

7.4.4.2 森林资源采伐限额管理制度的执行

实行采伐限额制度初见成效。自1987年实施年森林采伐限额制度以来，森林资源过量消耗的局面得到了有效控制。在人口增长，经济高速发展的前提下，全国森林资源消耗呈现下降/缓慢增加的趋势。据全国森林资源连续清查，1984～1988年年均消耗量3.44亿m^3，1989～1993年年均消耗量3.2亿m^3。

7.4.4.3 森林资源采伐限额管理制度的影响

（1）超限额采伐较为严重。根据我国第五次（1994～1998年）全国森林资源连续清查结果，1994～1998年年均消耗量37075.18万m^3，全国年均林木采伐量超限额采伐8679.40m^3，超限额比率为33.8%，在清查的29个省（自治区、直辖市）中，有26个省（自治区、直辖市）存在不同程度的超限额采伐问题，部分省（自治区）年均超限额采伐达500万m^3以上（国家林业局，2001）。

（2）编制和执行存在问题。一是采伐限额的编制不合理。广西活立木年总生长量为4018万m^3，其中用材林生长量3193万m^3，国家下达广西“十五”期间森林采伐限额为1610万m^3，每年下达木材计划指标649万m^3，远远不能满足林农正常生产生活和地方林业及经济发展的需要。二是采伐限额管理过死。国家对采伐限额指标逐年下达，年度木材生产计划分批下达，并规定商品材、间伐材、农民自用材、薪炭材等各类采伐指标，不能串用，而且严格限制林木的采伐年龄和年度采伐量；对营林措施的中幼林抚育间伐也纳入限额管理和木材生产计划，导致广西造林灭荒时营造的近2000万亩松、杉中龄林无法及时抚育间伐，林分质量普遍不高。另外，限制天然林采伐，禁止将天然林改造为人工林，使广西商品林区中的低产低效天然林不能及时改造为优质高产高效速生丰产林，无法体现商品林经营属性。在凭证运输管理中，需要多次办证。这些管理办法在一定程度上束缚了林业产业的发展。

（3）降低了农民进行木材生产的收入预期，抑制了农民的林业投入。宪法都已明确私有财产权，但农民自己栽植的树木，已经达到经济成熟却不能按照自己的意愿如期收获，影响了农民投资造林的积极性；农民说：不让采，谁还造？从管理部门到理论界一直担心，放开采伐限额，势必出现乱砍滥伐、资源破坏，但从局里在濮阳市范县进行的采伐限额制度改革试点情况看，放开限额后，不仅没有出现乱砍滥伐，相反，农民对自己的树木看管得更严了，造林积极性更高了，该县造林面积也比上年增加了38%①。

7.4.5 森林生态效益补偿费政策

7.4.5.1 政策出台的理论与实践基础

森林具有的正外部经济形势森林生态效益补偿政策的理论基础。森林具有公益性强，生产周期长等待点，世界各国对森林资源的培育和管理历来都采取了各种优惠和扶持政策，对于生态公益林来说尤其如此。生态公益林主要用于发挥生态、社会效益，不能对其进行生产性采伐。在防护林总效益中，能够作为商品进入市场并可获得直接利益的价值量仅占总效益的18%左右，在三北地区，三北防护林的木材商品率一般只有约10%。从经济和社会的角度来看，森林的生态效益具有外部经济性、公共产品或推公共产品、缺乏市场的特点。这些特点使得社会成本与私人成本、社会效益与私人效益不对称，社会效益大于私人效益而社会成本低于私人成本，引起资源配置失误。为达到资源的优化配置，实现森林资源的可持续发展以及生态环境的改善，需要采取适当的措施

① 2005年国家林业局31省林业政策调研报告。

对森林的生态效益进行补偿，解决森林的外部效应及市场失灵问题。

森林生态效益的经济补偿问题实质上是对生态产品给予定价的问题。其买方可以为政府部门，也可以为一部分的社会和个人，前者通过财政拨款的形式给予补偿；后者则类似于其他商品。补偿额（或价格）不仅取决于生态产品的效用大小，而且取决于生产者花费的机会成本和需求者的边际效用。生态产品和其他产品并无本质的差别。在生态效益经济补偿问题上，政府部门应积极参与，组织生产者和需求者进行协商，正确评估生产成本和效用，努力培育和发展生态产品的市场。随着对生态产品认识的不断深入和市场的发展。它必将和其他产品一样，不仅有人承认和购买，而且会形成一定的产业。此时，生态效益的外部性就内化了（张耀启，1996）。

五大林种的划分和分类经营工作的开展是中国实行森林生态效益补偿机制的实践基础。

我国早在 1979 年颁布的《中华人民共和国森林法（试行）》中就规定了我国森林划分成五大林种，即用材林、防护林、经济林、薪炭林、特种用途林。这种理论上的划分尽管在实践中并未形成林种之间各具特色的经营模式，但林业实施分类经营的思想已经体现。1995 年，经国务院同意，原国家体改委、原林业部联合下发的《林业经济体制改革纲要》中，正式提出了林业分类经营的思路，即从社会对林业生态和经济两大需求出发，按照森林多种功能主导利用的不同，相应地把森林划分为公益林和商品林，并分别按照各自的规律进行经营和发展。根据生态环境建设的需要，把以发挥生态和环境效益为主的那部分森林划为公益林业，按照事权划分的原则，由各级财政投入和组织社会力量来建设，实行事业化管理，科学化经营，以追求生态环境和社会效益最大化为目的；把以直接经济利用为主的另一部分森林划为商品林业，实行企业化管理，集约经营，以追求经济效益最大化为目标。

公益林的特点决定了其价值无法也不可能通过市场行为来实现。市场经济条件下，如果公益林经营者的产品——森林生态效益的价值不能得到有效的实现，势必影响公益林的再生产。因此，通过启动森林生态效益补偿机制解决公益林的建设问题是恰当和可行的。森林生态效益补偿机制也要求按照市场经济等价交换原则进行，建立起一套投入产出规则。补偿实际上也是一种特殊的买卖关系，政府和生态受益者花钱买生态服务，林业的所有者、经营者出卖生态服务。森林分类经营思路提出以后，中国各地相继开展此项工作。1998 年修改后的《中华人民共和国森林法》中第八条规定："建立林业基金制度。国家设立森林生态效益补偿基金，用于提供生态效益的防护林和特种用途林的森林资源、林木的营造、抚育、保护和管理。森林生态效益补偿基金必须专款专用，不得挪作他用。具体办法由国务院规定。"这标志着第一次中国将森林生态效益的补偿问题列入了法律中，并明确指出森林生态效益补偿的主要来源是国家财政。

在农村地区实施森林生态效益补偿政策，是对我国农民历年来对森林生态建设重大贡献的反哺。我国自改革开放以来的大规模森林生态建设中，我国农民作出了大量无偿的贡献。三北二期工程中，农村群众投资投劳折款 35.6 亿元，人均 31.7 元，为三北工程开始时，即 1978 年三北地区农民人均纯收入的 27.3%。在一、二期工程中，乡村集体林场和农民个人共营造三北防护林 122.9 万 hm^2，占一、二期工程造林总面积的 77.3%。天然林资源保护工程中，大量农民营造的人工林用材林也划入其中不能采伐和收获。

7.4.5.2 森林生态效益补偿政策进展

我国实施森林生态效益补偿政策经历了一个逐步认识、反复协商最后达成一致的过程。从 20 世纪 80 年代末 90 年代初问题的提出，到 2001 年 11 月 23 日，森林生态效益补助资金正式被纳入国家公共财政预算支出体系，这期间历经 10 多年。具体来看这个过程可以被分成以下几个阶段：

（1）萌芽阶段。森林生态效益补偿的政策思路起源于四川省青城山实施的护林费的提取。青城山位于四川省会成都东 60km，是我国著名的宗教圣地。在 20 世纪 70 年代，由于护林人员发不出工资，放松了管理，森林乱砍滥伐十分严重，一个好好的风景区处于毁于一旦的险境。此事引起了社会各界的关注。在舆论的压力下，成都市召开会议决定青城山门票收入的 30% 用于护林。有了护林费，青城山的森林状况很快好转。后来人们为了纪念此事，青城山有关方面就将此次会议的纪要刻成一个碑，立在大殿门前。1989 年 10 月原林业部派人到此调研，发现这块特殊碑文，就在四川乐山召开了一个有关森林生态补偿的研讨会，开始了建立中国森林生态补偿的历史进程。

（2）统一认识阶段（1989～1995年）。从1989年底的第一次研讨会后，林业内部开始把建立生态效益补偿制度列入工作日程。1992年国务院批转国家体改委《关于一九九二年经济体制改革要点》的通知中指出："要建立林价制度和森林生态效益补偿制度，实行森林资源有偿使用。"这是首次在国家层面提出建立森林生态效益补偿制度。1992年底原林业部组织了由财政部、计委、国家物价、税务局、建设部、旅游局等十个部委同志参加的面向13个省（自治区、直辖市）的调研，历时40余天，行程上万里。在林业和林业生产经营单位日益贫困化的事实面前，大家基本统一了认识。1993年2月24日在北京召开座谈会，与会者对在中国要建立森林生态补偿制度一事达成了共识。同时，1993年在国务院《关于进一步加强造林绿化工作的通知》中进一步要求："要改革造林绿化资金投入机制，逐步实行征收生态效益补偿费制度。"

（3）第一个收费方案出台阶段（1995～1997年）。各部委达成共识后，即开始了筹集补偿资金方案的研究。根据青城山的经验，按受益者付费的思路制订方案。1996年财政部和林业部向国务院呈报《森林生态效益补偿基金征收管理暂行办法》，该方案设计向旅游、风景名胜区（其门票收入）、水力发电部门收费约6亿元。方案报送国务院，由于有关部门极力反对，这个方案流产了。在该方案中，森林生态公益林包括：涵养水源、保持水土、防风固沙、调节气候、净化空气、保护生物多样性并为人类提供良好生态环境的防护林和特种用途林。森林生态效益补偿基金的征收对象暂限为与森林生态效益密切相关的国家大型水库、全国各类旅行社及从事其他旅游业等经营活动的单位和个人。征收标准：①供水工程，按实际供水量，在水费上，对城市工矿供水每吨加收1分钱，农业供水每吨加受1厘钱；②水利发电站，按实际供电量每度加1分钱；③城市自来水每吨加1分钱；④风景旅游区，按门票收入加20%；⑤内河航运，每吨加收1厘钱。征收的森林生态补偿费75%上缴中央，25%留地方，作为预算外专项资金管理，在中央各部门中广泛征求意见，进行了多次修订，并已在部分地方实施。该方案规定森林生态效益补偿基金实行中央、地方 4∶6 比例共享，分别缴入中央国库和地方国库。方案中指明，森林生态效益补偿基金属于政府性专项基金，纳入财政预算管理，专款专用。主要用于生态林地建设保护、野生动物保护，生态公益林区因限制开发和野生动物对农业生产和人民群众人身安全带来地直接经济损失。按上述标准，预计每年可征收森林生态效益补偿基金约为 5.87 亿元。森林生态效益补偿基金征收年限暂定为三年。

该方案从理论上讲具有一定科学性，力图改变森林生态效益“多数人受益，少数人负担”的现实，逐步建立健全“谁受益，谁负担”的森林生态环境价值补偿机制。但该方案也有明显的缺陷。首先表现在该方案中，林业部门的森林生态效益补偿基金的收取涉及的其他部门和行业十分广泛，难以协调。其次，征收的总金额数量较少，征收齐一年不过 5.87 亿元，难以满足全国生态林业建设的需要。再次，征管操作难度大，设计由税务部门代扣代交，实际实施起来税务部门难度大，征收的交易成本十分高。由于这些缺陷，该方案未能得到国务院和财政部的批准。

（4）法定化阶段（1997～1998 年）。收费方案流产后，原林业部把工作重点转向制定森林生态补偿制度的法律工作方面。1998 年 7 月 1 日森林法修正案获得通过。《森林法》第八条规定：“国家建立森林生态效益补偿基金，用于提供生态效益的防护林和特种用途林的森林资源，林木的营造，抚育，保护和管理。森林生态效益补偿基金必须专款专用，不得挪作他用。”2000 年 1 月 29 日发布的《森林法实施条例》第十五条明确规定：“防护林、特种用途林的经营者，有获得森林生态效益补偿的权利。”至此森林生产经营者的获取补偿的权利法定化了。森林法修正案将森林生态效益补偿基金法定化，对森林生态效益补助金的建立起了决定性作用。

（5）基金分成方案出台阶段（1998～2000 年 3 月）。森林生态补偿制度法定后，国家林业局（原林业部）与财政部协商提出了一个方案，从现有 14 项政府基金中提取 3% 用于建立森林生态效益补偿基金。按 1997 年计征基础的基金规模计算，一年可以筹集约 5 多亿元。2000 年初此方案经国务院法制办组织审定后，上报了国务院，总理办公室进行了讨论，决定不采取基金提成，而采取由财政预算直接拨款的方式建立。

（6）生态效益补助资金试点阶段（2001～2003年）。“基金分成方案”被否定以后，国家林业局再次向财政部提出请求尽快建立森林生态效益补偿基金。2001年11月23日，财政部和国家林业局宣布，森林生态效益补助资金将从2001年11月23日起在全国11个省（自治区）658个县级单位和24个国家级自然保护区进行试点，总投入10亿元人民币，共涉及2亿亩森林。这标志着一直为社会无偿使用的森林生态效益将不再是“免费的午餐”，使公益林的所有者和经营者得到应有的利益，更好地调动他们的积极性。

（7）森林生态效益补偿基金制度正式实施阶段（2004年以来）。近3年的试点结果表明，森林生态效益补偿制度极大地调动了公益林所有者和经营管理者，特别是广大农民管护公益林的积极性，公益林资源保护管理取得了显著效果。在3年试点取得圆满成功的基础上，我国于2004年正式建立起森林生态效益补偿基金制度。即自2004年起，补偿基金数额由试点时期的10亿元增加到20亿元，补偿面积由2亿亩增加到4亿亩，补偿的范围由11个省（自治区）扩大到全国27个省（自治区、直辖市）。中央森林生态效益补偿基金的建立，标志着我国森林生态效益补偿制度的实质性确立：森林生态效益补偿基金最终被正式被纳入了国家公共财政预算支出体系，成为林业生态建设持续稳定的渠道。

7.4.5.3　政策内容

目前，中央森林生态效益补偿基金，是对重点公益林管护者发生的营造、抚育、保护和管理支出给予一定补助的专项资金。这项制度在现阶段，还只是对防护林和特种用途林保护和管理的一种财政性补助，并不是完全意义上的生态效益补偿。

（1）补偿对象。中央补偿基金的补助对象是承担重点公益林保护和管理的单位、集体和个人，包括国有林场、国有苗圃、林业系统的自然保护区、集体林场及其他所有制形式的单位和个人。

（2）补偿范围。中央补偿基金的补偿范围为国家林业局公布的重点公益林林地中的有林地，以及荒漠化和水土流失严重地区的疏林地、灌木林地、灌丛地。

（3）补偿标准。中央补偿基金平均补助标准为每年每亩5元，其中4.5元用于补偿性支出，0.5元用于森林防火等公共管护支出。补偿性支出用于重点公益林专职管护人员的劳务费或林农的补偿费，以及管护区内的补置苗木费、整地费和林木抚育费。公共管护支出用于按江河源头、自然保护区、湿地、水库等区域区划的重点公益林的森林火灾预防与扑救、林业病虫害预防与救治、森林资源的定期监测支出。其中森林火灾预防与扑救支出用于统一开设防火隔离带（包括生物防火带）和购置扑火器具等；林业病虫害预防与救治支出用于集中购置药剂、药械和除害处理等；森林资源消长定期定点监测支出用于采集、分析、处理资源数据，以及建立资源档案购置的简易器材等。

（4）补偿方式。对不同权属的重点公益林，补偿性支出分别采取以下补助方式：①国有林场经营管理的重点公益林：补偿性支出由上级财政部门和林业主管部门统筹安排，国有林场组织的专职护林员、技术人员和管理人员作为专职管护人员，根据承担的任务量划分专职管护人员劳务费的不同补助标准。集体林场经营管理的重点公益林，补偿性支出执行国有林场有关规定。②自然保护区内的重点公益林：补偿性支出由上级财政部门和林业主管部门统筹安排，其中属于林农个人所有或经营的重点公益林，由自然保护区管理单位将每亩4.5元的补偿性支出全部拨给林农，并监督指导林农承担管护责任。③村集体所有的重点公益林：补偿性支出由村集体根据林农承包面积统筹安排，并报上级财政部门和林业主管部门备案。指定专职护林员统一管护的，专职护林员获得的劳务费用不低于每亩3元。④林农个人所有或经营的重点公益林：补偿性支出全部拨给林农个人，并由林农个人承担重点公益林营造、抚育、保护和管理的全部责任。⑤其他行业和个人所有或经营的重点公益林：补偿性支出分别参照上述情况办理。

7.4.5.4 政策评价

为从根本上解决林业发展的动力机制问题提供了一个模式以法律形式把三分之一的森林划为生态公益林，再对其中的四分之一森林实施生态效益补助资金政策，并将其纳入国家公共财政预算，这是中国林业经营思想的重大突破。将从根本上改变长期以来重点防护林、特种用途林保护和管理的被动局面，为持续经营管理好生态公益林，满足社会日益增长的生态需求，奠定坚实而稳定的基础。实行森林生态效益资金补助，实质上是对森林生态效益价值的承认，是从根本上解决林业发展的动力机制问题。现在实行的试点方案，尽管还不是完全意义上的补偿，但它毕竟标志着我国结束了长期以来森林生态价值无价、使用者无偿使用的历史，开始进入森林生态价值有偿使用的新阶段。

现行的森林生态效益补偿的政策设计还只是由政府承担支出，广泛的森林生态受益者仍然没有付费生态效益补偿理论的精髓是受益者付费，谁受益谁付费，社会受益社会负担。

但目前的森林生态效益补偿政策的设计还局限于国家政府出资，广泛的受益主体没有承担任何义务，这既不符合市场经济规律，又使得受益者没有节约使用自然资源的意识，结果是政府不堪重负。

现行森林生态效益补偿政策有待完善现行的对森林生态效益进行的补助政策，远未达到森林生态效益补偿制度设计目标，只是森林生态效益补偿制度建立的第一步。完善的森林生态效益补偿制度应该按照《森林法》规定建立，即："国家设立森林生态效益补偿资金，用于提供生态效益的防护林和特种用途林的森林资源、林木的营造、抚育、保护和管理。"从目前执行补助制度来看，存在着以下问题：①补助的列支项目仅仅包括管护费。而生态公益林建设的其他方面包括营造、抚育等都未纳入补偿范畴。②补偿范围只为非天保工程地区。只占全国重点公益林 15.62 亿亩的 21.62%；占非天保工程区 8.3 亿亩的 48.19%。③补助标准太低。从公益林的造林成本来看，每亩需要上百元到数百元，而目前每亩 5 元钱的补助，只是具有象征意义，根本谈不上补偿。④存在很多亟待解决的问题。例如，尚未考虑赎买非国有的公益林问题，目前实施的森林生态效益补助资金试验，没有涉及被划为国家公益林的集体林等其他所有制的森林赔偿问题。农民因保护森林生态环境而付出的各种包括物化劳动和活劳动等支出的补偿问题。一系列问题有待解决，森林生态效益补偿制度还须完善（王月华，2005）。

现行生态公益林保护和管理政策不尽合理。一是公益林区划标准不够科学。广西区划界定的公益林 80% 以上为农民承包经营，划为公益林后不能采伐，导致林农收入减少，生活困难。特别是区划的公益林中部分是过去靠借贷营造的用材林，由于不能采伐，贷款到期无法归还，矛盾突出。二是国家对生态公益林的补偿过低。目前实行的生态公益林补助试点标准不如林农砍一根毛竹和割一棵松树松脂的收入。有的林农和基层干部尖锐地指出，区划公益林是国家利用强权霸占农民的土地。三是相当一部分地区，在没有征求农民意见的情况下，将农村集体的或已经由农民承包的林木、林地或轮歇地所生长的林木纳入天然林保护工程范围或被界定为生态公益林而禁止经营利用，这就实际上剥夺了农民对林木、林地的经营权益。尤其是，被纳入天然林保护工程范围的集体林，国家所给的管护经费农民基本得不到，绝大部分被划给国有森工企业，以弥补森工企业天保经费的不足，并由森工企业来代管这些被划入的集体林，或由森工企业以每亩仅几角钱的远低于天保管护费的标准，雇当地农民管护。这些侵犯农民权益的行为，挫伤了农民群众林业生产的积极性①。

内蒙古完成全自治区 105 个旗（县）国有林业局森林区划界定工作，共区划界定国家重点公益林 1113 万 hm^2，其中非天保工程区 690 万 hm^2。在非天保工程区符合财政部和国家林业局先期补偿范围内的 578 万 hm^2 重点公益林中，有 313 万 hm^2 从 2004 年开始，纳入国家财政森林生态效益补偿基金第一批补偿范围，补偿资金 2.37 亿元。试点县（旗）有达尔罕茂明安联合旗、喀喇沁旗、扎鲁特旗和正蓝旗，自治区财政拨出补偿资金 205 万元（国家林业局，2005）。

7.4.6 退耕还林政策②

7.4.6.1 政策背景

退耕还林是改善生态环境的迫切需要。目前，全国水土流失面积 360 万 km^2，占国土面积的 37.5%，沙化土地面积 174 万 km^2，占国土面积的 18.2%。造成我国水土流失的主要原因是长期以来人们盲目毁林毁草开荒。据全国土地调查资料，全国仅 25°以上的坡耕地就达 600 多万 hm^2。长江、黄河中上游地区因为毁林开荒、陡坡耕种，已成为世界上水土流失最严重的地区之一，每年流入长江、黄河的泥沙量达 20

① 2005 年国家林业局 31 省林业政策调研，云南省调研报告。

② 本节主要引自《2000 中国林业发展报告》。

多亿 t，其中 2/3 来自坡耕地。不断加剧的水土流失，导致江河湖库不断淤积，使两大河流中下游地区水患日益加剧，水资源短缺的矛盾日益突出，给国民经济和人民生产生活造成巨大危害。

1998 年长江发生特大洪水后，长江、黄河中上游地区的生态问题引起党中央国务院的高度关注。1998 年 10 月，中共中央、国务院《关于灾后重建、整治江湖、兴修水利的若干意见》把“封山育林、退耕还林”放在灾后重建“三十二字”综合措施的首位，并指出：“积极推行封山植树，对过度开垦的土地，有步骤地退耕还林，加快林草植被的恢复建设，使改善生态环境、防治江河水患的重大措施。”

1999 年，朱镕基总理先后视察了西南、西北 5 省（自治区、直辖市），提出“退耕还林（草）、封山绿化、以粮代赈、个体承包”的综合措施。随后，四川、陕西、甘肃 3 省 1999 年率先启动了退耕还林还草试点示范工作，当年即完成退耕还林 38. 15 万 hm^2，宜林荒山荒地造林 6. 65 万 hm^2。

7. 4. 6. 2 政策内容

（1）国家向退耕户无偿提供粮食。每亩退耕地补助粮食（原粮）标准，长江上游地区为 150kg，黄河上中游地区为 100kg。粮食补助的年限，先按经济林补助 5 年，生态林补助 8 年计算，到期后可根据农民实际收入情况，需要补多少年再继续补多少年。补助要按照有关规定直接兑现到农户手中。要保证补助粮食的数量、质量和品种结构。

（2）国家给退耕户适当的现金补助。考虑到农民退耕后医疗、教育等必要的日常开支，国家在一定时期内给农民适当的现金补助。按每亩退耕地每年补贴 20 元安排。现金补助的期限与粮食补助期限相同。现金补助以户为单位发放到农民手中。

（3）国家向退耕户提供种苗补助费。退耕地还林还草和宜林荒山荒地造林种草，由国家提供每亩 50 元的种苗补助费，并直接发给农民，由农民自行采购种苗。

（4）对前期工作和科技支撑工作给予补助。退耕还林还草试点工程的前期工作和科技支撑等方面的费用，按退耕还林还草基本建设投资的一定比例由国家给予补助，根据工程情况在年度计划中适当安排。

（5）实行税收优惠政策。对应税的退耕地，自退耕之年起，对补助粮达到原收益水平的，国家扣除农业税部分后再将补助粮发给农民；停止粮食补助时，不再对退耕地征收农业税。进行生态林草建设的，按国家有关税收优惠政策执行。

（6）采取中央对地方财政转移支付方式，对地方财政减收给予适当补偿。实施退耕还林还草试点的县，其农业税等收入减少部分，由中央财政以转移支付的方式给予适当补助。

（7）实行个体承包。按照“谁造林（草）、谁管护、谁受益”的原则，将责权利紧密结合起来，调动农民群众的积极性，使退耕还林还草真正成为农民的自觉行动。农民承包的退耕地和宜林荒山荒地，植树造林以后，承包期一律延长到50年，允许依法继承、转让，到期后还可以根据有关法律和法规继续承包。

（8）采取多种形式推进退耕还林还草。有条件的地区可本着协商、自愿的原则，由农村造林专业户、社会团体、企事业单位等租赁、承包退耕还林还草，其利益分配等问题由双方协商解决。鼓励在有条件的地区实行集中连片造林、种草，鼓励个人兴办家庭林场和草场，实行多种经营。

（9）实行规范的项目管理制度。严格按规划设计、按设计施工、按标准验收、按验收结果兑现政策和奖惩。

（10）实行报账制。将退耕还林还草的任务逐级落实到户，由农户按规定的数量和进度进行退耕还林还草，检查验收后，农户凭验收卡领取粮食和现金补助，并逐级报账。

（11）协调政策、统筹安排。实施退耕还林还草的地区，要把退耕还林还草与扶贫开发、农业综合开发、水土保持等政策措施结合起来，对不同渠道的资金，可以统筹安排，综合使用。要调整农业支出结构，统筹安排使用支农资金。实施退耕还林还草地区的财政扶贫资金可重点用于该地区包括基本农田、小型水利在内的基础设施建设和农牧民科技培训、科技推广，提高缓坡耕地和河川耕地的生产能力，提高农民的科技水平，促进退耕还林还草。

7.4.6.3 政策实施进展

2000年，退耕还林还草试点工作在1999年四川、陕西、甘肃3省先行启动的基础上，又在河北、山西、内蒙古、吉林、黑龙江、河南、湖北、湖南、重庆、四川、贵州、云南、陕西、甘肃、青海、宁夏、新疆等17个省（自治区、直辖市）及新疆生产建设兵团的188个县展开。

2002年，退耕还林工程正式全面启动，工程范围扩大到25个省（自治区、直辖市）及新疆生产建设兵团，包括1580个县。2003年，国家继续扩大退耕还林规模，安排退耕还林任务713.3万hm^2，其中，退耕还林336.7万hm^2，宜林荒山荒地造林376.7万hm^2。2004年，退耕还林工作的重心由大规模推进转移到成果巩固上来。国家对退耕还林任务进行了结构性、适应性调整，工程区普遍加强林草管护、中幼林抚育，积极发展后续产业和替代产业，重视退耕农户的长期生计安排，落实基本农田建设、农村能源建设、封山禁牧、生态移民等各项配套措施，推动退耕还林工程稳步发展。1999～2004年，工程已累计造林1689.07万hm^2，累计粮食兑现数量总计4604.22万t，累计生活费兑现金额总计176.51亿元。

7.4.6.4　政策评价

退耕还林还草试点是一项涉及面广、政策性强、操作难度大的十分复杂的系统工程，耕还林试点工作开展以来，试点省区各级政府高度重视，各有关部门密切配合，广大群众积极拥护。总体来看，试点工作进展顺利，并取得了初步的阶段性成果，产生了良好的社会影响。

退耕还林（草）工程不只是农民少重几亩粮，多栽几株数的问题，它是以过量消耗自然资源、破坏生态环境为代价的经济增长模式的终结。由于这些工程的实施主体是广大农民，林业也以前所未有的规模影响着农村的生态、经济、社会、文化各个方面，把林业引入与农村发展相互影响最深刻的历史时期，已经和正在对项目地区的农村产业结构、自然资源利用方式、地方财政、农民收入、文化和生活方式等方面产生广泛而深刻的影响。

钱粮兑现，取信于民，尊重退耕农户的意愿，得到农户的广泛参与，退耕还林成为我国最大的参与式林业发展项目。自1999年试点启动以来，退耕还林工程共涉及1600个县，2万多个乡镇，10万多个村，1500万农户，6000万农民，成为我国最大的参与式林业发展项目。退耕还林政策设计透明、公开，得到了农户的广泛支持和参与。四川省百户退耕农户调查显示，94%的农户与村里签订了退耕还林合同，93%的农户指出村里公布了每个退耕农户的退耕面积、钱粮补助情况，89%的农户认为公布的内容符合实际。

粮食换生态初见成效，部分工程区生态环境得到不同程度的改善。退耕还林工程实施后，南方先期试点的一些地区水土流失严重的状况得到缓解，一些流域的河水变清，生态环境改善，旅游业、畜牧业等相关产业得以促进，地方经济得到发展。

开仓济贫的社会效益显著。退耕还林与生态移民相结合，有效地巩固退耕还林和扶贫成果。退耕还林工程已成为最大的扶贫工程，退耕农户直接得到粮食和现金补助，而且贫困农户尤其是生态贫困农户比富裕农户受益明显。2000年180个退耕还林试点县中，有104个是国家级贫困县，占57.8%。青海省民和县33.3万农业人口中，625元收入以下的绝对贫困人口有10万人，贫困的主要原因是生态环境恶化，粮食连年绝收，许多农户口粮都难以保障。该县3年退耕12万亩，退耕还林工程的钱粮补助迅速缓解了这些贫困人口的温饱问题。

农业产业结构得到有效调整，后续产业迅速提升，农村经济持续发展。退耕还林工程的开展，有利于改变长期以来广种薄收的传统种植习惯，有利于调整不合理的土地利用结构。各级政府在开展退耕还林后，大力建设基本农田，发展舍饲圈养，开发绿色食品，开展森林旅游，培育绿色产业，发展特色经济，特别是实施退耕还林改变了传统的种植习惯，调整了不合理的土地利用结构，使以种植业为主的农业生产向林果种植业、畜牧业以及二、三产业过渡，促进了农村劳动力的转移。农民还腾出劳力从事多种经营和副业生产，增加了收入。

退耕还林投资短期内可以直接增加农民的现金收入和粮食供给，同时退耕还林也可以减少农民的种植业生产开支，从节约开支方面增加农民收入。国家林业局林业重点工程社会经济效益监测结果表明，1999～2002年，退耕还林平均每年使农民人均获得退耕补助金额（含粮食折资和种苗费）241.37元，其中1999年190.87元，2000年246.58元，2001年239.10元，2002年248.64元。退耕还林对退耕农户人均纯收入的贡献率为14.07%，对低收入农户的收入贡献率可达31%。57个退耕还林县农村非农劳动力总数从1998年的241.16万人增加到2002年的291.86万人，增长21.02%。1998年，57个退耕还林县25°以上坡耕地面积为50.6万hm^2，占耕地总面积的17.32%，到2002年，已累计退耕35.6万hm^2，其中25°以上坡耕地退耕16.8万hm^2。

退耕还林工程对农业产业和农村经济结构的调整作用正逐步显现出来。2001年同1998年相比，175个最先启动的退耕还林县的林业增加值增长17.31%，明显高于同期牧业增加值增长14.77%和渔业增加值12.81%。农、林、牧、渔增加值占175县国内生产总值比重分别由65.40%、5.12%、27.88%和1.59%调整到60.38%、5.94%、31.65%和1.78%，农业增加值明显下降，林业增加值提高0.82个百分点，高于同期全国平均水平0.72个百分点。

7.5 小 结

影响我国农村地区森林供给的因素是多方面的，既包括经济增长、城市化进程和地区森林资源禀赋，还有农林产品价格比较优势，决定地区间森林供给规模和途径的重要因素是经济发展水平、森林资源禀赋以及由此决定的林业改革路径选择，这是我国无林少林的华北中原地区林业崛起，森林资源丰富的南方集体林区林业发展滞后的重要解释变量。

林业政策对我国农村地区林业发展影响深刻。突破旧体制的改革属于存量改革，涉及国家、集体、部门和农户利益，进展缓慢。在林地林木权属上，从20世纪80年代初的林业“三定”政策，划分给农户一定面积的自留山、责任山，到90年代多种形式的林地、林木流转，荒山荒地拍卖，森林资源由国有和集体经营格局转向多元化发展，但至今林地权属不安全仍然是农村地区林业发展主要障碍。2003年以来，新一轮的集体林区林权改革在以福建、江西为首的农村林区展开，此次改革的目的是解决林业“三定”中没有实现的分林到户问题，明确将集体山林分到农户；木材及林产品市场政策在1985年南方地区木材市场开放时就已明确，但至今在农村地区尤其是重点林区，实际上仍然存在两个分割的市场，即山内的国有木材垄断市场（林业部门一家收购政策）和山外完全的开放市场，山内的国有木材垄断市场继续成为剥夺农民林业收入的重要途径，森林资源采伐限额政策进一步强化了这个垄断市场。近年来，部分省区已经取消了林业部门一家收购政策；林业税费负担问题自改革开放初出现以来，一直处于不断加重的趋势，成为农村地区林业尤其是商品林业发展的重要障碍。2006 年全面取消农业税，将减轻林业税的负担，但林业费仍没有取消的迹象；森林资源采伐限额政策作为林业部门看家的森林资源管理政策目前没有大的松动，商品林采伐管理将会有所突破。

林地权属、林业税费、木材垄断经营和采伐限制，这些严重阻碍我国农村林业发展的政策之所以改革缓慢，其背后的根源在于南方集体林作为一种自然资源既承担经济发展初期资本积累的角色，也承担农村政体转型期的体制改革成本，还提供农村公共产品。这些角色难以在短期内改变，就决定了农村林业存量改革政策的进展缓慢。从政府的角度看，这也体现了我国政策制定者的林业发展目标取向。到目前为止，我国林业发展的目标取向是增加和保护森林资源总量，增进全社会的福利水平，忽视林业生产者个体的生产利益，重视国有部门的利益，忽视集体和农民个体的利益。这种政策长期运行的结果，是森林覆被率的提高、国家森林生态状况的总体改善，但代价是森林资源培育业的萎缩和林地产出的下降。

林业增量改革政策进展顺利。退耕还林政策、森林生态效益补偿政策属于帕雷托改进式的林业政策，不破坏农民的利益，也增进国家利益，因此，实施进展顺利。近年来实施的山区综合开发、鼓励发展非公有制林业、林业扶贫开发政策，在促进农村发展、增加就业机会、提高农民收入中发挥了重要作用。

在我国已经实现经济转轨，实行市场经济改革的形势下，推动农村地区林业改革的根本力量是经济增长所带来的市场拉动，南方地区的林业改革迟迟不动的根本原因是这里的森林资源的价值还没有达到足以诱致制度变革的程度，福建、江西等省近年来出现的林权改革，很重要的原因是外部市场对木材及林产品的不断增长的需求和价格，使林地权属带来的林地利用率低下的问题凸现出来，没有这种推动，产权改革的意义不是很大，因为，改革的收益要小于成本。

可以预计，存量改革政策还将经历较长的时期才能完成，适应国民经济和社会发展的新政策将不断涌现，这两方面的改革将共同推进我国农村地区的林业发展，增进农村森林供给总量。

8 实证研究

8.1 理论框架

基于上述理论与实践的分析，本文认为需要从两个层次上分析我国农村地区的森林供给问题，一个是宏观（全国）水平的，一个是微观（行政村）水平的。宏观上影响我国农村林业发展的主要因素有经济增长、体制改革和政策变迁、人口增加及技术进步。

经济增长对农村林业发展的影响有直接影响和间接影响，直接影响有正负两个方面，正面影响是经济增长带动林业发展、促进农民增加林业收入，经济增长到一定阶段可以反哺生态环境，负面影响是在经济增长的早期过量消耗森林资源消耗、阻碍林业发展；经济增长对农村林业发展的间接影响主要包括促进农村发展和林产品国际贸易。农村发展可以缓解农村人口对土地的压力、减轻贫困，劣质耕地逐渐逆转为林地，扩大农村林业的生产边界。林产品国际贸易可以增加林业生产者收益、缓解国内森林资源压力。

对于我国农村林业发展来说，体制改革和政策变迁在其最初的发轫阶段外生于经济增长过程的，当我国经济逐渐纳入市场化轨道之后，体制和政策因素就内生于经济增长过程了，因此，从总体看体制和政策是农村林业发展的正向驱动因素，同时，由于改革和政策调整是渐进的过程，它们对我国农村林业发展的影响缓慢而曲折，主要通过影响森林的管理、采伐、加工、贸易、收入分配以及林地的配置来影响农村地区的森林供给。

人口增长一方面形成对森林资源的长期压力，减少森林资源，造成生态恶化，阻碍农村林业发展，另一方面也是增进林产品需求、促进农村林业发展的重要驱动力。

技术进步对农村林业的发展影响非常广泛，直接的影响包括提高森林资源培育、加工的生产率，间接的影响主要有通过技术选择增加农村人口的就业机会、减轻农村人口对土地的压力，增加林地面积；大幅度减少加工产品对木材的消耗，缓解森林资源的环境压力等。

对上述农村林业发展因素的分析，形成我国农村地区森林供给的宏观理论框架（图 8-1）。

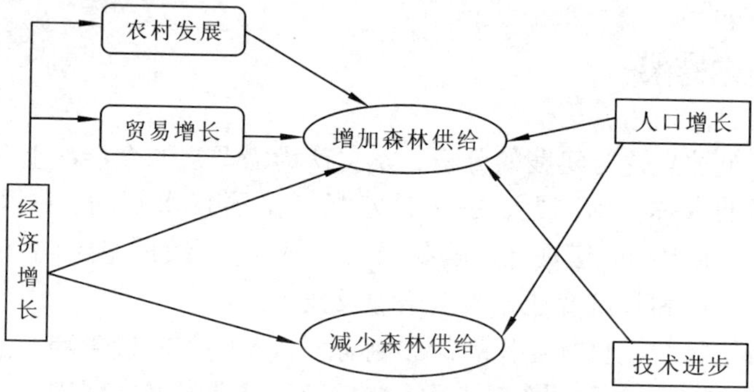

图 8-1　我国农村地区森林供给的宏观理论模型

微观层次影响我国农村地区森林供给的主要因素有农地生产力、人口对耕地的压力、工业化、城镇化、农林产品价格比、农业生产结构、林地权属、木材采伐限额和林业税费等林业政策以及退耕还林、森林生态效益补偿等生态政策。这些因素将影响农村土地在林地、耕地及其他土地之间的分配，从而影响森林供给规模。微观理论模型可以用图 8-2 表示，这些因素将引起林地收益线和农地收益线的位移，增加或减少森林供给。

8.2　数据来源

本文实证分析的数据来自于以下 4 个方面：

（1）有关我国农村地区森林资源方面的数据来自于我国的 6 次森

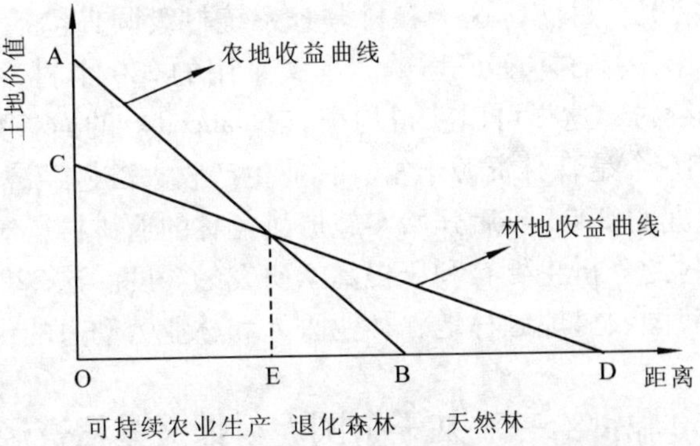

图 8-2 我国农村地区森林供给的微观理论模型

林资源清查①，这是由我国林业政府部门组织的全国性的森林资源调查，是我国最权威的森林资源数据，能够较准确地反映我国森林资源的变化情况。第一次清查（1973～1976 年）和第二次清查（1977～1981 年）的森林资源数据中没有集体林区（农村地区）的数据，因为这 2 个时期的森林资源数据对于反映我国改革开放后森林资源的变化趋势非常重要，本文用第三次清查中集体林占全国森林的比重推算出这两个时期农村地区的森林资源情况。

（2）有关宏观经济数据，如人均 GDP、农村居民人均纯收入、人均耕地面积等数据来自于国家统计局。

（3）有关林产品贸易、生态林业投资、乡村木材产量等时间序列数据来源于国家林业局的统计资料。

（4）村级森林供给的实证分析采用农业部农村固定观测点的 220 个行政村 1986～2004 年有关土地利用、农民收入、农村劳动力、农林业生产等方面的面板数据。这是我国在村级层次上时间连续最长、最大规模的农村社会经济统计数据，行政村的范围涉及全国 31 个省（自治区、直辖市）。在多年的数据收集和汇总过程中没有受到采用者的干扰，能够较准确地反映改革开放以来我国农村地区农林业生产和土地利

① 新我国成立后，我国共进行了 6 次全国性的森林资源清查，即 1973～1976 年，1977～1981 年，1984～1988 年，1989～1993 年，1994～1998 年和 1999～2003 年。

用等方面的情况。目前，这个农村调查系统村级调查包括300多个村，1986~2004年，村样本有所增减。本文采用的220个村，都是1986~2004年的连续村，这样可以获得均衡（balanced）的面板数据。这220个村中，有16个是森林资源丰富、林业生产收入占村经济比重高的村，还有61个村是自2003年后开始实施退耕还林的退耕村，对这些与林业密切相关的村的分析将更有利于提高本研究的深度。这220个村的数据将用于分析我国农村地区林地、林业收入和林业劳动力的供给①。

8.3 森林资源供给——基于全国农村地区森林资源的分析

8.3.1 实证模型

8.3.1.1 实证模型建立

影响我国农村地区森林资源的因素应当包括：

（1）经济增长。经济增长对农村地区森林资源的影响有正负两个方面的影响：一方面，在经济增长初期和快速发展时期，工业化和城市化将不可避免地加大森林资源的消耗，包括森林资源的锐减和毁林开垦，因此，经济增长会在初期减少农村地区森林资源的供给；另一方面，经历快速经济增长之后，国家财富的积累将是国家实施经济增长反哺环境的政策，加大对农村地区的造林投资，扩大农村地区林地边界，如建设用材林基地和实施退耕还林工程等，同时，经济增长推动农民收入的增加可以减轻他们对土地的依赖性，减少森林资源的消耗。因此，在宏观实证模型中，人均GDP，农民人均纯收入（*pincome*）、国家生态林业投资额（*invest*）和木材产量（*timber*）将作为经济增长变量。

（2）农业技术进步。农业技术进步（包括良种、化肥等）将提高单位土地产出，有利于减轻农村人口对林地的压力，使劣质耕地推出粮食生产，扩大林地面积。本文用谷物单产（*grain*）作为农业技术进步变量。

（3）木材贸易。木材进口将有助于缓解国内木材供给压力，减少

① 由于数据量过大和数据的授权使用，本文无法将原始数据给出。如需要验证结果，可与作者联系。

森林消耗。这不仅是日本等资源短缺国家的森林发展途径，森林资源丰富的美国最近也加入到限制本国木材消耗、增加木材进口的队伍里来。近年来，我国木材进口大幅增加，应当有利于增加国内的森林资源。因此，木材进口（*import*），作为一个解释变量，其符号应该为正。被解释变量是我国农村地区的林业用地面积①（*rfland*），用林业用地面积作为农村地区森林资源的被解释变量的原因是，与森林面积相比，它更能反映农村地区林地与其他土地资源之间的转化，能反映宏观经济政策对农村地区森林资源供给的影响。计量模型的时间为1973～2004年，跨6次森林资源清查，数据见表8-1。

8.3.1.2　宏观实证模型

$$lnrfland = \alpha_0 + \alpha_1 * (lngdp) + \alpha_2 * (lninvest) + \alpha_3 * (lnimport) + \alpha_4 * (lngrain) + \alpha_5 * (lnpincome) + \alpha_6 * (lntimber) + \varepsilon$$

8.3.2　模型运行结果

模型运行结果见表8-2。除粮食单产和人均收入外，其余4个解释变量的t值均显著，且符号与预期一致。人均GDP显著为负，说明从1973～2004的30年间，经济增长减少了农村地区的林业用地，符合在经济快速增长期，森林资源包括林地总体处于破坏大于治理的假设；进口木材变量显著为正，说明我国的木材进口政策确实有助于保护本国的森林资源，减少森林采伐；林业生态投资显著为正，说明我国近几十年尤其是20世纪90年代后期加大生态林业投资，对扩大我国农村地区的林业用地面积是非常显著的，增加的主要林地面积是应该是西部地区的退耕还林和荒山荒地造林面积；木材产量显著为负，符合我国的实际情况，即增加木材生产将减少林业用地面积；粮食单产变量都不显著，说明在这一时期农业技术进步还没有形成以科学为基础的农业，还没有达到释放出大量劣质土地的程度；农民人均纯收入变量不显著，说明森林资源与农民收入增长的相关性不大，也符合我国的实际情况。R平方值为0.87，方程总体拟合结果可以接受。

---

① 1973～1976年和1977～1981两次森林资源清查数据没有集体林的分类，按1984～1988年集体林占全国林业用地的比例推算出来。

表 8-1　我国农村林业用地供给决定因素

年份	农村地区林业用地面积①（万 hm^2）	全国木材产量②（万 m^3）	木材进口量③（万 m^3）	林业生态投资④（万元）	谷物单产⑤（kg/hm^2）	人均 GDP⑥（元/人）	农村居民人均纯收入⑦（元/人）
1973	15292	4466.9	65	14245	2288	275	93
1974	15292	4607.1	93	13973	2402	275	86
1975	15292	4702.1	27	17116	2492	275	91
1976	15292	4572.8	31	15475	2537	275	100
1977	15495	4967.2	42	12046	2501	275	117
1978	15495	5162.3	36	13871	2802	275	134
1979	15495	5438.93	58	21036	3042	327	163
1980	15495	5359.31	182	19615	2949	460	191
1981	15495	4942.31	187	21075	3091	489	223
1982	15513	5041.25	462	21761	3465	526	270
1983	15513	5232.32	629	18631	3724	582	310
1984	15513	6384.81	791	21320	3961	695	355
1985	15513	6323.44	968	24759	3831	855	398
1986	15513	6502.42	731.8	24118	3895	956	424
1987	15513	6407.86	656.5	27876	3978	1103	463
1988	15513	6217.6	1068.5	33513	3936	1355	545
1989	15207	5801.8	605.9	37304	4020	1512	602
1990	15207	5571	419.4	25537	4322	1634	686
1991	15207	5807.3	409.7	34949	4206	1879	709
1992	15207	6173.6	466	44640	4342	2287	784
1993	15207	6392.2	345.88	70276	4557	2939	922
1994	15115	6615.1	333.46	86148	4500	3923	1221
1995	15115	6766.9	258.26	93670	4659	4854	1578
1996	15115	6710.27	318.55	148905	4894	5576	1926
1997	15115	6394.79	446.23	196425	4823	6054	2090
1998	15115	5966.2	482.30	479877	4953	6307	2162
1999	16988	5236.8	1013.57	767842	4945	6547	2210
2000	16988	4723.97	1361.17	977798	4753	7078	2253
2001	16988	4552.03	1686.38	2170378	4800	7518	2366
2002	16988	4436.07	2433.30	2558004	4885	7969	2476
2003	16988	4758.87	2545.55	3339160	4873	9032	2622
2004	16988	4758.87	2630.85	3510242	4873	9032	2936

数据来源：①1973 到 2004 年六次森林资源清查。②2004 年林业统计年鉴。③1973～1980 年数据来自林业统计提要（1949～1981）；1981～1985 年数据来自《林业分工论》；1986～1992 年数据来自奉国强等的论文。1993～2004 年数据来自《中国林业发展报告》。④1973～1981 年数据为造林投资数，1982～1989 年维营林基本建设投资数，1990～2004 年为林业重点生态工程投资数，数据来自中国林业统计年鉴。⑤1973～1991 年世界银行数据，1991～2004 年为国家统计局的中国统计年鉴数据。⑥中国统计年鉴。⑦1973～1977 年为山东省数据，1978～2004 年为全国数据，数据来自中国统计公报。

表 8-2 我国农村地区林业用地供给方程估计结果

解释变量	系数	T 值
C	4.292340	14.31080
lngdp	-0.043221	-1.609465 *
lnpincome	0.012930	0.298976
lnimport	0.011596	2.370467 **
lntimber	-0.064435	-1.343636
lninvest	0.028489	3.691736 ***
lngrain	0.021267	0.227748
R-squared	0.876052	
Adjusted R-squared	0.846304	

注：* 代表 10% 的显著性水平，** 代表 5% 的显著性水平，*** 代表 1% 的显著性水平

宏观模型估计结果表明，经济增长对我国农村地区森林供给的作用是双重的，有正有负，在估计的期间内（1973～2004 年），经济增长减少了我国农村地区林业用地面积，作用为负，而有些变量（进口、生态林业投资）则是正的。

8.4 农村地区森林供给——基于全国 220 个行政村的分析

8.4.1 农村社会经济现状

为了全面跟踪我国农村地区的改革实践，从 1986 年起，农业部农村固定观测点在全国对 300 个行政村和村中 2 万多个农户进行长期跟踪调查，调查期 50 年，每年调查一次，调查内容包括基本人口和劳动力、土地利用、工农业生产、收入、村社会发展与管理等。农村固定观测点是目前我国农村调查系统中村级调查连续时间最长的样本，能较全面地反映改革开放以来我国农村地区经济社会的变化。本文采用的 220 个行政村是 300 个村中的一部分。

220 个行政村分布在除海南、重庆、西藏①之外的 28 个省（自治

① 海南、重庆和西藏的观测点不是从 1986 年开始调查，故略去。

区、直辖市），2004年，220个行政村的总土地面积193.48万亩，总人口36.65万人，总户数64.82万户，总耕地42.41万亩，林业用地面积93.46万亩，林业用地面积占总土地的48.31%，村人均纯收入2947元。

8.4.2 农村人口、土地利用、工农业生产和收入总体变化

为了能反映各地区林业生产和林地利用的差异，本文将220个村分为5个区，即京津沪、东北、华北、南方、西部5个区域①，通过对这些地区的比较，了解不同时期和地区我国农村地区森林供给情况及差异，找出影响我国农村林业发展的共同因素。

8.4.2.1 人口和劳动力

1986～2004年，220村人口与劳动力变化的总体趋势是：人口和劳动力总量增长，劳动力教育水平提高，外出务工人员明显增加，闲暇劳动力趋于减少，林业劳动力趋于下降但近年来开始回升。2004年220个村总人口36.65万人，比1986年增长11.14%，总劳力19.31万人，比1986年增长18.22%。2004年总劳力中受过高中以上教育的劳动力24568人，占总劳力的12.72%，1986年这一比例为6.55%，2004年同1986年相比，受过高中以上教育的劳动力人数增长129.65%，农村劳动力教育水平有所提高；2004年外出务工劳力46752人，占总劳力的24.21%，同1986年的9.40%相比，外出务工人员比例增加近15个百分点，2004年同1986年相比，外出务工人数增长204.57%；农村劳动力闲暇减少，2004年闲暇劳动力15108人，比1986年减少37.26%，闲暇劳动力占总劳力的比重1986年为14.74%，2004年减少为7.82%，减少6.92个百分点，说明我国多年的经济增长为农村人口创造了更多的就业机会；林业劳动力数量总体呈倒U型变化，1986～1993年，林业劳动力总数呈增长趋势，之后开始减少，到2004年开始回升。2004

---

① 东北地区包括辽宁、吉林和黑龙江3省，华北地区包括河南、河北、山东、山西和江苏5省，南方地区包括湖南、湖北、广东、广西、福建、江西、安徽和浙江8省（自治区），西部地区包括四川、贵州、云南、陕西、甘肃、青海、宁夏、内蒙古和新疆9省（自治区），分类的标准是经济发展水平以及土地利用类型。

年同1986年相比，林业劳动力增长3.63%，这两个时段林业劳动力占总劳力的比重均在1%左右。

8.4.2.2 土 地

村土地利用包括总土地、耕地、林业用地、草地、园地、水面、滩涂和其他8个方面的资料。1986~2004年，19年间村土地利用的总体趋势是：土地总面积基本保持不变，耕地、林地、草地面积有不同程度的减少，园地、水面、滩涂和其他用地有所增加，反映了我国农村地区在人口增长和工业化的发展过程中，传统农业生产性用地向经济效益更高的土地利用方式或非农用地转化的趋势。2004年同1986年相比，220村总土地面积减少0.47%，耕地、林业用地和草场牧地分别减少12.83%、4.58%和5.07%，耕地减少幅度大于林地和草地，同期，与耕地和林地相互转换率较高的园地面积增加123.66%，是农地中增长最多的部分，园地相对较高的收益率应该是土地利用转换的主要驱动力之一，其他用地增加41.00%。村均耕地面积1928亩，比1986年减少284亩，人均耕地面积1.4亩，比1986年减少0.33亩，表明我国农村地区土地压力仍在增大。

8.4.2.3 种植业生产和企业

2004年农作物总播种面积和粮食播种面积分别为669429亩和477824亩，分别比1986年减少9.00%和18.45%，粮食产量17.68万t，比1986年增长11.56%，在粮食面积减少的同时，粮食产量增加，说明我国种植业开始由土地密集向技术密集转变。农村工业起步于90年代初，到90年代末期达到高峰，之后随着乡镇企业的改制，农村企业规模大幅度减少。1992年，220村拥有企业17家，到1998年高峰时达到18487家，到2004年已减少到1578家。

8.4.2.4 收 入

1986~2004年，农村经济总收入①呈上升趋势，220村总收入增长约14倍，种植业收入增长372.92%，林业收入增长283.28%，村人均纯收入从1986年的441元增长到2004年的2947元，增长5倍多。种植业和林业在农村经济中的比重趋于下降，种植业收入和林业收入占农

① 没有扣除物价上涨因素。

村经济总收入的比重，分别从1986年的46.90%和4.21%下降到2002年[1]的30.09%和1.93%。

8.3.2.5 林地利用、林业生产和林业收入

在林业用地面积中，农户承包经营[2]的林地面积从1992年的16494亩增加到2004年的439136亩，农户承包经营的林地占林业用地的比重逐年增加，目前已达到47.00%，反映了近年来我国林权改革的进展。村均林业用地4000亩左右，村林业用地占村总土地面积的比例约25%，人均林业用地面积3~4亩，这些林地数据在19年间基本没有变化。由于林产品生产的周期长，农村林业产出变化不定。1986~2004年，220村共生产木材291000m^3，年均生产1500m^3，村年均生产70m^3，年际间变化不大。竹材生产自1994年后逐年增加，1994年220村竹材产量5858根，2004年增加到489448根。1986~2004年，220村共生产林产品[3] 84336t，村均年生产林产品30t左右，年际间变化不大。2004年，220村林业总收入2200万元，村均10万元，人均林业收入60元。

8.4.3 农村人口、土地利用、工农业生产和收入分区变化

8.4.3.1 人口与劳动力

2004年，村人口和劳动力分布的总体情况是，南方和西部村人口规模大、增长快，京津沪、华北和南方村劳动力素质高。全部村平均村人口数为1666人，南方和西部村人口规模高于全国平均水平，其余地区低于全国平均，全部村平均村劳动力878人，同样，南方和西部村劳动力规模高于全部村平均水平。全部村平均高中劳动力比例12.72%，京津沪、华北和南方村高于全部村。

从人口变化趋势看，2004年同1986年相比，农村人口总数均有不同程度的增长，增长最多的是西部地区，增长17.06%，高于全部村平均的11.14%，京津沪地区村人口呈现减少趋势，减少3.98%，城市化趋势明显。从劳动力变化总趋势看，农村劳动力同人口变化趋势趋同，

---

① 2003年和2004年收入数据不全。

② 1992年前没有关于农户承包经营林地的数据。

③ 不包括水果。

均有不同程度的增长，京津沪村出现负增长；从外出劳动力变化看，全部村外出劳动力呈增长趋势，反映了城乡就业机会的增加，2004 年同 1986 年相比，全部村外出劳力平均增长 2 倍多，东北地区增长 629.36%，京津沪村外出劳力减少 5.66%，华北村的增长低于全国水平。与外出劳动力增长趋势相适应，由于城乡就业机会的增加，农村闲劳力数量趋于减少，全部村平均减少 37.26%，各地区减少的幅度相差不大，除了京津沪村超乎寻常地增长 5 倍多①，2004 年全部村平均村有闲劳力 69 人，农村劳动力闲置状况仍较严重。

林业劳动力近年来趋于下降趋势，但华北村林业劳动力出现增长态势，反映了近年来我国森林外林业的快速发展。2004 年，全部村平均村林业劳动力为 10 人，其中华北地区为 17 人，高于传统农村林区的南方村，2004 年同 1986 年相比，东北、西部、南方村林业劳动力数量均有不同程度的减少，而华北村增长 121.74%，反映这一地区对森林外林业发展对林业劳动力增长的需求（表 8-3）。

表 8-3　1986 ~ 2004 年全部村及各地区村人口及劳动力变化

	全部村平均	京津沪	华北	南方	西部	东北
2004 年村人口(人)	1666	1260	1391	1991	1654	1169
2004/1986 年人口(%)	11.14	-3.98	7.24	10.14	17.06	10.00
2004 年人地比例(亩/人)	1.40	0.93	1.28	0.87	1.47	3.57
2004 年村劳动力数(人)	878	640	765	1066	854	516
2004/1986 年劳动力(%)	18.22	-14.48	15.11	17.87	27.05	1.19
2004/1986 年外出劳力(%)	204.57	-5.66	84.42	227.90	264.61	629.36
2004/1986 年闲劳力(%)	-37.26	516.00	-47.12	-38.66	-20.14	-57.60
2004 年村林业劳力数(人)	10.00		17	11	3	8
2004/1986 年林业劳力(%)	3.63		121.74	-14.73	-42.41	-45.08
2004 高中劳力比例(%)	12.72	18.55	14.51	13.33	10.55	10.60

8.4.2.2　土地利用

2004 年，220 村村平均土地总面积 8795 亩，耕地面积 1928 亩，林地面积 4248 亩，牧草地 813 亩，园地 336 亩，其他土地 1101 亩，林地

① 增加的主要原因是上海和天津各有 1 个村近年来闲劳力数量迅速增加。

在农村土地中占有最大份额，平均在25%左右。从各地区土地看，各地区土地资源差异明显。东北和南方村土地资源最多，其总土地面积和林地面积均居各地区前两位，耕地面积东北和西北村居多，西部村牧草地面积最多，华北村园地面积最大。

各地区土地利用变化趋势总体与全部村趋同，华北和西部村土地利用有明显差异。与全部村一样，2004年同1986年相比，除西部、华北村外，各地区总土地面积、耕地面积、牧草地面积、林地面积都趋于减少，园地面积都有不同程度的增加。与华北村林业劳动力增加的趋势相一致，华北村的林地面积增长11.56%，再次印证了该地区森林外林业的快速发展的势头。西部村除耕地外，其他土地面积均呈增长趋势，总土地面积增长27.42%，该地区属于我国土地资源质量最差的地区，这一趋势表明该地区通过土地利用结构调整等，土地利用边界仍在扩大(表8-4)。

表8-4 全部村及各地区土地利用现状及变化

		全部村平均	京津沪	华北	南方	西部	东北
目前土地利用状况*	1. 土地总面积(亩)	8795	3312	5057	10318	8327	15658
	2. 耕地面积(亩)	1928	741	1664	1540	2140	3561
	3. 林地面积(亩)	4248	1678	2321	5948	2538	9468
	4. 牧草地面积(亩)	813	–	170	628	1637	444
	5. 园地面积(亩)	336	376	1210	420	214	271
	6. 其他土地面积(亩)	1101	54	450	907	1769	1741
1986~2004年土地利用变化	1. 土地总面积(%)	-0.47	-11.53	-7.44	-6.84	27.42	-13.51
	2. 耕地面积(%)	-12.83	-40.96	-17.94	-11.28	-15.92	-0.11
	3. 林地面积(%)	-4.58	11.56	-4.67	-8.36	22.16	-11.20
	4. 牧草地面积(%)	-5.07	–	-37.32	-29.8	30.67	-61.53
	5. 园地面积(%)	123.66	94.01	0.82	85.51	145.71	39.31
	6. 其他土地面积(%)	41.00	-90.76	-15.78	-0.69	238.10	-10.10

注：*村平均规模。

8.4.3.3 收入及收入结构

收入现状。当前全部村收入总体概况是：京津沪、东北和南方村较富裕，西部、华北村收入较少，种植业收入仍占较大份额，林业收入不高，林业收入占总收入的比重低。2004 年，村平均经营总收入 2200 万元，东北村收入最高，华北村收入最低，除东北村外，其他地区村经营总收入差异不大；村均种植业收入 215 万元，东北村和南方村种植业收入排在前两位，村均种植业收入比重 32.09%，各地区种植业收入比重为 23% ~45%；村均林业收入 10 万元，最高的南方村 11.8 万元，京津沪村均林业收入最低，只有 3.26 万元，村均林业收入比重很低，仅 1.93%，其他地区林业收入比重最高不超过 3%，全部村人均林业收入 60 元，最高的东北村 94 元；村人均收入 2947 元/人，京津沪村最高，达 4318 元/人，西部村最低，2141 元/人。

收入趋势。各地区总收入、种植业收入和林业收入及其结构变化与全国趋同，各地差异不大，非农化收入趋向明显。2004 年同 1986 年相比，全部及各地村经营总收入大幅增长，涨幅约 8 ~39 倍，种植业收入仅增长 290% ~400%，林业收入增长平均 283.18%，种植业和林业收入增长明显慢于总收入增长；同总收入增长趋势一样，村人均纯收入也大幅增加。同期，种植业收入和林业收入占总收入的比重持续降低，种植业收入比重平均降低近 15 个百分点，林业收入比重平均降低 2 个百分点。这些收入变化趋势说明，近 20 年来我国农村收入向非农方向转化趋势明显，农村工业化程度不断提高（表 8-5）。

8.4.4 退耕还林村、林业村和林地村比较

林业用地面积大是否意味着林业就发达？林区农民收入是否低于其他地区？作为新中国历史上对农村土地利用影响最大的政策，退耕还林政策是否增加了林地面积？是增加还是减少了农村劳动力的剩余问题，退耕还林村外出劳动力和闲劳力是否多于非退耕村？对于这些问题的回答涉及到森林资源与林业产出和收入的关系、环境政策变化对土地利用、劳动力配置的影响等。因此，本文根据 220 个村的林业和林地特点，从中找出 61 个退耕还林村，这些村多数自 2003 年开始有退耕还林面积数据。为了考察林地面积对林业发展的影响，本文将 220 个村中林业用地面积大于等于 50% 的村抽出来作为一组，称为林地村，共 64 个，此外，农村固定观测点在建立之初就选择了一些林业生产占主要地位的村作为调查村，这些村中 1986 ~2004 年的连续村共有 16 个，在本

研究中作为一组，称为林业村。本文将通过这些村之间的比较，探讨森林资源禀赋、环境政策变化对农村森林供给的影响。

表 8-5 全国、各地区收入及结构变化

		全部村平均	京津沪	华北	南方	西部	东北
2004 年村收入现状*	1. 经营总收入(百元)	220063	291848	107125	207867	196365	714077**
	2. 种植业收入(百元)	21532	17758	17810	24351	20107	25269
	3. 种植业收入比重(%)	32.09	23.64	33.45	26.92	36.98	44.71
	4. 林业收入(百元)	1001	326	798	1184	976	1097
	5. 林业收入比重(%)	1.93	2.03	2.83	2.05	1.37	2.80
	6. 人均收入(百元)	2947	4318	2923	3499	2141	3127
	7. 人均林业收入(百元)	60	26	57	59	59	94
	8. 人均林业收入占人均收入比重(%)	2.04	0.60	1.96	1.70	2.76	3.0
1986～2004年收入变化	1. 总收入(%)	1400	1000	800	1000	1900	3900
	2. 种植业收入(%)	372.92	387.66	387.66	370	410	296
	3. 种植业收入比重(%)	-14.81	-12.65	-12.65	-15.21	-14.31	-9.44
	4. 林业收入(%)	283.18	1700	440.75	204.39	572.20	98.88
	5. 林业收入比重(%)	-2.28	-1.69	-1.69	-2.76	-1.37	-4.03
	6. 人均收入(%)	567.94	660.02	645	599.26	537.40	390.35
	7. 人均林业收入(%)	244.77	1800	404.23	176.37	474.22	80.80
	8. 人均林业收入占人均收入比重(%)	-1.91	0.36	-0.94	-2.60	-0.82	-5.14

注：*村平均。

**辽宁有一个村工副业收入异常高，导致东北地区收入异常。

(1) 劳动力比较。村林业劳动力数量稳定，林业村林业劳动力数量及其占总劳力的比例明显高于其他村。1986 年全部村、退耕村、林地村和退耕村村均林业劳动力数量分别为 9 人、12 人、24 人和 50 人，2004 年这一数据分别为 10 人、14 人、24 人和 48 人，19 年间各个林业劳动力数量基本没有变化，说明给定森林资源条件的劳动力需求刚性，增加就业机会的空间不大。从各组村林业劳动力的绝对量来看，林业村的劳动力数量远远高于林地村及全国平均水平，2004 年，林业劳动力占村总劳动力的比例，林业村为 10.79%，林地村为 3.44%，退耕村为

1.37%，全部村为0.89%，表明森林资源丰富且林地生产力高的村，对林业劳动力需求高，林业村的林业劳动力需求高于林地村的情况也说明林地生产力而不是林地面积决定林业劳动力需求规模（图8-3）。

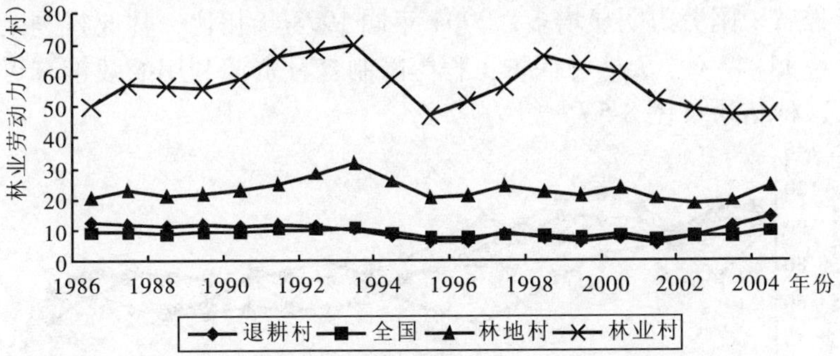

图8-3 全部村、退耕村、林地村和林业村林业劳动力变化比较

4组村外出劳动力处于增长趋势，退耕村退耕后外出劳动力明显增加。2004年同1986年相比，全部村、退耕村、林地村和林业村外出劳动力分别增长204.57%、368.38%、289.28%和219.88%；2004年同退耕还林工程启动的2000年相比，退耕村外出劳动力增长77.70%，全部村、林地村和林业村分别增长47.22%、48.10%和40.14%，退耕后于退耕前相比，退耕村外出劳动力的增长幅度明显高于其他村，说明退耕确实增加了农村劳动力的剩余并导致外出劳动力增加（图8-4）。

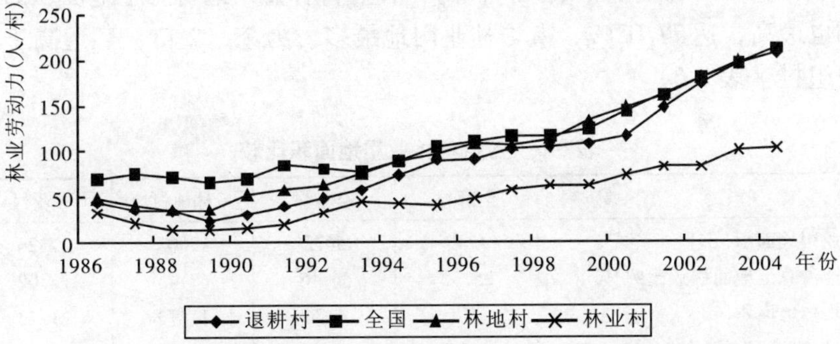

图8-4 全部村、退耕村、林地村和林业村外出劳动力变化比较

19年间各组村闲劳力都处于下降趋势，林业村自1998年后闲劳力明显增多。2004年同1986年相比，全部村、退耕村、林地村和林业村闲劳力分别减少 37.26%、37.38%、47.72% 和 28.59%，说明过去近 20 年我国城乡就业机会增多，有效地减少农村剩余劳动力；退耕村闲劳力变化与其他村没有明显差别；林业村自 1998 年实施天然林资源保护工程后，闲劳力明显增多，2004 年同 1998 年相比，林业村剩余劳动力增长 11.47%，天然林保护工程等限制森林资源利用的政策有可能导致了这种结果（图 8-5）。

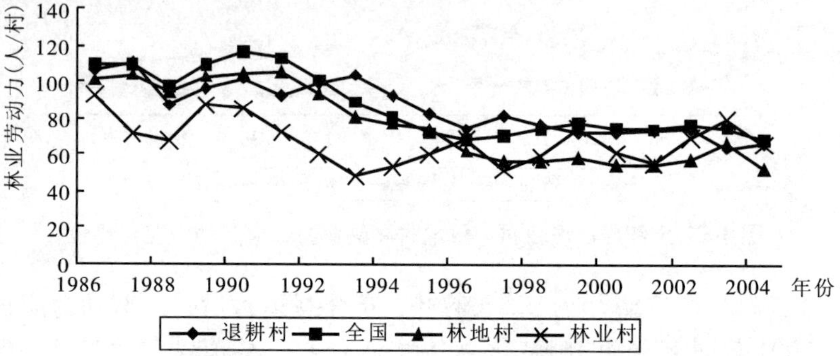

图 8-5　全部村、退耕村、林地村和林业村闲劳力变化比较

（2）林业用地比较。4 组村中林业村林业用地资源最丰富，各组村林业用地长期趋于稳定。2004 年，全部村、退耕村、林地村和林业村的村均林业用地面积分别为 4248 亩、5672 亩、13002 亩和 17326 亩，林业村拥有的林地面积最大，同时，林业村林业用地占总土地面积的比例也最高，达 77.02%，人均林业用地最多，为 21.22 亩，远远高于其他组村（表 8-6）。

表 8-6　各组村林业用地面积比较

	全部村	退耕村	林地村	林业村
林业用地面积(亩)	4248	5672	13002	17326
林地占总土地面积的比例(%)	25.56	36.18	67.43	77.02
人均林地面积(亩)	3.8	4.76	11.73	21.22
2004/2000 年林地(%)	2.71	5.87	1.06	-1.26

从长期看，各组村林业用地积基本保持不变（图 8-6），退耕村林地面积增加幅度高于其他各组。同退耕启动年 2000 年相比，退耕村林

业用地面积增长 5.87%，全部村、林地村分别增长 2.71% 和 1.06%，林业村减少 1.26%，说明退耕还林政策的实施增加了农村地区林业用地。

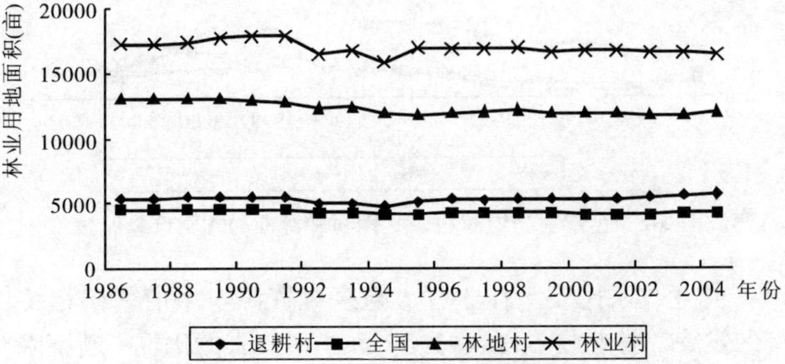

图 8-6 全部村、退耕村、林地村和林业村林业用地面积变化比较

（3）林业产出比较。林业村各项林业产出最高，但木材产量受天保工程影响明显。19 年平均，这三组村木材产量、竹材产量和林产品产量基本上都高于全国平均水平，林业村各项林业产出最高。19 年平均，林业村年木材产量 403m^3，竹材产量 5177 根，林产品产量 183t。自 90 年代末以来，受天保工程等森林资源保护政策影响，林业村的年木材产量呈明显下降趋势，2004 年同 1997 年相比，林业村木材产量减少 77.22%，明显高于其他村组，说明天保工程的实施明显减少重点林区的木材产量。同期，林地村的木材产量下降 13.17%，说明非重点林区的木材生产也受到一定程度的影响（表 8-7、图 8-7）。

表 8-7 各村组林业产出比较

	全部村	退耕村	林地村	林业村
木材产量(m^3)	70	72	192	403
竹材产量(根)	1322	697	3852	5177
林产品产量(t)	32	41	100	183
2004/1997 年木材产量(%)	-0.89	14.33	-13.17	-77.22

注：因为林业产出年际间变化比较大，各项林业产出均为 19 年平均数。

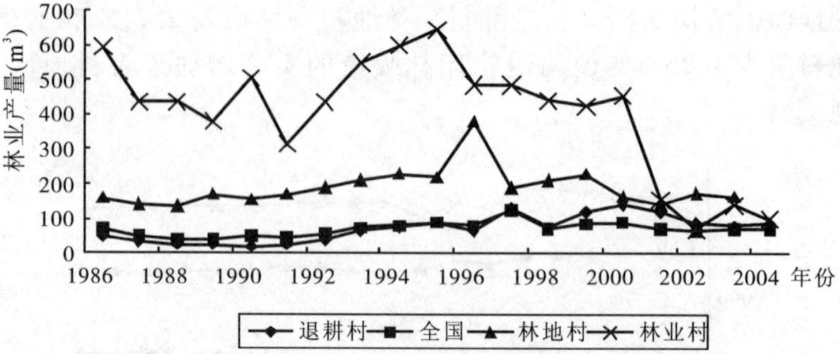

图8-7 全部村、退耕村、林地村和林业村木材产量比较

（4）林业收入比较。林业收入与森林资源丰裕度紧密相关，但随着经济的发展，林业收入占农村经济和农民收入的比重不断下降，林业村下降的幅度最大。林业村平均的年林业收入32.59万元，是林地村17.17万元的1.9倍，是全部村林业收入的5倍多。林业村林业收入占村总收入的比重也最高，达到16.96%，林业村人均林业收入375元，是全部村的近10倍。林业村林业收入占村总经济收入的比重由1986年的27.16%下降到2004年的11.45%，减少15.71个百分点，人均林业收入占人均纯收入的比重从43.52%下降到15.61%，减少27.90个百分点，同期，全部村林业收入比重和人均林业收入比重也有下降，但下降幅度低于林业村（表8-8 、图8-8）。

表8-8 各组村林业收入比较

	全部村	退耕村	林地村	林业村
林业收入(万元)	6.34	6.52	17.17	32.59
林业收入占村总收入的比重(%)	2.75	3.5	7.72	16.95
2004/1986年林业收入比重(%)	-2.28	-2.29	-6.22	-15.71
人均林业收入(元/人)	39	43	132	375
人均林业收入占人均收入的比重(%)	2.89	3.78	11.12	30.37
2004/1986年人均林业收入比重(%)	-1.91	-2.34	-8.06	-27.90

注：除2004年同1986年相比之外，其他各项收入及比重均为19年平均值。

森林资源收入的依赖性是我国森林资源丰富地区贫困的主要原因。尽管林业村的林业收入高于其他地区，但从全国看，无论是林业村、林

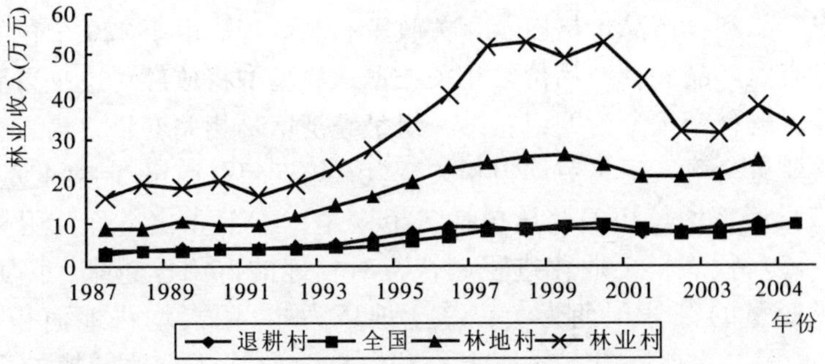

图8-8　全部村、退耕村、林地村和林业村林业收入变化比较

地村还是退耕村，1986～2004年的19年间，它们的人均纯收入均低于全部村的水平（图8-9）。要打破森林资源丰富地区的贫困陷阱，就要改变这种对森林资源的依赖性，提高林产品加工出口水平、增加森林环境服务收入是可选的路径之一。

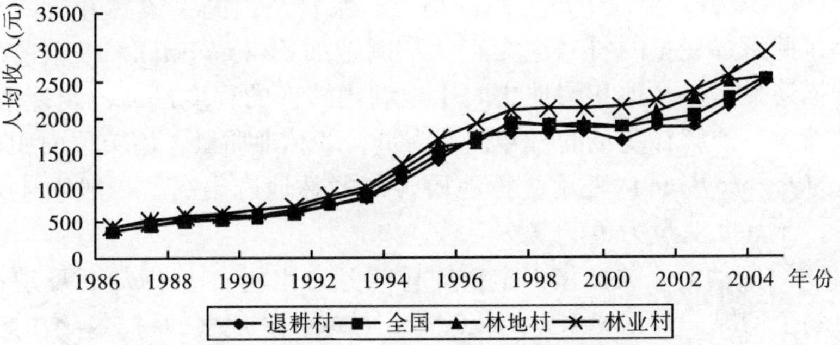

图8-9　全部村、退耕村、林地村和林业村人均收入变化比较

8.4.5　实证模型及分析结果

本文的农村地区森林供给模型包括3个供给方程，即林地供给方程、林业收入供给方程以及林业劳动力供给方程。这3个方程的计量分析将分别在全部村和林业村的层次上进行，通过分析林业重点地区与全国平均之间的差异，找出我国农村地区森林供给的决定因素。

8.4.5.1　林地供给方程及估计结果

通过前面章节的分析以及220村基本社会经济情况的统计描述，可以推断影响村级森林供给的因素包括经济增长、劳动力、土地利用变化、农产品和林产品价格以及相关政策和制度等。由于220个村的数据中，没有农产品和林产品价格相关数据，模型中将放弃对这一重要变量的估计。解释变量分为四组：第一组是经济增长相关变量，第二组是土地相关变量，第三组是劳动力相关变量，第四组是政策/制度变量。

（1）经济增长相关变量包括3个变量：①工业化进程，用村企业数（*firms*）代表，工业化进程越快，对林地的占用也越多，因此，这个解释变量的符号预期为负；②土地压力[①]，用人均耕地面积（*pcpland*）表示。土地压力大的地方，发生林地向其他土地转换的可能性大，林地面积可能减少，此解释变量的符号预期为负；③是经济增长水平，用村人均纯收入（*pincome*）表示，经济增长水平高，对林地的占用大，此变量的符号可能应为负，但经济增长后的环境库兹涅茨效应，此变量符号也可能为正。

（2）土地相关变量包括3个变量：①土地生产力，用粮食单产（*cpyield*）表示，土地生产力高的地方，粮食产出高，毁林开荒的可能性小，此解释变量的符号应为正；②园地面积（*garden*），根据前面的统计描述显示，林地和园地之间土地利用转换的程度最高，园地增加，林地减少，此解释变量的符号预期为负；③林地质量，用单位面积林地收入（*fincomefland*）表示，林地质量好的林地产出高，一般不应发生逆转，预计此变量为负。

（3）劳动力相关变量1个，即村闲劳力比例（*rxlabor*），反映村劳动力剩余情况，根据8.4.1的统计分析结果，林地多的村，容纳的劳动力多，此变量预期符号为正。

（4）政策/制度变量1个，即农户承包林地面积（*hhfland*），是反映林地产权的重要解释变量，农户承包林地多，表示林地权属清晰，林地有扩大的可能，此变量符号应为正。

解释变量总数共8个，v_{it}是扰动项，被解释变量为村林业用地面积（*landff*），i 代表截面数量，t 代表时间，林地供给方程如下：

$$Landff_{it} = a_{it} + a_1 * (firms_{it}) + a_2 * (pcpland_{it}) + a_3 * (pincome_{it})$$

---

① 土地压力可以放入土地组变量，但由于在农村地区土地利用转换受经济增长的影响很大，因此，将此变量放入经济增长变量组中。

$+ a_4 * (gryield_{it}) + a_5 * (fincomefland_{it}) + a_6 * (garden_{it}) + a_7 * (rxlabor_{it}) + a_8 * (hhfland_{it}) + v_{it}$

表 8-9　林地供给方程估计（1986～2004）

解释变量	全部村	林业村
firms	0.456221	-4.394506
	(1.527794**)	(-1.640450**)
pincome	0.057222	0.260143
	(1.123945*)	(4.380545***)
pcpland	-157.1120	105.0949
	(-2.519126***)	(2.548115***)
gryield	0.070516	-0.613814
	(0.241020)	(-1.636111**)
garden	-0.518301	-0.476416
	(-9.317732***)	(-5.295209***)
hhfland	0.027494	0.022705
	(2.561549***)	(6.326359***)
fincomefland	-0.024722	-7.273647
	(-2.795138***)	(-1.219365*)
rxlabor	12.44552	6.891739
	(3.264590***)	(1.251883*)
Cross-sections included:	192	16
Total panel (unbalanced) observations:	2889	285
R-squared	0.977455	0.995065
Adjusted R-squared	0.975623	0.994233

注：括号内是 t 值。其中：* 代表 10% 的显著性水平，** 代表 5% 的显著性水平，*** 代表 1% 的显著性水平。

根据前述林地供给方程，本文采用面板最小二乘方法（Panel Least Squares）分别估计了全部村和林业村林地增长的决定因素。表 8-9 是估计结果。从全部村的估计结果看，代表工业化进程的工业企业数（*firms*）和代表经济发展水平的人均收入（*pincome*）系数均为正，且 t

值显著，说明从全国来看，经济增长和工业化进展有利于增加我国的林地面积，近年来，尤其是在20年经济快速增长后的90年代末，我国开始了大规模的人工造林活动，经济增长反哺环境的环境库兹涅茨曲线从总体的趋势看在我国得到印证；代表土地压力水平的人均耕地面积系数为负，且 t 值显著，说明人口增长对土地的压力仍是我国增加林地面积的阻碍因素，符合我国的实际情况；反映土地生产力水平的粮食单产不显著，说明土地生产力水平不是影响我国林地面积的因素，无论是自然资源条件好的南方地区还是土地贫瘠的西部地区，林地面积都在增加，这也符合我国的实际情况；与林地转换程度最高的园地系数为负，且 t 值显著，表明我国林地和园地之间的土地转换普遍。有些退耕还林村将退耕后的土地归于园地而不是林地，一个可能是种植的经济林，另一个可能就是在农户的土地利用概念里，没有清晰的界限；农户承包林地面积显著为正，作为一个制度变量，它说明林地权属清晰有利于扩大林地面积，对我国南方目前正在进行的林权改革是一个有力的支持证据；代表林地质量的单位面积林地收入变量显著为负，说明林地质量好的地区林地面积增加少，而林地质量差的地方林地面积增加多，符合我国近年来扩大生态脆弱地区农村生态造林的趋势，也说明林地利用的相对刚性，这一估计结果的政策含义在于，从我国农村地区的林业发展战略来说，南方地区农村林业的发展应主要集中在提高单位面积的产出上，而不是扩大林地面积上，西北和北方地区还有实施土地密集型林业发展战略的空间；农村闲劳动力显著为正，说明林地面积大的地方，承载的农村剩余劳动力多，表明森林资源经营以其特有的土地密集方式吸纳农村剩余劳动力，也印证了第6章8.4.2节林业村农村劳动力变化稳定的统计结论。全部村林地供给方程的方程拟合性较好，R-squared 和 Adjusted R-squared 的值均在0.97以上。

林业村林地供给方程的估计结果中有多项与全部村一致。人均收入对林地面积显著正相关，说明即使是在林业主产区，经济增长也是有利于扩大林地边界的；园地面积和农户承包面积与全部村一致的估计结果，再次表明农村地区林地和园地之间的转换的存在以及明晰林地产权对扩大林地面积的重要性；单位林地面积产出高的地方，林地不易扩大的结果在林业村也得到证实；林业村闲劳力多也再次得到验证。

林业村与全部村林地供给结果的显著差异在于以下三个变量：一是工业化对林业村林地面积显著为负，说明 1986 ~ 2004 年，村办工业的发展显著地减少了这 16 个林业村的林地面积。这个估计结果与全部村的不一致表明，经济发展从总体上看是促进森林资源增加的，但并不排除这个过程中对个体影响的差异，因此，这个估计结果是可以接受的；第二和第三个差异分别是代表土地压力的人均耕地变量显著为正和代表土地产出力的粮食单产显著为负，表明这 16 个林业村多属于人均耕地少、土地压力大、土地产出低，但森林资源丰富的地区，这是我国重点林区普遍存在的情况。林业村的方程拟合得很好，R-squared 和 Adjusted R-squared 的值均在 0.99 以上。

8.4.5.2 林业收入供给方程及估计结果

农村地区林业收入的决定因素有 4 个方面：①投入方面的林地和劳动力；②林业产出；③政策/制度；④林地供给方程中的解释变量人均收入、人均耕地、粮食单产和企业数，继续作为经济增长、人地比例、土地生产力水平和工业化水平变量，来解释农村地区林业收入供给问题。因此，林业收入解释变量分为 4 组，即林地相关变量、劳动力相关变量、林业政策/制度变量以及经济增长变量。

林地相关变量有 3 个：①林地资源，用人均林地面积（*plandff*）表示，人均林地面积大，林业收入多，此解释变量的符号预期为正。②林地质量，用单位林地林业收入表示（*fincomefland*），林地质量高，林业收入多，此变量符号应为正。③土地生产力水平，仍用粮食单产（*gryield*）表示。土地生产力高的地方，往往不是林业主产区，林业收入一般不高，预期此符号为负。

林业劳动力相关变量有 2 个：①林业劳动力数量（*flabor*），林业劳动力多，林业收入高，此变量符号应为正。②劳动力质量，用村高中劳动力比例（*rhslabor*）表示，村劳动力教育水平高，有利于增加林业收入，此变量符号应为正。

林业产出相关变量有 2 个：①木材产量（*timber*）。②林产品产量（*fprducts*），它们都是林业收入的组成部分，预期符号均为正。

林业政策/制度变量同林地方程，即农户承包林地面积（*hhfland*），农户承包林地多，林地产权明晰，林业收入多，此变量符号应为正。

经济增长相关变量有 3 个：①工业化进程，用村企业数（*firms*）代表，乡村工业发达的地方，一般来说不是重点林地，林业收入不多，这个解释变量的符号预期为负。②土地压力，用人均耕地面积（*pcpland*）表示。土地压力大的地方，发生林地向其他土地转换的可能性大，林地面积可能减少，从而减少林业收入，另外，林业收入多的重点林区，人均耕地面积相对少，此解释变量的符号预期为负。③经济增长水平，用村人均纯收入（*pincome*）表示，一般来讲，人均收入高的村，林业收入也多，预期此变量的符号为正。

因此，村林业收入的解释变量总数共 11 个，ε_{it}是扰动项，i 代表截面数量，t 代表时间，被解释变量是村林业收入（*fincome*），林业收入供给方程如下：

$$Fincome_{it} = b_{it} + b_1 * (firms_{it}) + b_2 * (pcpland_{it}) + b_3 * (gryield_{it}) + b_4 * (pincome_{it}) + b_5 * (fincomefland_{it}) + b_6 * (plandff_{it}) + b_7 * (hhfland_{it}) + b_8 * (rhslabor_{it}) + b_9 * (flabor_{it}) + b_{10} * (timber_{it}) + b_{11} * (fprducts_{it}) + \varepsilon_{it}$$

全部村林业收入方程估计结果（表 8-10）。工业化水平对林业收入显著负相关，说明就全国而言，乡村工业发达的地区，森林资源少，农村林业收入相对少，与预期估计相一致；代表经济发展水平的人均收入变量显著正相关，表明经济发达地区的林业收入也相对高，也符合我国的实际情况；人均耕地对林业收入显著为负，再次证明土地压力是增加农村地区林业收入的制约因素；代表制度变量的农户承包经营林地林业收入显著正相关，说明林地权属越安全，越有利于增加农户林业收入，估计结果与我国农村林业发展的实际情况一致；代表林业产出的木材产量和林产品产量，与林业收入显著正相关，说明木材和林产品是我国农村地区林业收入的主要来源；作为林业收入的投入要素，林业劳动力显著正相关，说明就全国而言，林业劳动投入是增加林业收入的重要因素，另一个劳动力解释变量村高中劳动力比例对林业收入的作用不显著，说明农村地区林业收入受劳动力素质影响不大，变量符号与预计相符，说明劳动力质量对农村林业收入具有正面影响；代表林地质量的单位林地林业收入与林业收入显著正相关，说明林地质量高的地方，林业收入高，符合我国的实际情况，与林地质量相反，人均林地面积与林业

表 8-10 林业收入供给方程估计（1986～2004）

自变量	全部村	林业村
firms	-0.959250 (-1.248539*)	6.615066 (0.813399)
pincome	0.341546 (6.268040***)	-0.218905 (-1.200549*)
pcpland	-35.74637 (-1.193126*)	16.62771 (0.396748)
gryield		1.662508 (3.032206***)
hhfland	0.079577 (3.041443***)	-0.029843 (-1.614967**)
fincomefland	0.210223 (2.960373***)	182.9122 (20.44602***)
plandff	-53.89561 (-3.008429***)	-13.37200 (-0.499904)
timber	0.481150 (2.243122***)	0.852634 (2.671766***)
fproducts	2.646302 (4.986360***)	1.573074 (2.980983***)
flabor	2.794540 (1.154908*)	-0.989088 (-0.562413)
rhslabor	3.518699 (0.685770)	31.62053 (1.413116*)
Cross-sections included:	189	16
Total panel (unbalanced) observations:	2613	255
R-squared	0.762478	0.945177
Adjusted R-squared	0.741066	0.933690

注：括号内为 t 值，其中：*代表10%的显著性水平，**代表5%的显著性水平，***代表1%的显著性水平。

收入显著负相关，说明我国农村地区的林业收入增长与林地面积关系不大，再次验证了 8.4.2 中林地村林业收入低于全部村的统计分析结果；

粮食单产对林业收入影响不显著，且放入方程后，引起方程拟合度的下降，因此，在全部村林业收入供给方程中，去掉粮食单产指标。全部村林业收入供给方程的拟合结果稍差，R-squared 和 Adjusted R-squared 的值分别为 0.76 和 0.74，单个变量的系数 t 值显著，系数符号与我国农村林业的实际情况相符，本文接受此估计结果。

林业村收入方程估计结果。林业村收入方程估计中的 4 个宏观变量，即人均收入、粮食单产、村企业数和人均耕地面积的符号均与全部村的估计结果相反，其中村企业数和人均耕地面积变量系数不显著，说明在这 16 个林业村，乡村工业和土地压力对林业收入影响不大；人均收入与林业收入显著负相关，表明林业收入多的村，也是人均纯收入少、经济落后的村，这个估计结果再次证明了森林丰富地区的贫困陷阱；与粮食单产显著正相关，说明林业收入高的村土地生产力也高；3 个与林地相关的变量中，代表林地质量的单位面积林业收入显著正相关，说明在林业重点地区，林地质量是决定林业收入的重要因素，代表林地权属安全程度的农户承包林地面积显著负相关，表明在我国重点农村林区，林地权属问题没有解决，与我国目前正在进行林权改革的福建、江西等地的情况一致，林地权属问题不解决，严重束缚了农村林业的增产、增收；木材产量和林产品产量与林业收入的估计结果同全部村，在此证明木材和林产品是农村林业收入的主要来源；劳动力投入的 2 个变量中，林业劳动力对林业收入的影响不明显，符号为负，说明在林业重点地区，林业收入高的地方需要的林业劳动力少，森林培育业不是劳动密集型产业，结果可以接受。林业收入与反映劳动力质量的高中劳动力比例显著相关，表明在林业村，劳动力的素质高是增加林业收入的因素之一，也说明提高农村林业劳动力教育水平的重要性。林业村林业收入方程拟合结果较好，R-squared 和 Adjusted R-squared 的值分别达到 0.95 和 0.93。

8.4.5.3 林业劳动力供给方程及估计结果

村林业劳动力供给的决定因素首先是林地面积和林地生产力，其次是村劳动力的剩余、转移等劳动力因素，然后还有林产品产出和政策/制度因素，最后是经济增长变量，它们影响农村劳动力的就业和转移。因此，村林业劳动力供给的解释变量包括 5 组。

第一组是林地变量。一是人均林地面积（*plandff*），林地面积大，需要的劳动力多，此变量符号应为正；二是单位林地林业收入（*fincomefland*），林地质量高的地方需要的林业劳动力应当多，估计此变量符号为正。

第二组是劳动力变量。一是村外出劳动力占村劳动力的比重（*routlabor*），外出劳动力多的地方，有可能减少林业劳动力的供给，预计此变量符号为负；二是闲劳动力数量（*xlabor*），闲劳力多的村，林业劳动力供给数量应当多，此变量符号预期为正；三是代表村劳动力质量的高中劳力占总劳力比例（*rhslabor*），林区一般劳动力素质较差，此变量的符号预期为负。

第三组是林业产出变量。包括木材产量（*timber*）和林产品产量（*fprducts*），林业生产活动多，对林业劳动力的需求就多，这 2 个变量的符号应为正。

第四组变量使林业政策/制度变量。仍用农户承包林地面积（*hhfland*）表示，林地产权清晰的地方，农民林业生产积极性高，变量符号应为正，但在林业村，林权改革往往滞后，此变量估计为负。

第五组变量同前述林地和林业收入供给方程中的 4 个反映经济增长水平的一般解释变量，包括村企业数（*firms*）、人均耕地面积（*pcropland*）、粮食单产（*cpyield*）和村人均纯收入（*pincome*）。因此，林业村林业劳动力（*flabor*）的供给方程为：

$$Flabor_{it} = c_{it} + c_1 * (firms_{it}) + c_2 * (pcpland_{it}) + c_3 * (gryield_{it}) + c_4 * (pincome_{it}) + c_5 * (fincomefland_{it}) + c_6 * (plandff_{it}) + c_7 * (hhfland_{it}) + c_8 * (timber_{it}) + c_9 * (fprducts_{it}) + c_{10} * (xlabor_{it}) + c_{11} * (rhslabor_{it}) + c_{12} * (routlabor_{it}) + \zeta_{it}$$

全部村林业劳动力供给估计结果较差，除了企业数和农户承包林地变量与估计相符外，其余参数估计的符号均与预期相反，方程拟合度较低，且与林业村估计结果相差很大，因此，本文放弃对全部村进行林业劳动力供给估计，仅对林业村进行估计，结果见表 8-11。

表 8-11 林业村林业劳动力供给方程估计（1986～2004）

解释变量	系数	t 值
firms	-0.548207	
gryield	0.020681	
plandff	-2.779722	
fincomefland	0.633513	-3.250945***
hhfland	0.001197	1.357442*
routlabor	-0.862784	-2.487695**
rhslabor	0.628117	3.380892***
xlabor	0.142205	4.454180***
fprducts	-0.010567	-3.628350***
		1.385026*
Cross-sections included：	16	2.847611**
Total panel observations：	259	-1.510709*
R-squared	0.817886	
Adjusted R-squared	0.782474	

注：括号中为 *t* 值，其中，*代表 10% 的显著性水平，**代表 5% 的显著性水平，***代表 1% 的显著性水平。

林业村林业劳动力供给估计结果：在林业村林业劳动力供给中，4 个宏观变量中显著的是企业数和粮食单产，企业数显著为负，说明就这 16 林业村来说，乡村工业越发达的村，森林资源少，林业劳动力需要量少，与林地估计结果相一致。粮食单产变量显著为正，表明这 16 个村中，自然条件好的地方，对林业劳动力需求多，林业劳动力供给量增加；3 个劳动力相关的变量估计结果显著。外出劳动力比例变量显著为负，与预期一致，说明重点林区外出劳动力影响林业劳动力的供给量，外出劳动力多将造成林业劳动力的不足，说明林业重点地区的林业生产对劳动力的需求更密集。代表劳动力教育水平的高中劳动力比例变量显著为正，与预期不一致，劳动力教育水平高的村，林业劳动力越多，说明这 16 个村的林业劳动力教育水平好于全国平均。闲劳力变量显著正相关，说明重点林区农村剩余劳动力是林业劳动力的主要来源；林产品产量变量显著负相关，说明在重点林区非木质林产品生产不是增加林业劳动力的主要途径，木材变量也不显著，这样的林业产出与林业劳动力关系的结果难以解释，原因可能是在重点林区，增加农村林业劳动力就业机会的主要途径不是木材和非木质林产品生产，而是营造林、木材采伐和运输等；3 个与林地相关的指标估计结果显著。农户承包经营林地变量和人均林地变量的估计结果与全部村一致，林地承包给农户的多，农户投入的林业劳动力就多。代表林地面积的人均林地变量显著为负，说明林地面积不是增加林业劳动投入的主要因素，而代表林地质量的变量单位林地面积林业收入变量显著为正，表明在重点林区，林地产出高，农民才会投入更多的劳力，与我国的实际情况相一致。

林业村林业劳动力供给方程拟合度不是很高，R-squared 和 Adjusted R-squared 分别为 0.817886 和 0.782474，还比较显著。

根据估计结果，林业村林业劳动力供给方程如下：

$$Flabor_{it} = 88.47 - 0.548207 * (firms_{it}) + 0.020681 * (gryield_{it}) + 0.633513 * (fincomefland_{it}) - 2.779722 * (plandff_{it}) + 0.001197 * (hhfland_{it}) - 0.010567 * (fprducts_{it}) + 0.142205 * (xlabor_{it}) + 0.628117 * (rhslabor_{it}) - 0.862784 * (routlabor_{it}) + \zeta_{it}$$

8.4.5.4 实证分析小结

农村地区森林资源供给模型实证分析结果表明从 1973~2004 年间，经济增长对我国农村地区森林供给的影响是双重的，有正有负，而有些变量（木材进口和生态林业投资）则为负。

对 220 个村 1986~2004 年 19 年林地、林业收入以及林业劳动力供给方程的估计结果表明，我国 20 多年的经济增长对农村地区森林供给影响显著。经济增长从总体上有利于促进我国农村地区林地面积的增加，人均收入和工业化进程与农村地区的林业用地面积显著正相关，这个结论在统计分析中得到证实，其突出标志是退耕还林工程的实施扩大了我国农村地区的林地边界，退耕还林村的林地面积增长速度高于全部村、林地村和林业村；人口增长对土地的压力是制约我国农村地区林地面积扩大、林业收入增长和林业就业机会增加的重要制约因素，在林地、林业收入和林业劳动力供给 3 个方程中，这个变量都显著为负。

林地制度改革对增进我国农村地区森林供给有显著的推动作用。农户承包经营林地变量在 3 个供给方程中都显著为正，说明林地权属的清晰和安全有助于农民增加林业投入，扩大林地经营面积，从而增加农民的林业收入。值得注意的是，在 16 个林业村，林业收入与农户承包经营林地面积显著负相关，说明在我国重点林区林地权属改革的迟缓，导致林地产出地、效益差的结果，推进这些地区的林权改革非常必要，也从侧面论证了我国福建、江西等林权改革进展缓慢地区目前加速林权改革的必要性。

林地面积与林业收入和林业劳动力显著负相关的估计结果表明，从全国的水平看，我国农村地区林业用地的利用效率低，林地产出少，与林地面积平均占我国农村地区总土地近 25% 的资源占有量不相称，提高农村林地的产出率、增加农村林业就业机会的潜力大。

退耕还林和森林资源保护政策对农村经济的影响得到证实。61 个退耕村的统计分析结果表明退耕村林地面积增长大于其他村，退耕村外出劳动力数量大于其他村，说明退耕还林扩大了农村林地面积，加速了农村劳动力的转移；1998 年后，16 个林业村和 64 个林地村的木材产量和林业收入下降幅度大于其他村，说明森林资源保护政策对农村重点林区的林业生产造成负面影响。

证实了森林丰富地区贫困陷阱的存在。16 个林业村的林业收入比重最高，但 1986 ~ 2004 年，林业收入比重下降幅度最大；1986 ~ 2004 年，林业村和林地村人均收入的增长幅度都低于全国平均水平，说明丰富的森林资源不一定是收入增加的基础，没有市场和农村经济的充分发展，对森林资源过度依赖的经济和农户生计将落入“富裕的贫困”陷阱。

8.5 森林资源禀赋、改革路径选择与我国农村林业发展的实证分析

8.5.1 统计观察

在对“森林资源的转轨成本”假说进行实证检验之前，先作一些初步的统计观察，以便于了解森林资源丰裕度与林业改革路径选择及农村林业发展的大致轮廓，并为后面的计量分析奠定研究方向。本部分的

统计观察要对两个关系进行经验判断，一是探讨森林资源丰裕度与林权改革的关系，二是林权改革与农村林业发展的关系。

8.5.1.1 *森林资源丰裕度与林权改革关系的统计观察*

为了考察森林资源丰富度与林业改革之间的关系，我们从农业部农村固定观测点[①]的300多个行政村中按地理区位抽取了33个华北平原村[②]和66个山区村[③]，选取的33个华北平原村代表少林地区的农村林业，选取的66个山区村中有50个是林地面积占村总土地面积大于50%的村，在很大程度上可以代表林区村，抽取山区村的另一个理由是地理位置也是资源禀赋的一个属性，山区一直是我国贫困落后地区的象征，也是我国南方重点林区县的所在地。为了更准确地分析农村林业的改革与发展情况，我们将农村固定观测点自建立时起就开始观测的16个林业村[④]，即林业生产和收入占村经济收入比重大的村，也作为我们的观测对象。通过对比平原村、山区村和林业村在1986~2004年间森林资源禀赋与林业改革和发展的关系，验证我们的假设。

我们以村人均林地[⑤]面积为横轴，以村家庭承包林地[⑥]占林地面积

---

① 全国农村固定观察点系统始于1984年。为了使中央和地方党政领导及农村工作部门得以直接从农村基层了解微观经济运行、农村改革和社会发展状况，当时中央书记处决定在全国29个省（自治区、直辖市）的314个县每个县选一个村，每个村选择100户，作为一个典型调查系统固定下来，准备进行50年的长期跟踪调查。目前，该系统已不间断运行了22年，成为考察我国农村经济发展和改革轨迹的珍贵的农村典型调查体系。

② 33个华北平原村分布在天津、河北、山西、江苏、山东、河南、安徽7省（直辖市），这7个省（直辖市）的平原林业自20世纪70年代，尤其是改革开放以来我国农村林业发展的一个突出的区域标志。

③ 66个山区村分布在除上海、海南、新疆、西藏和重庆之外的其余25个省（自治区，直辖市），具有广泛的代表性。

④ 16个林业村分别分布在天津、河北、辽宁、吉林、浙江、江西、河南、湖南、广东、广西、贵州和陕西12个省（自治区、直辖市）。

⑤ 在农村固定观测点村调查数据中，林地是指林业用地面积，包括有林地、疏林地、灌木林地和宜林地。

⑥ 家庭承包林地面积数据从1993年开始调查，因此，这3个散点图的观测期间是1993~2004年。

的比例为纵轴，考察林权改革与森林资源禀赋之间的关系，图8-10、图8-11和图8-12分别是平原村、山区村和林业村1993～2004年的人均林地面积与家庭承包林地比例的散点图。从图中可以看出，人均林地面积与村家庭承包林地比例的趋势线呈线性关系，平原村家庭承包林地比例随人均林地面积的增加而增加，但林业村和山区村林地面积和家庭承包林地比例的趋势线均向下倾斜，表明林权个人化程度随林地面积的增加而减少，与平原村存在明显的森林资源禀赋和林权改革差异。

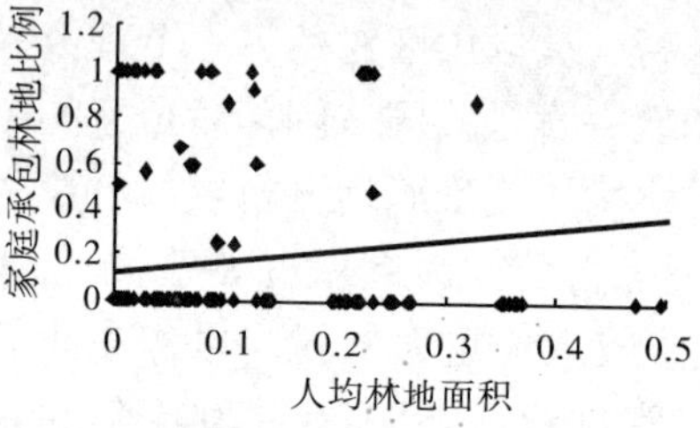

图8-10　平原村人均林地与家庭承包林地比例散点图

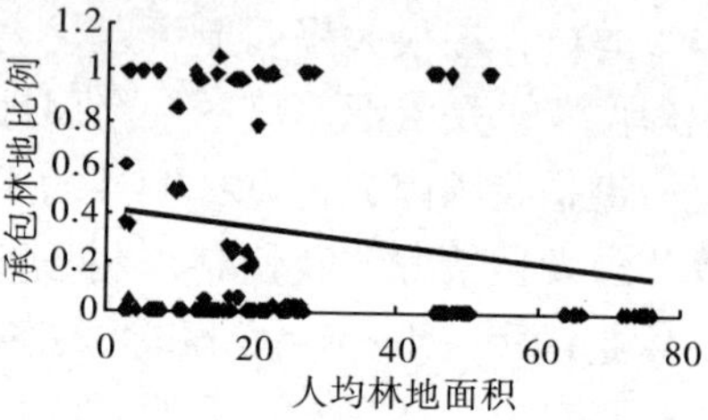

图8-11　山区村人均林地与家庭承包林地比例散点图

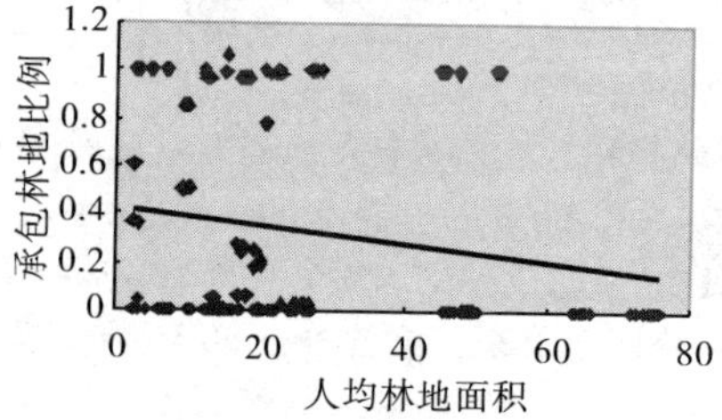

图8-12　林业村人均林地与家庭承包林地比例散点图

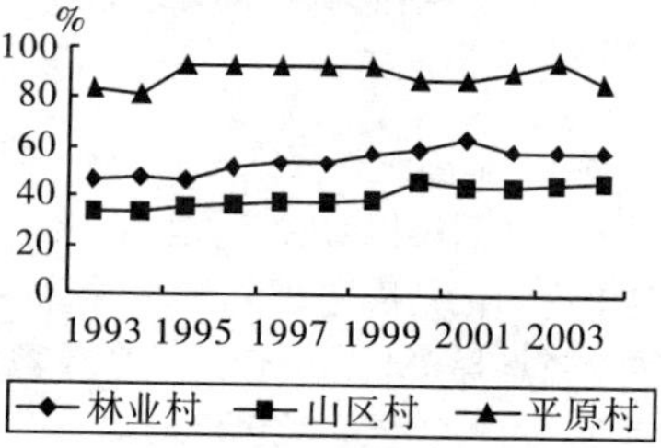

图8-13　各组村家庭承包林地比例变化趋势比较

另外，从这三组村1993～2004年家庭承包林地面积占林地面积比例的变化趋势（图8-13）可以看出，在11年的观测期间，平原村家庭承包林地的比例达80%以上，均高于山区村和林业村，山区村的家庭承包林地比例最低，再次验证了Yin，Newman和Hyde（2000）华北平原地区农地家庭承包比例高于南方重点林区的研究结果，从统计上说明森林资源丰富地区的林权改革滞后于少林地区，同时，山区村承包林地比例低于林业村的结果，也说明，对于森林资源来说，资源的地理位置也构成资源禀赋的特质之一，影响体制转轨的进程。

8.5.1.2 林权改革与农村林业发展的关系

为了进一步考察林业改革进程与农村林业发展的关系，我们对三组村的1986～2004年的农民收入和林业发展进行对比分析，结果见表8-12。

表8-12 三组村农村发展和林业发展趋势比较（2004年比1986年增长率）

	人均收入*（%）	粮食单产（%）	林业收入*（%）	人均林地面积（%）	农林收益比（%）
林业村	484.44	17.52	109.66	-1.30	80.73
山区村	552.82	49.86	187.41	-12.31	67.14
平原村	611.13	63.38	660.47	-53.57	-40.53

注：*表中的收入指标没有用物价指数进行调整，因为如果忽略物价指数的地区差别，调整这三组村的物价幅度应是一样的。由于这里的收入指标用于三组村的比较，故不做调整。

从反映农村发展的一般指标人均收入和粮食单产①的比较来看，2004年同1986年相比，平原村这两个指标的增长速度均大于森林资源丰富的山区村和林业村，森林最多的林业村这两个指标增长幅度都最小，说明森林资源丰富地区的经济发展落后于少林地区；从反映林业发展指标的林业收入看，2004年同1986年相比，林业村和山区村分别增长109.66%和187.41%，而平原村则增长660.47%，平原村林业收入的增长幅度远远大于山区村和林业村；与林业收入变化的趋势和排序相反，19年间，反映农林收益比较变化的种植业与林业收益比例②，林业村和山区村都略有增长，平原村下降了40%，这一方面说明林业和山区村的林业收入仍占农民收入的较大比重，且变化不大，另一方面也验证了我国近年来出现的农区林业发展快于林区的趋势；三组村的林地面积19年间均有所下降，反映了我国经济快速发展期林地减少的一般趋势，与前面三个指标的趋势不同，林业村的林地减少幅度最小，山区村次之，平原村林地面积下降幅度最大，说明森林资源丰富地区的林地利用具有一定的刚性，这是森林资源的又一显著特质。总之，统计观察结

---

① 选择粮食单产作为农村发展的一般指标是因为它能代表农村综合的技术发展水平。

② 由于村级数据没有农产品和林产品的价格，不能用价格变化反映农林比较收益变化，本文用村种植业收入与林业收入之比粗略代表农林比较收益变化。

果表明，森林资源丰富地区的农村发展和林业发展慢于少林地区尽管林地指标有些差异。在事隔多年之后，再一次支持了雍文涛等于20世纪80年代中期的研究结论。

8.5.2 计量检验

上述统计观察结果表明森林资源丰富地区的林业改革滞后于少林地区，农村和林业发展的速度在观测期也低于少林地区。与统计观察一样，我们将分别设立模型，对森林资源丰裕度与林业改革的关系、林业改革与林业发展的关系进行计量检验，为了简化模型名称，前者称作林权改革[①]模型，后者称为林业发展模型。

8.5.2.1 模型设定

（1）林权改革模型。和统计观察一样，在计量模型中，我们仍用村家庭承包林地比例代表农村林业改革的进度。根据诱致性制度变迁理论，影响林权改革的因素除了森林资源禀赋（人均林地面积 *pfland*）之外，农林产品的比较收益[②]（*a-fratio*）变化也会改变耕地和林地利用的需求，引起林地制度变迁。如目前，在木材价格持续上涨的驱动下，北方许多耕地栽植了树木，这些地方就出现了将这些森林外林地纳入合法林地，核发林权证的产权改革需求。经济发展水平也会在一定程度上影响林权改革的进度，在本模型中，经济发展水平用两个变量表示，一个是人均收入（*pincome*），另一个是粮食单产（*gryield*），这个变量能反映一个地区综合的农业技术水平。林地质量作为森林资源禀赋的一个特性，也可能影响林权改革，林地质量解释变量用单位林地林业收入（*flincome*）表示。模型的被解释变量是村家庭承包林地占村林地面积的比例（*rhhfland*）。因此，我们建立如下林权改革计量模型：

$$Rhhfland_{it} = a_{it} + a_1 \times (pfland_{it}) + a_2 \times (pincome_{it}) + a_3 \times (gryield_{it}) + a_4 \times (a-fratio_{it}) + a_5 \times (flincome_{it}) + \varepsilon_{it}$$

式中，下标 i 代表村际截面单元，t 代表年份。这个回归方程将分别用于林业村、山区村和平原村的估计，方程形式相同，这里不再一一设

① 在计量模型中，我们用林权指标代表林业改革，理由是林权改革是综合性改革的体现。

② 等于村农业收入除以村林业收入。

立。同时，方程估计的结果在这三组村存在差异，这里也就不事先假定解释变量的符号。

（2）林业发展模型。根据经典的经济发展理论，经济发展的影响因素包括资源、技术和制度，在我们的林业发展模型中将尽力将这些因素设计进去。资源变量包括：村林业劳动力（*flabor*），人均林地面积（*pfland*），人均耕地面积（*pcpland*），以及反映林地质量的变量单位林地面积林业收入（*flincome*）。制度变量我们用家庭承包林地面积（*hhf-land*）表示。技术变量仍用粮食单产（*gryield*）和农林比较收益（*a-fratio*）表示。被解释变量林业发展我们用村林业收入（*fincome*）表示，由此构建如下林业发展模型：

$$Fincome_{it} = b_{it} + b_1 \times (pfland_{it}) + b_2 \times (pcpland_{it}) + b_3 \times (gryield_{it}) + b_4 \times (a\text{-}fratio_{it}) + b5 \times (flincome_{it}) + b_6 \times (flabor_{it}) + \mu_{it}$$

同林权改革模型一样，由于该模型将在林业村、山区村和平原村分别进行检验，各变量符号在三组村之间将有较大差异，因此，本文将不对解释变量的符号进行预先估计。

8.5.2.2 数据说明

虽然农村固定观测点的调查期是从 1986 年开始的，但由于家庭承包林地面积指标是从 1993 年开始统计的，为了提高计量估计的准确性，我们计量检验的研究样本分别设定为 1993 ~2004 年间 16 个林业村、66 个山区村和 30 个平原村的数据资料。表 8-13 是这些变量的统计描述[①]。

8.5.2.3 估计结果及讨论

面板数据的估计方法有面板最小二乘估计（Panel Least Squares）、面板两阶段广义最小二乘估计（Panel Two-Stage EGLS）等，每种估计方法因效果设定的不同而有固定效果模型与随机效果模型之分。根据三组村数据的具体情况，我们分别采取面板最小二乘估计和面板两阶段广义最小二乘估计方法进行估计，取其中方程和系数都最显著的估计结果

① 统计描述的期间为 1986 ~2004 年，不同于回归模型的时间跨度，能更准确反映这些变量的情况。

表 8-13 模型变量的统计描述

		林业村	山区村	平原村
人均收入（元/人）	均值	1459.04	1191.60	1386.08
	标准差	1322.59	1017.25	998.44
	观测值	276	1044	165
单位林地林业收入（元/亩）	均值	18.81	60.72	1662.89
	标准差	24.77	414.72	2943.33
	观测值	301	1200	165
人均林地面积（亩/人）	均值	22.40	12.25	0.10
	标准差	18.66	14.42	0.11
	观测值	276	1044	165
粮食单产（斤/亩）	均值	549.38	516.87	611.05
	标准差	210.27	233.58	182.14
	观测值	276	1044	165
农林收益比率	均值	29.748	87.89	174.68
	标准差	185.05	330.96	523.84
	观测值	276	1044	165
村家庭承包林地比例（%）	均值	34.44	30.09	39.04
	标准差	43.80	41.61	47.71
	观测值	276	1044	165
林业劳力（人）	均值	58.17	22.56	2.06
	标准差	74.70	48.43	4.01
	观测值	296	1197	534
人均耕地面积（亩）	均值	1.59	1.75	1.48
	标准差	1.86	1.76	0.56
	观测值	296	1197	534

作为我们的计量检验结果（表 8-14）。林业村、山区村和平原村将分别采用这些模型进行估计。

（1）林权改革模型估计结果。估计结果的显著性。从表 3 可以看出，在林权改革模型中，林业村和山区村方程的拟合度分别为 0. 87 和 0. 82，平原村方程的拟合度最好，为 0. 96，说明被解释变量家庭承包林地比例变化的 82% ~96% 可以由设定的解释变量来反映。同时，三个方程解释变量大多数系数的显著性都较高，林业村所有系数的显著性都通过了 1% 显著性水平检验。

表 8-14 林权改革模型的估计结果

	林业村		山区村		平原村	
	系数	*t* 值	系数	*t* 值	系数	*t* 值
解释变量 *C*	0.726467	10.11629	0.634720	35.92395	0.960607	10.38409
Pincome	2.39E-05	3.389650***	8.59E-06	1.057740	9.28E-05	10.02986***
Pfland	-0.007253	-6.256586***	-0.008187	-27.49055***	-2.254496	-6.966740***
Gryield	-0.000334	-3.439134***	-0.000136	-7.940381***	-0.000221	-1.893528**
a-fratio	0.000124	3.924219***	4.83E-05	1.767527*	-6.93E-05	-1.230244
flincome	0.004407	14.95873***	6.79E-05	1.809184*	-2.46E-05	-3.797693***
Cross-sections included	16		63			16
Total panel (unbalanced) observations	171		643			99
R-squared	0.868761		0.815005			0.924037
Adjusted R-squared	0.864784		0.813553			0.919953

注：三组村都采用 Panel Two-Stage EGLS (Cross-section weights) 方法进行估计，估计的工具变量包括所有解释变量。*代表 10% 的显著性水平，**代表 5% 的显著性水平，***代表 1% 的显著性水平。

森林资源丰裕度影响林权改革。从表 8-14 可以看出，在林业村、山区村和平原村，人均林地面积与承包林地比例均显著负相关，都通过了 1% 的显著性检验，表明人均林地越多、森林资源丰裕度高的村，农户承包经营林地的比例越低。这个估计结果具有两个重要意义，一是三组村一致的估计结果表明，1993 ~ 2004 年，在我国的农村地区，森林资源越丰富的地区，林地承包到户的比例越低，验证了森林资源丰裕地区的林权改革滞后的经济现象；二是验证了姚洋提出的农地权属个人化程度随农地资源禀赋而降低的理论假设，三组村林地面积与农户承包林地比例显著负相关的结果，证明了林业三定后，我国农村地区的林权制度发生了诱致性制度变迁，森林资源的丰裕度是推动这一变迁的主要因素，这与我国自 1982 年林业三定以来各地出现的多样化的林权改革趋势相一致。

经济发展有利于林权改革。从表 8-14 可以看出，代表经济发展水平的人均收入与林地家庭承包经营比例在林业村、山区村和平原村都是正相关，其中，林业村和平原村的系数通过了1%显著性水平检验，表明经济发展水平对林权改革有促进作用。代表土地产出水平的变量粮食单产，在三组村都显著为负，表明在我国农村地区，农地生产力水平高的村，林权改革的程度低，或者是种植业发达的地方，林地经营到户的比例低。这个计量结果到目前为止还没有经验观测的报道，有待以后的进一步发现。

农林收益驱动变化对林权改革的影响。Demurger 和 Yang（2004）曾证明在我国农村林业收益相对于种植业收益的提高，调动了农民投资林业的积极性，推动了农村林业的发展。在我们的研究中，林业村和山区村种植业相对于林业的收益比在1986～2004年的19年间分别增加了80%和67%，在此状况下，林业村和山区村农林收益比系数显著为正，说明在森林资源丰富地区，种植业比较优势越大，林权个人化程度越高，相反，如果林业比较优势越大，林权改革进展越慢，这个结果说明两个问题，一是再次证明森林资源丰富地区林业改革进展慢，二是农林比较收益不是推动林权变革的重要因素，这同我国南方集体林区林权改革由政府主导的现象一致。同期，平原村农林业收益比下降了近20%，即林业收益增长大于农业，在此状况下，农林收益比为负，说明在少林地区，林业发展收益低的地区，林地农户承包比例低，林业占比较优势的地区，农户承包林地的比例高，说明在平原地区农林收益比较变化是推动林权改革的因素之一，从收益变化的角度验证了诱致性制度变迁理论，但这个系数不十分显著。

（2）林业发展模型估计结果①。估计结果的显著性。从表8-15可以看出，林业发展模型的显著性检验与林权改革模型基本一致，林业村、山区村和平原村的方程拟合度分别达到0.95、0.84和0.94，表明我国农村林业发展基本可以用这些变量解释，三组村大多数解释变量系数的显著性很高，其中，我们最关注的制度因素农户家庭承包林地面积变量在山区村通过1%的显著性检验，在平原村和林业村则通过5%的显著性检验，方程的拟合度以及系数的显著性都表明我们的模型估计结

① 由于该方程主要用于检验林权改革对林业发展的关系，为了突出重点，其他解释变量对林业发展的作用就不再进行解释。

果具有较高的可信度。

林权改革是推动我国农村林业发展的重要因素。估计林权改革对农村林业发展的影响是我们建立林业发展模型的初衷。从表 8-15 的估计结果看，代表林权改革的变量家庭承包林地面积（*hhfland*）的系数，在林业村和山区村很显著，通过 1% ~5% 的显著性水平检验，在平原村显著性水平也接近 10%。从系数符号来看，森林资源丰富的林业村和山区村，该变量符号为负，表明在森林资源丰富地区，林权改革与林

表 8-15 林业发展模型的估计结果

	林业村		山区村		平原村	
	系数	t 值	系数	t 值	系数	t 值
解释变量 C	1344.967	0.813752	4038.843	5.445971	262.5307	3.959301
Flabor	6.421701	1.383354	3.074149	0.593861	9.068752	1.919908 *
Pfland	-40.67982	-0.542254	-41.6369	-1.371663	-12.47774	-0.104451
Hhfland	-0.098333	-2.534400 * *	-0.15440	-3.021571 * * *	0.388297	1.040969
Flincome	180.7567	12.27766 * * *	0.589146	3.005049 * * *	0.068588	73.43329 * * *
Gryield	1.234649	1.745961 *	0.168562	0.369313	0.076268	0.724282
Pcpland	-707.7417	-1.205327	-434.309	-1.473759	-7.214248	-0.244654
a-fratio	12.67000	2.995880 * * *	-0.44343	-4.449777 * * *	-0.492597	-6.28993 * * *
Cross-sections included	16		62			16
Total panel (unbalanced) observations	166		606			92
R-squared	0.948221		0.841603			0.935947
Adjusted R-squared	0.935276		0.817813			0.930609

注：三组村均采用 Panel Least Squares 方法进行估计。

代表 10% 的显著性水平， *代表 5% 的显著性水平，* * *代表 1% 的显著性水平。

业发展不一致，林权改革阻碍了林业发展；与此相反，平原村的系数符号为正，表明在这一地区家庭承包经营林地面积越大的村，林业发展越快，林权改革支持了林业发展。林权改革对林业发展估计结果再次验证了平原地区林业改革进展快、林业发展迅速，而重点林区林权改革滞后、林业发展缓慢的统计观察结果。

林业发展与林地面积负相关，与林地质量正相关。人均林地面积变量（*pfland*）在三组村估计结果中均为负值，表明无论是森林资源丰富地区还是少林地区，林地面积都不是林业收入增长的决定因素，林地质量变量（*flincome*）在三组村的估计结果中均显著为正，说明林地质量对增加农民收入、促进林业发展具有重要作用。

8.5.3 森林资源禀赋影响林权改革和农村林业发展的内在机制试析

尽管已有一些学者对“自然资源诅咒”的作用机制和影响渠道进行过研究，但理解自然资源的作用机制问题是一项非常艰巨的任务，大部分文献只是从某一角度反映自然资源对经济增长的影响，而实际的作用机制很可能是多种渠道的共同影响，不同的研究对象也会表现出相异的内在机制，有些学者曾在计量模型中试图从更多角度揭示自然资源制约经济增长的潜在渠道，但并没有取得多大成功（徐康宁，王剑，2006）。我国市场转轨国家的制度背景以及森林资源具有的特质，也许可以帮助我们找到新的“自然资源诅咒”的作用机理。

上述统计观察和计量检验均证明森林丰富地区的林权改革进程低于少林地区，林业发展落后于少林地区。那么，森林资源是通过什么机理作用于我国农村林业的改革与发展呢?

从实践上看，我国农村林业从改革之初就按森林资源的丰裕度设计了不同的改革路径。关于林木处置权：“少林地区，社队自己的林木，可以自采自用或议价出售。集体林区，在合理经营利用森林资源的前提下，社队完成国家收购任务后，余下的木、竹及其制品，可以议价出售。林木采伐要经过审批。”（林业部，1987）；关于木材收购：“林区社队集体生产的规格材，国家统购70% ~90%，具体比例由省、市、自治区确定。非林区社队和社员生产的木材，国家不实行统购”；关于木材市场：林区及毗邻县不开放木竹自由市场。林区社队集体生产的非规格材、自留材（包括社会集体参加国营林业生产建设分得的木材）及其加工的大宗成品、半成品，由林业部门代销，也可以由林业部门批准，同意组织产区和销区互通有无。社员自有的木材，可以凭大队证明，由林业部门代销。非林区木竹自由市场是否开放，由省、市、自治区人民政府确定（林业部，1987）。林权改革的政策设计在林区和少林区没有差异，差异的产生主要如 Yin 等和危结根等所述，是南方集体林区政府林权改革政策实施的不同，主要形式包括“两山并一山”以及各种以林业股份合作经营为名，实质上维持集体林经营的林业产权形式。可以说，改革的初始设计就决定了少林地区和林区的改革差异。少林地区在改革之初就制定了林权清晰、市场更开放、农民有较大自主经营决策权和收益权的改革路径，而南方集体林区则在产权、市场等方面设置了重重障碍。

从理论推断看，“资源的诅咒”可能通过“森林资源的转轨成本”机理影响我国的农村林业发展。根据徐康宁和王剑的研究，充裕的自然资源遏制经济增长的传导机制有 4 种，即“荷兰病效应”、波动性影响、制度弱化和资金误配。尽管没有清晰地提出，我国农村地区的林业改革存在着巨大的转轨成本，这包括国有林业部门和企业的就业人员、地方财政收入、林业行政管理运转以及农村集体福利的供给。在传统的计划经济体制下，除农村集体福利靠乡村森林资源支持外，其他方面基本靠中央财政负担。经济体制改革尤其是分税制改革后，地方行政管理的运营主要靠地方财政支持，数次行政机构改革后，正式由国家和地方财政供养的人数大幅减少，从正式财政供养体系转出的人员除自谋职业外，都以各种方式继续靠地方财政就业。在从计划经济向市场经济的转轨过程中，需要有大量的资金来支持这些农村行政机构、人员和乡村集体福利的转型，但当时中央财政肯定是缺位的，于是这些转轨的成本就集中转向地方财政，在城乡分割的公共产品供给体制下，转向包括森林在内的农村自然资源。木材的一家统购政策在改革初期主要是为了保证国家木材供给的需要，保证国家通过木材价格剪刀差获得经济发展的资本，在后来则主要是为了保证当地林业部门及其所辖的国有林业企业的垄断林业利益；延续了 10 多年的高额林业税费，有很大一部分是为了维护地方林业政府机构的运营和农村集体福利①的开支，承担了提供农村公共品的角色。这两项政策所支持的林业政府部门和国有林业企业就业员工，也不完全是冗员，还有一部分是经济转轨带来的失业问题。南

---

① 尽管到后来基本演变成只为乡村干部牟利的资源，但南方集体林在改革之前的很长时间及改革之初，都承担者提供着村集体福利的角色，在一些集体林经营好的地方，森林的这种农村公共品作用还存在。

方集体林区作为我国森林资源丰富的传统林区，地方经济、乡村集体福利和林农生计在计划经济时期长期依赖森林资源，丰富的森林资源成为地方经济转轨的资金积累来源，保证这些资金来源的渠道包括林业部门垄断经营木材、收取高额的林业税费以及乡村普遍存在的乱收费、乱罚款等，这就解释了林业税费越收越重、林业部门垄断经营木材的情况长期存在的现象，即使是今天，在农业税都已取消的情况下，育林基金仍存在的重要原因之一是继续提供经济转轨的资金支持。因此，森林资源在南方集体林区成为转轨资金的载体，森林资源越丰富、地方经济对转轨成本的依赖性越强，林业改革的阻力就越大，森林资源在南方集体林区的林业改革中的这种转轨成本作用，决定了这一地区林业改革必须选择缓慢的、规避风险的改革路径。这就是南方集体林区林业改革滞后的转轨成本假说。

与南方集体林区相反，少林地区的森林资源少，地方经济和农村人口对森林产出的依赖性程度低，新旧体制转换的成本低、风险小，使这一地区从林业改革发轫之日起就积极打破原有计划经济体制的束缚，积极创新森林资源管理、利用体制，消除任何不利于林业发展的因素，有力地推动了这一地区林业生产力的提高。

综合上述分析，我们可以清楚地看到，森林资源丰裕度既影响林业“三定”之初我国农村林业改革政策的制定，也是此后我国农村地区林业改革变迁的重要因素。少林地区与森林资源丰富地区林业改革的变迁途径实际上有两条：一是在改革之初国家根据森林资源的丰裕度设置了不同的强制性改革路径，如木材市场、林木处置权等；二是在强制性制度变迁后，由包括森林资源禀赋在内的要素变化引起的诱致性制度变迁。前者造成了少林地区和森林资源丰富地区不同的改革路径，后者则在双方各自内部又引发了不同的制度微调，形成目前多样化的农村林业改革与发展格局。

8.5.4 结论与启示

通过一组不同森林资源丰裕度村的实证分析，本部分检验了“资源的诅咒”这一命题，进一步探讨了森林资源影响我国农村林业改革路径选择和发展绩效的作用机制，从中可以得到如下一些结论和启示：

（1）林业村、山区村和平原村面板数据的统计观察和计量检验结果都证明，20 世纪 80 年代改革开放以来，我国少林地区和森林资源丰富地区的林业改革和发展存在明显的差异，少林地区的林业改革和发展进程明显快于森林资源丰富地区，森林资源的丰裕度是造成这种差异的重要因素之一，在华北平原林区和重点林区村级层面上验证了“资源的诅咒”在一个国民经济部门的存在。

（2）林权改革和经济发展水平是推动我国农村林业发展的重要力量。林业发展模型估计结果表明，无论是森林资源丰富的林业村和山区村，还是少林的平原村，1993～2004 年，林权改革都是推动农民收入增加的重要因素；研究还发现，经济发展水平影响我国农村地区的林业改革进程，经济发展水平高的地区，林业改革进展快。

（3）“资源的诅咒”在我国通过“转轨成本”影响农村地区林业的改革与发展。研究指出南方集体林区作为我国森林资源丰富的传统林区，地方经济和林农生计在计划经济时期长期依赖森林资源，在从计划经济向市场经济的转轨中，森林资源就成为高额的转轨成本，林业部门长期垄断经营木材、沉重的税费负担以及进展缓慢的林权改革，从现在的角度看，应当是森林资源丰富地区消化转轨成本、减少改革风险的缓冲。

（4）本部分研究验证了“资源的诅咒”在我国不同地区农村林业的存在及其作用机理，通过计量模型验证了森林资源丰裕度与林业改革的关系，提出了“资源的诅咒”在市场转轨国家存在“转轨成本”这样新的作用机理。林业村和山区村人均林地面积和林地产权个人化程度之间的关系呈向下倾斜的曲线，验证了在我国森林资源丰富的地区自林业“三定”这样的强制性制度改革后，存在诱致性制度变迁的理论假设。

（5）本部分研究的政策意义有两个方面：一是指出森林资源禀赋也是改革的变量，在当前和未来的林业改革政策设计和实施中，都应充分考虑森林资源丰裕度对改革途径和改革绩效的影响，实行多样化的林业改革方案，推动我国农村地区林业的可持续发展。对于正在进行的林权改革来说，要认识到在市场化进程不断加快的条件下，诱致性制度变迁已经不断发生，无论是南方集体林区还是华北平原地区，如南方集体林区的竹林和经济林在此次林改之前已经实施了与用材林不同的林权改革，华北平原地区的农村林业在市场的驱动下已经大规模地引入各种社会资本投入林业，今后，这样的改革趋势还将继续下去。因此，设计强制性的林业改革方案要注意延续和借助这些已有的变迁，降低改革成本，提高改革绩效。二是林业村和山区村林业改革与发展落后的现状表明，今后我国农村林业发展的重点和难点在山区，也是林业在社会主义新农村建设中可以大有作为的领域，亟待相应的政策支持。

9 结论与政策建议

9.1 结 论

通过对经济增长和农村发展理论的系统回顾，分析当前世界森林趋势，总结我国近 50 年来农村地区森林资源、林业生产和森林生态恢复实践，研究全国及行政村水平上农村森林资源、林产品和林业劳动力供给的决定因素，本书得出以下基本结论：

（1）森林资源短缺及其造成的生态退化问题是近年来我国经济社会可持续发展的重大问题，国家投入巨额资金推动六大林业重点工程建设，目标就是提高我国森林资源的供给总量，解决林产品短缺问题，扭转日益恶化的生态环境；农村是我国森林资源和林产品供给的主要地区，也是生态退化危害严重地区。退耕还林工程的实施使我国的农民和农村成为我国历史上最大规模的森林生态供给的主要实施者和地区，因此，农村林业问题既是生产问题，也是资源与环境问题，还是发展问题，即贫困与收入增长问题；发展不足既是森林生态退化的根源，也使森林丰富地区落入贫困陷阱；因此，在当前社会主义新农村建设的形势下，要运用工业反哺农业、城市反哺农村的有利时机，积极推动农村林业的增量改革，化解旧体制的矛盾，增加农村地区森林资源、林产品和森林生态供给总量。

（2）从我国农村地区林业的发展来看，经济增长、人口、资源、环境问题紧密相连。经济增长对我国农村地区林业发展产生正反两方面的影响。正的方面有三：一是积累国民财富，为经济增长反哺环境提供资金保障，我国目前正在进行中的退耕还林工程、天然林资源保护工程等以及近年来我国持续增加的木材及相关林产品出口等就是经济增长反哺环境的体现；二是推动技术进步，提高资源利用率，减少资源消耗，增加森林资源保护和可持续发展的机会，技术进步还将推动森林资源培育业发展，增加森林供给总量；三是对于我国这样的市场转轨国家来讲，实现从计划经济向市场经济的突破之后，经济增长还是加速旧体制改革的推动力，因为，它使旧体制越来越不适应市场经济发展的需要，产生改革的强劲动力。目前，我国各地正在进行的新一轮林权改革，其根本原因使旧体制导致的森林资源短缺与经济发展对森林资源日益增长的需求之间的矛盾；最后，发展不足既是生态破坏的根源，也是森林丰富地区贫困的原因，推动经济增长是最终解决农村贫困、缓解资源压力、实现人口、资源、环境可持续发展的根本途径。经济增长对我国农村地区林业发展的负面作用主要体现为经济增长初期的资源过量消耗、林地占用和破坏，人口压力加剧了这一问题。从我国目前农村林业的发展趋势看，我国已经处于环境库茨涅兹曲线的右端，开始走向经济、人口、资源与环境的良性循环。

（3）农村发展是我国农村森林供给的基石，农村地区的森林资源是我国不可替代的生态与环境资源。农村土地存量、地理位置及利用决定方式决定农村森林供给的规模和质量，乡村人口流动、劳动力数量与素质决定农村森林资源利用和保护的程度，乡村工业的发展和市场的发育是带动森林资源培育业的重要因素。我国是人口大国，工业化和城市化不能解决所有农村人口的发展问题，我国不可能走发展城市、丢弃乡村，然后让其慢慢发展的路子，人口总量和城市发展的空间决定有一部分农村人口留在乡村继续发展，继续利用这里的资源。这部分留下来的人口和土地不仅是今后农村地区经济发展和森林供给的途径，而且也是增加和保有我国森林生态供给总量的资源基础，欧盟农业政策在遭受多年攻击的情况下仍坚持实施的重要理由之一，是农村为这些国家提供了不可替代的森林生态和环境资源。由于发展阶段的限制，我国还没有充分意识到农村地区对我国生态环境的重要性，继续实施城市剥夺农村的二元经济政策。因此，如何提供政策激励，让农村林地实现可持续利用、增加森林供给是我国农村地区长期林业发展战略必须解决的问题。工业反哺农业、城市反哺农村的社会主义新农村建设在促进农村发展的同时，为增加和保护农村地区森林资源提供机遇。

（4）近20年来世界林业的变迁路径是从工业林业依次过渡到社会林业、环境林业、可持续经营林业、森林减缓贫困到目前森林的经济效益被重新重视，这些逐渐变化的林业发展主题反映了世界各国在经济发展过程中对森林的不同需求，经济增长和经济全球化及其带来的林产品贸易与环境问题，森林资源短缺及日趋激烈的资源争夺，贫困以及由贫困导致的毁林问题，林产品加工技术的进步等是这些世界森林趋势变迁的主要因素；生态退化和资源短缺加速了各国人工造林和天然林保护，并形成新一轮的林产品贸易壁垒和世界范围内的资源争夺；发达国家已经突破资源陷阱，实现森林资源利用与经济发展的良性循环，发展中国家总体仍处于保护与发展的两难困境，资源陷阱没有打破，还面临经济快速增长带来的大范围的生态退化。在我国近20年的林业发展趋势与世界趋同，人工造林对增加世界森林资源贡献突出。

（5）20年来，我国农村地区的森林资源总体处于增长态势。6个地区各具鲜明的森林资源禀赋特征和森林供给路径，增加森林供给总量、扩大森林生态服务是近20年来我国农村地区林业发展的共同趋势。20年农村地区森林资源总量及分区变化表明，促进商品林业发展最重要的驱动力是市场化改革程度，成功的市场化改革带来了正确的价格信息，促进林产品加工和贸易的发展，从而推动森林资源培育的发展，华北地区森林资源迅速增长的经验充分证明了这一点；其次，国家林业政策的推动也是我国农村地区森林资源增长的重要因素，这尤其体现在具有环境效益的生态林业建设上，从三北防护林体系建设到目前正在实施的退耕还林工程，国家生态林业投资在扩大我国农村地区林业生产边界、扭转毁林毁草开荒趋势中起决定作用，有力地推动了我国西北、西南生态脆弱地区森林资源的增长；南方地区森林资源增长缓慢的情况说明丰富的森林资源不是现阶段农村林业发展的决定因素，突破制度障碍、促进农村发展应是这一地区今后增加森林资源的主要推动力。

（6）新中国成立以来，我国农村地区的营造林、林产加工业不断发展，增加了农村地区的森林资源、木材及林产品供给总量，提供了大量的农村林业就业机会，增加了农民收入，对我国农村经济发展做出重要贡献；华北中原地区的农村林业异军突起，不仅在短期内解决了木材、薪柴、饲料短缺问题，而且使这一地区的森林培育业成为种植业中有比较优势的产业，大量耕地转为林地。这一地区林产工业发展很快就突破了改革开放初期利用本地资源、满足本地市场需求的模式，利用国内经济快速发展带动的国内需求，迅速扩张以人造板为主的林产加工业，逐步扩大国内市场份额。加工业的发展有后向带动森林资源培育业，使这一传统的无林少林地区成为我国林业发展最具活力的地区；同期，我国南方重点林区受传统体制的困扰，木材生产和资源培育发展缓慢。在实现初步的经济发展之后，森林与贫困问题开始受到关注，山区综合开发的实施成为我国解决林区贫困问题的开端，打破森林丰富地区的贫困陷阱，最终还是要靠经济发展。因此。建国以来我国农村地区森林资源和林业发展对我国的社会经济发展做出了重要贡献，这体现在经济发展初期的资本积累（林产品价格剪刀差），经济快速增长时期的产品贡献（木材及林产品）和承担改革成本（林业税费、木材垄断经营），以及经济增长反哺生态环境时期的生态贡献（退耕还林）。在森林生态建设中，我国的农民尤其是贫困地区的农民以无偿投工投劳和放弃土地收益的方式承担了巨大的建设成本，形成不合理的“穷人”办生态的林业公共产品供给格局。

（7）近年来，我国农村林业的地域范围不断扩展。扩展的路径有三条：第一条是从计划经济向市场经济转变的过程中，越来越多的林地从国营和农村集体划分给农户，使农户层次上的森林、林地和林木不断增加；第二条是在农村经济发展过程中，农作物与林产品比较收益变化带来的耕地向林地扩展，在平原林区这种趋势自20世纪80年代起就一直存在，1998年天保工程实施后，国内木材市场供给短缺更加速了耕地向林地转化的趋势。第三条是随着经济增长对生态需求的不断增加，农村地区的土地利用结构发生变化，林地向耕地转化的过程逐渐终止，出现耕地尤其是退化耕地向林地逆转的趋势，退耕还林工程的实施在短期内迅速扩大了农村林业发展的地域空间。建纵观改革开放以来的我国农村林业，基本的趋势是对森林依赖重、受计划经济的束缚大、森林资源丰富的地区农村林业发展慢，对森林资源依赖轻、市场配置资源的地区林业发展快，国家生态林业重点地区的农村林业发展快。近年来，对私有林业的鼓励以及林权改革的再次起步，使南方集体林区的林业发展正在加速。从森林供给形式来看，平原地区以及西北干旱、半干旱地区主要以植被恢复为主，南方集体林区既有植被恢复也有植被保护，森林采伐限额制度和采伐许可证制度的实施，使所有这些地区的林业生产者都以放弃或减少/延迟林业收益的形式提供森林生态效益。

（8）当前我国林业政策具有一个经历20多年经济快速增长、处于经济过渡时期、发展中的人口大国的特征，这表现在：①经历20多年的经济快速增长，为实现林业政策由木材生产为主向生态环境建设方向转变提供了经济基础。这不仅表现在以三北防护林为首的十大防护林体系建设上，更体现在天然林资源保护工程和退耕还林工程上，这些重大政策的出台与实施如果没有雄厚的综合国力作基础是不可能实现的，同时，经济的快速增长也为林业发展提供了广阔的市场。②作为发展中的人口大国，我国林业的发展一方面面临着缺少资金、技术、信息的困扰，另一方面又存在资金效率低、资源配置不合理的现象；同时，人口增长和贫困对林地造成的压力在长期内不可能得到缓解。③林业政策的制定、执行中带有明显的过渡经济时期的特征，其集中表现为计划与市场的矛盾，部门利益和地方利益的冲突，这些反映在林业上就表现为政府对林业生产、流通、分配的干预，且具有计划经济的强制性，其直接后果是林业发展萎缩，林业生产者的利益受损。④保护与发展的矛盾。为实现森林的可持续发展，从1988年起，我国开始对国有林区实行调减木材产量政策，但由于相应措施不配套，其政策效果不大。目前的天然林资源保护工程也面临保护与发展的矛盾。⑤政策目标的超前性与政策措施的滞后。由于我国生态环境的整体脆弱性，发展生态保护性林业一直是我国林业政策的重要目标。然而，我国的许多大型生态防护林建设是在资金支持不足的情况下进行的，主要财力、物力靠群众无偿义务投入。这造成了防护林后期管理的许多问题。（退耕还林工程后续资金支持问题、自然保护区只建不管；林业分类经营政策由于资金不到位，实施中存在许多问题等）。没有相应的政策措施做后盾，超前的政策目标往往导致政策收益小，效率低，而这一点没有引起决策部门的足够重视。⑥林业政策受国家宏观经济政策及其他部门政策影响较大，同时，由于政策的制定和执行自上而下，缺乏建立广泛的征询生产、加工、贸易及消费者意见的机制，导致政策缺陷较多，成本较高，执行效果不理想。⑦由于上述矛盾和冲突的存在，我国林业政策实施的成本很高，如林地林木纠纷不断、偷砍盗伐林木、木材生产者的利益受损等，一些政策、法令达不到预期目的（如采伐限额问题）。

（9）我国农村地区森林供给决定因素包括经济增长、森林资源禀赋、经济发展水平与改革路径选择、农林产品收益变动驱动以及农村林业政策等4个方面。经济增长从改变森林需求、提供森林生态公共投资、扩大木材及产品进口、推动农村发展扩大农村林地供给边界等方面推动了我国农村地区的林业发展；森林资源禀赋和经济发展水平决定了农村林业改革路径选择，这是我国无林少林的华北中原地区林业快速发展和南方重点林区林业发展滞后的重要解释变量。林业政策和制度创新对我国农村地区林业发展影响深刻。退耕还林等增量改革林业政策进展顺利，森林权属、林业税费政策等存量林业政策改革进展缓慢。认为这体现了我国政策制定者的林业发展目标取向。到目前为止，我国林业发展的目标取向是增加和保护森林资源总量，增进全社会的福利水平，忽视林业生产者个体的生产利益，重视国有部门的利益，忽视集体和农民个体的利益。这种政策长期运行的结果，是森林覆被率的提高、国家森林生态状况的总体改善，但代价是森林资源培育业的萎缩和林地产出的下降。

（10）实证研究结果表明，我国20多年的经济增长对农村地区森林供给影响显著。农村地区森林资源供给模型实证分析结果表明1973～2004年，经济增长对我国农村地区森林供给的影响是双重的，有正有负，而有些变量（木材进口和生态林业投资）则为负。对220个村1986～2004年19年林地、林业收入以及林业劳动力供给方程的估计结果表明，我国20多年的经济增长对农村地区森林供给影响显著。经济增长从总体上有利于促进我国农村地区林地面积的增加，人均收入和工业化进程与农村地区的林业用地面积显著正相关，这个结论在统计分析中得到证实，其突出标志是退耕还林工程的实施扩大了我国农村地区的林地边界，退耕还林村的林地面积增长速度高于全部村、林地村和林业村；人口增长对土地的压力是制约我国农村地区林地面积扩大、林业收入增长和林业就业机会增加的重要制约因素；林地制度改革对增进我国农村地区森林供给有显著的推动作用，说明林地权属的清晰和安全有助于农民增加林业投入，扩大林地经营面积，从而增加农民的林业收入；林地面积与林业收入和林业劳动力显著负相关的估计结果表明，从全国的水平看，我国农村地区林业用地的利用效率低，林地产出少，与林地面积平均占我国农村地区总土地近25%的资源占有量不相称，提高农村林地的产出率、增加农村林业就业机会的潜力大；林地与其他土地利用面积显著为负，说明从长期看，我国农村地区存在林地与其他土地利用的转换；退耕还林和天然林资源保护工程对农村经济的影响得到证实。61个退耕村的统计分析结果表明退耕村林地面积增长大于其他村，退耕村外出劳动力数量大于其他村，说明退耕还林扩大了农村林地面积，加速了农村劳动力的转移；1998年后，16个林业村和64个林地村的木材产量和林业收入下降幅度大于其他村，说明森林资源保护政策对农村重点林区的林业生产造成负面影响；还证实了森林丰富地区贫困陷阱的存在。16个林业村的林业收入比重最高，但1986～2004年，林业收入比重下降幅度最大；1986～2004年，林业村和林地村人均收入的增长幅度都低于全国平均水平，说明丰富的森林资源不一定是收入增加的基础，没有市场和农村经济的充分发展，对森林资源过度依赖的经济和农户生计将落入“富裕的贫困”陷阱。

（11）实证研究结果表明，“资源的诅咒”在我国通过“转轨成本”影响农村地区林业的改革与发展。研究指出南方集体林区作为我国森林资源丰富的传统林区，地方经济和林农生计在计划经济时期长期依赖森林资源，在从计划经济向市场经济的转轨中，森林资源就成为高额的转轨成本，林业部门长期垄断经营木材、沉重的税费负担以及进展缓慢的林权改革，从现在的角度看，应当是森林资源丰富地区消化转轨成本、减少改革风险的缓冲。“资源的诅咒”在我国不同地区农村林业的存在，其作用机理是市场转轨国家存在的“转轨成本”，林业村和山区村人均林地面积和林地产权个人化程度之间的关系呈向下倾斜的曲线，验证了在我国森林资源丰富的地区自林业“三定”这样的强制性制度改革后，存在诱致性制度变迁的理论假设。

（12）经济全球化将我国的木材及林产品市场与国际市场衔接，推动了我国木材及林产品加工业的发展，增强我国非木质林产品的国际竞争力，扩大了国际市场份额，同时，又带动国内木材和非木质林产品的资源培育，扩大了我国农村地区林业就业；不断增长的木材及林产品进口为保护和增加我国的森林资源提供了机会。

（13）增加我国农村地区森林供给的途径：一是加速推进林地林木权属、林业税费改革，消除阻碍林业发展的制度约束，增加农民林业收益，调动农民林业生产的积极性，改变林地生产率低的局面；二是利用好退耕还林、森林生态效益补偿基金这些增量改革政策，扩大农村地区林地边界，增加森林资源总量；三是抓住社会主义新农村建设的有利时机，在农村基础设施建设和乡村绿化等方面继续扩展农村林业的发展空间。

（14）我国农村林业的发展路径从计划经济向市场经济，从生存、生产到逐渐融入国家工业化进程，直至今天成为国际林产品贸易的重要组成部分。在这个过程中，农村地区的林地生产力得到增强，农村森林资源增加，农民林业收入提高，与我国经济发展的趋势相同，可以预计，随着我国经济的进一步发展，农村林业将在增进农村地区生态环境和提高农村居民生活质量上获得进一步发展。从农村资源配置的角度看，随着我国行政体制改革的进一步深入，农、林、水各自按部门配置资源、重复低效的状况将有所改观。

9.2 政策建议

（1）统筹安排农村地区的土地利用，以增进农民土地收益为最终目标，由农民根据市场和土地产出的比较利益配置土地资源，打破农村土地利用的部门界限，不要硬性划分耕地、林地、园地、牧草地界限；在生态敏感地区，需要农民按照国家要求进行土地利用的，如保护区、生态公益林以及退耕还林等，应先由国家/地方政府提供补贴，再要求农民改变土地用途，改变长期以来我国有农村人口和贫困地区承担森林生态建设成本的局面。

（2）森林资源禀赋也是改革的变量，在当前和未来的林业改革政策设计和实施中，都应充分考虑森林资源丰裕度对改革途径和改革绩效的影响，实行多样化的林业改革方案，推动我国农村地区林业的可持续发展。对于正在进行的林权改革来说，要认识到在市场化进程不断加快的条件下，诱致性制度变迁已经不断发生，无论是南方集体林区还是华北平原地区，如南方集体林区的竹林和经济林在此次林改之前已经实施了与用材林不同的林权改革，华北平原地区的农村林业在市场的驱动下已经大规模地引入各种社会资本投入林业，今后，这样的改革趋势还将继续下去。因此，设计强制性的林业改革方案要注意延续和借助这些已有的变迁，降低改革成本，提高改革绩效。

（3）林业村和山区村林业改革与发展落后的现状表明，今后我国农村林业发展的重点和难点在山区，也是林业在社会主义新农村建设中可以大有作为的领域，亟待相应的政策支持。在农村地区林业发展布局上应充分考虑农村地区的资源禀赋，扬长避短。南方森林资源丰富、人口压力大的地区，应优先发展劳动密集和技术密集的资源培育和加工技术，北方土地资源丰富地区可重点考虑规模经营，发展土地密集的林业产业。

（4）与传统的森林经营和木材生产相比，非木质林产品、森林外树木以及农林间作等对农民的收入和生计贡献更大，我国竹藤产业强劲的发展势头证明了这一点。但目前，这些产业基本在国家主流林业政策和发展规划的视线之外，全国范围的非木质林产品生产规模、市场链、收入分配以及市场组织等情况都不清楚，无法对这些产业发展提供应有的政策支持。应逐步建立我国非木质林产品生产、国内市场和国际贸易数据网络，为决策服务。

（5）针对我国农村地区长期存在的人口压力，为进一步增加林产品供给、保持退耕还林等生态林业工程的成果，国家应加大对农村实用技术科技的投入，实施以科学为基础的农业，提高林地产出率、木材利用率和人工林经营水平。

（6）建立符合自然和经济发展规律的长期稳定的农村森林生态政策支持体系，生态恢复应建立在国家、地方和人口能够承受的经济基础之上，避免不可持续的森林生态项目，因为这些项目将改变农村地区的长期土地利用，一旦实施，短期内难以恢复，将对农业生产进而对农民的生计造成不可避免的损失。

（7）积极推动退耕还林工程的顺利实施。退耕还林工程是我国农村地区扩大林地边界、增加森林资源的有效途径。尽管目前存在一些问题，但符合我国经济增长反哺环境的长期发展战略。要采取有效措施，积极推进退耕还林工程的顺利实施，保障退耕还林工程的成果。

（8）改革开放以来的农村林业政策尤其是存量林业政策基本上都是剥夺农民利益、提供公共产品和负担改革成本，原本以支付农民生态保护成本为宗旨的森林生态效益补偿基金，因为补偿额远远低于农户放弃的林地收益，又形成新的损农途径。在建设社会主义新农村的形势下，这种情况不能继续下去，应在新增的国家和地方的财政盘子中足额补偿农民的这部分损失，让森林生态效益补偿政策名副其实。

（9）在农村林业产业和森林生态建设中，应注重农民乡土知识的开发和利用。农民在长期的林业生产实践中积累了丰富的实践经验，这些经验往往是成本低、效益高、实用的植被恢复途径。但在以往的农村森林生态恢复实践中对这些经验没有形成应有的重视。

（10）制定激励政策鼓励发展农村地区劳动密集的小型木材及林产品加工和销售产业，扩大农村地区林业就业渠道，带动森林资源培育业发展。

参考文献

1. Angelsen A, Kaimowitz D. Rethinking the Causes of Deforestation: Lessons from Economic Models. The World Bank Research Observer, 1999, 14(1): 73 ~ 98.
2. Barbier E, Burgess J Economic analysis of deforestation in Mexico. Environment and Development Economics, 1996, 1(2): 203 ~ 240
3. Barbier E, Burgess J The economics of tropical forest land use options // Edward B. Barbier, Edward Elgar, Cheltenham. the Economics of Environment and Development, 1998: 281 ~ 307
4. Barbier E. The economics of soil erosion: theory, methodology and examples // Edward B. Barbier, Edward Elgar, Cheltenham. the Economics of Environment and Development, 1998
5. Barbier E. The farm-level economics of soil conservation: the uplands of Java. Land economics, 1990, 66(2): 199 ~ 211
6. Barbier, Edward B. Explaining Agricultural Land Expansion and Deforestation in Developing Countries. discussion paper
7. Barbier, Edward, The economics of environment and development, Edward Elgar Publishing Limited, 1998
8. Deacon R. Deforestation and the rule of law in a cross-section of counties. Land Economics, 1994(11); ABI/INFORM Global
9. Demurger S, Yang, W. Economic change and afforestation incentives in rural China, discussion paper. Hong Kong Institute of Economics and Business Strategy, University of Hong Kong, 2004
10. Dewees P. Tree, land and labor. World Bank Environmental Paper Series, 1999(4)
11. FAO. Forests and floods-drowning in fiction or thriving on facts. RAP Publication 2005 (03) Forest Perspectives 2
12. Foster A, Rosenzweig M. Economic growth and the rise of forests, 2002
13. HUANG, Jikun, DENG. Cultivated Land Conversion and Bioproductivity in China, Proceedings of SPIE , 2004
14. Kerry Krutilla, Jintao Xu, Douglas F. Barnes. Estimates of economic supply from physi-

cal measures of the forest stock: an example from eight developing countries, in William Hyde, G. Amacher, et. al. Economics of Forestry and Rural Development, the University of Michigan University, 2000

15. Lubowski R, Plantinga A, Stavins R. Determinants of Land-use change in the United States, 1982 ~ 1997, results from a national-level econometric and simulation analysis, a paper prepared for presentation at the Association of Environmental and Resource Economics(AERE) Session of the American Agricultural Economics Association (AAEA) Annual Meeting, Montreal, Canada, 2003

16. William Hyde, et al. Economics of Forestry and Rural Development-an Empirical Introduction from Asia, the University of Michigan Press

17. William Hyde, Gregory S. Amacher, et al. Economics of Forestry and Rural Development-an Empirical Introduction from Asia, the University of Michigan Press

18. Yin R, Newman D, Hyde W. Rural reform and China's forestry sector: rational farmer expectation and the case for a stable policy environment, in, Willam F1. Hyde, et, al. Economics of forestry and rural development, The University of Michigan Press, 2000

19. Zhang Y, Unsivuori J, Kuuluvainen J. Impacts of economics reforms on rural forestry in China. Forest policy and econmics, 2000, 1(1): 27 ~ 40

20. Albert Park，任常青．自给自足和风险状态下的农户生产决策模型——我国贫困地区的实证研究．农业技术经济，1995(5)

21.《当代中国》丛书编辑委员会．当代中国的林业．北京：中国社会科学出版社，1985

22. 白建信，刘掩信．吕梁地区拍卖“四荒”中出现的问题必须引起足够的重视．林业工作研究，1994(6)

23. Francis S. 21 世纪林业研究展望．世界林业研究，1996，9(6)：1 ~ 14

24. 蔡为茂．永安市林权制度改革不同阶段的分析．绿色中国(理论版)，2004，2

25. 苍靖．环境约束下农户生产模型的研究．商业研究，2003，11

26. 曹轶英．开放贸易背景下农户粮食销售行为与我国粮食安全的关系．中国农业大学图书馆，2001

27. 沉浮，张爱东．一刀切出的苦果——对陕西省千阳县 22 户承包荒山造林的调查．林业工作研究，1989(3)

28. 陈根长．抓住机遇认真贯彻中央《决定》迅速开展以林权为中心的林业综合改革//中国集体林产权制度改革研讨会论文集

29. 陈和午．农户模型的发展与应用：文献综述．农业技术经济，2004(3)：2 ~ 10

30. 陈江龙，曲福田，陈雯．农地非农化效率的空间差异及其对土地利用政策调整的启示．管理世界，2004(8)
31. 陈江龙，曲福田，王启仿．经济发达地区土地利用结构变化预测——以江苏省江阴市为例．长江流域资源与环境，2003，12(4)
32. 陈凯．农户经济运行研究——以山西为例．中国农业大学图书馆，1999
33. 程云行．论集体林区林地产权制度变迁的路径．世界林业研究，2005，18(4)
34. 丁胜，沈文星．江苏泗阳县速生丰产林市场结构均衡分析．林业经济问题，2001，21(5)
35. 都阳．贫困地区农户参与非农工作的决定因素研究．农业技术经济，1999(4)
36. 都阳．我国贫困地区农户劳动供给研究．北京：华文出版社，2001
37. 窦芳，赵瑛，姚向荣．黄河中上游防护林工程现状及对策．林业工作研究，1999(14)
38. 方波．山东省商品林发展调研报告，集体林区林业改革与发展纪实．北京：中国林业出版社，2002
39. 冯彩云．世界非木材林产品的现状及其发展趋势．世界林业研究，2002，15(1)
40. 福建省森林转让组．森林有偿转让是森林商品化的标志——森林转让的研究报告．林业工作研究，1992(10)
41. 傅伯仁．黄土高原人工林三低原因探析．甘肃农业，2004(10)：58～59
42. 葛全盛，赵名茶，张雪芹，等．过去50年我国森林资源和江水变化的统计分析[J]．自然资源学报，2001，16(5)：413～419.
43. 珙县林业局．珙县林业志，1986
44. 关百钧．世界非木材林产品发展战略．世界林业研究，1999，12(2)
45. 郭然，王效科，欧阳志云，等．我国土地沙漠化、水土流失和盐渍化的原因和去动力：总体分析[J]．自然资源学报，2004，19(1)：119～127.
46. 郭正谟．林地、林木权属与社会林业研讨会综述．林业经济，1995，(4)：75～80
47. 国家林业局．2004年中国林业统计年鉴．北京：中国林业出版社，2005
48. 国家林业局．国务院关于保护森林资源制止毁林开垦和乱占林地的通知．中国林业年鉴．北京：中国林业出版社，1998
49. 国家林业局．我国林业50年(1949～1999)．北京：中国林业出版社，1999
50. 国家林业局．我国森林资源报告，2005
51. 国家林业局．中国林业发展报告2000～2005．北京：中国林业出版社
52. 国家林业局经济发展研究中心课题组．林业税费考察报告——湖南案例分析．

林业经济，1999(6)，2000(1)(连载)
53. 国家林业局木材行业管理办公室．全国木材经营加工单位清理整顿汇总表，2003
54. 国家林业重点工程社会经济效益测报中心．国家林业重点生态工程社会经济效益监测报告．(2003～2004)．北京：中国林业出版社，2004
55. 海春兴，马礼，王学萌，等．农牧交错带典型地段土地沙化主要因素分析——以河北坝上张北县为例．地理研究，2002，21(5)：543～550
56. 韩冰华．农地资源合理配置的制度经济学分析．北京：中国农业出版社，2005
57. 何群．农用林业、经济与发展．林业经济，1994(2)
58. 胡聃，许开鹏，杨建新，等．经济发展对环境质量的影响环境库兹涅茨曲线——国内外研究进展．生态学报，2004，24(6)：1259～1266
59. 胡坚．经济发展过程中的生态环境问题及其对策．北京大学晨报(哲学社会科学版)，1996(1)
60. 胡延杰，施昆山，李吉跃．印度社会林业进展．世界林业研究，2001，14(3)
61. 黄福源．集体林区的困惑．中国软科学，1994(6)
62. 黄金东，赵冰，赵刚，等．农林复合系统对世界林业发展的影响．世界林业研究，1999，12(1)
63. 黄少安，孙圣民，宫明波．我国土地产权制度对农业经济增长的影响——对1949～1978年我国大陆农业生产效率的实证分析．中国社会科学，2005(3)：38～47
64. 黄亚钧，袁志刚编．宏观经济学．北京：高等教育出版社，2002
65. 杰拉尔德·M·梅尔，詹姆斯·E·劳赫．经济发展的前沿问题，黄仁伟，吴雪明等译．上海：上海人民出版社，2004
66. 经济合作与发展组织．中国农业政策回顾与评价．北京：中国经济出版社，2005
67. 靖州苗族侗族自治县林业局．靖州苗族侗族自治县林业志．北京：中国文史出版社，1993
68. 柯水发，温亚利．中国林业产权制度变迁进程、动因及利益关系分析．绿色中国(理论版)，2005(10)：29～32
69. 孔凡斌．论南方农村林业税费负担的形成机制和制度创新．南方农村，2003(1)
70. 孔繁文，谢晨，戴广翠．我国森林资源政策评价，FAO，GCP/RAS/158/JPN，WorkingPaper，1999
71. 李建树．三北防护林体系工程发展现状及对策．世界林业研究，1993(8)

72. 李瑞庭，李家忠．对江西集体林区木材价格问题的调整思考．价格月刊，1989(11)
73. 李双成，杨勤业．我国森林资源动态变化的社会经济学初步分析．地理研究，2000，19(1)：1～7
74. 李文刚，罗剑朝，朱兆婷．退耕还林政策效率与农户激励的博弈均衡分析．西北农林科技大学学报(社会科学版)，2000，5(1)：15～18
75. 李雪凌．河北省推动个体私营造林绿化机制建设的调查报告，集体林区林业改革与发展纪实．北京：中国林业出版社，2002
76. 李育材．三北防护林建设：成就、经验、回顾及对策．林业经济，2001(5)
77. 李周．森林资源丰富地区的贫困问题研究．北京：中国社会科学出版社，2004
78. 李周．市场与林业．林业经济，1997(6)
79. 李周．中国天然林保护的理论与政策探讨．北京：中国社会科学出版社，2004
80. 联合国粮农组织．全球森林资源评估2000主报告．北京：中国农业科学技术出版社，2004
81. 联合国粮农组织．世界森林状况．1997，1999，2001，2003，2005
82. 林波，刘庆，游翔，等．川西地区退耕还林工程及其对农村经济发展的影响．山地学报，2002，20(4)：438～444
83. 林业部．对以集体林为主的县开展采伐限额计划管理试点//中国林业年鉴(1990)：北京：中国林业出版社，1990
84. 林业部．三北防护林体系建设三期建设规划(1996～2000年)，1995
85. 林业部．中共中央、国务院关于保护森林发展林业若干问题的决定//中国林业年鉴(1949～1986)，1987
86. 林业部．中共中央、国务院关于大力开展植树造林的指示//中国林业年鉴(1949～1986)，1987：25～27
87. 林业部．中共中央、国务院关于制止乱砍滥伐森林的紧急指示//中国林业年鉴(1949～1986)，1987
88. 刘成武，李秀彬．农地边际化的表现特征及其诊断标准．地理科学进展，2005，24(2)
89. 刘璠．退耕还林行为的经济分析．北京林业大学学报(社会科学版)，2003，2(4)：22～27
90. 刘晓丽．我国木材的供需及特点．林业经济，1989(6)
91. 刘新平，韩桐魁．干旱区农用地适度规模的生态经济学分析．干旱区地理，2004，27(3)：431～436
92. 龙胜各族自治县林业局．龙胜各族自治县林业志．1999

93. 娄文龙，朱青．退耕还林中生态林地产权缺失的实现对策．资源·产业，2004，6(3)：15~17
94. 马鹏红，黄贤金，于术桐，等．江西省上饶县农户水土保持投资行为机理与实证模型．长江流域资源与环境，2004，13(6)：568~572
95. 孟树标，温素卿，马冬雪．河北省非公有制林业发展现状、问题及对策．山东林业科技，2005(1)
96. 缪璋仪．三北防护林建设的成就、问题与建议．林业科技通讯，1992(9)
97. 宁超群，等．一种完善木材经营机制的新思路——安化县木材开放后经营情况的调查．林业工作研究，1989(7)
98. 欧阳进良，宋春梅，宇阵荣，等．黄淮海平原农区不同类型农户的土地利用方式选择及其环境影响——以河北省曲周县为例[J]．自然资源学报，2004，19(1)：1~11
99. 彭百登，周鼎，罗运秋，等．开发山区的新课题——黔北林业承包大户的调查．林业工作研究，1984
100. 齐良书．发展经济学．北京：中国发展出版社，2002
101. 齐新民，谢双喜．贵州集体林区群众对林业的经济依赖性与生态可持续发展初探．贵州农业科学，2003，31(4)，42~64
102. 萨缪尔森，诺德豪斯．经济学．(16)．萧琛等译．北京：华夏出版社，1999
103. 山东课题组．山东省速生丰产林发展的实证分析．中国农村经济，2004(4)
104. 上官增前．论市场制度与森林资源采伐限额制度．林业经济，1995(1)：45~49
105. 石友金，肖国安，朱有志．贫困与资源开发的错位——湘赣贫困老区调查后的思考．我国农村经济，1998(4)：58~62
106. 帅宗和，张国民，等．森林产权转让市场存在问题的调查和探讨．林业工作研究，1994(6)
107. 宋圭武．农户行为研究若干问题述评．农业技术经济，2002，(4)：59~64
108. 速水佑次郎．发展经济学——从贫困到富裕．李周译．北京：社会科学文献出版社，2003
109. 孙关圣，王章明．迁移造林专业户所面临的问题与对策——从解剖四个林业专业户的情况谈起．林业工作研究，1987
110. 陶然，徐志刚，徐晋涛．退耕还林，粮食政策与可持续发展．中国社会科学，2004(6)
111. 田宝强，关萍．我国林业经济增长与投入要素相关程度分析及对策选择．林业经济，1995(3)：62~67

112. 田光进，庄大方，刘明亮．近10年中国耕地资源时空变化特征．地球科学进展，2003(2)：30~36
113. 田明华．对林业税费的经济学分析．北京林业大学学报(社会科学版)，2002(21)：12~19
114. 土田志郎．资产选择的立木供给理论．王恩玲译．林业经济，1990(3)
115. 汪丁丁，韦森，姚洋．制度经济学三人谈．北京：北京大学出版社，2005
116. 王根绪，程国栋，沈永平．近50年来河西走廊区域生态环境变化特征与综合防治对策．自然资源学报，2002，17(1)：78~86.
117. 王广金．2605项目与退耕还林(草)政策创新探讨．林业经济问题，2003，23(6)：311~312
118. 王贵宸，陆学艺．农村经济典型调查——陵县经济发展的回顾和展望．社会科学文献出版社，1989
119. 王焕良．三北防护林体系建设的成就与问题//中华人民共和国林业部．在“三北防护林体系建设三期工程规划(1996~2000)”，1995
120. 王鹏，黄贤金，杨肇卫．区域农业产业结构调整与土地利用变化研究——以江西省上饶县为例．衡阳师范学院学报(自然科学版)，2003，24(6)
121. 王万山，廖卫东．退耕还林政策的产权经济学分析与优化构想．中国农村经济，2002(12)
122. 王幼臣，刘东生，徐晋涛．我国集体林区林业发展道路的研究，在：雍文涛，林业分工论．北京：中国林业出版社，1992
123. 王月华．中国建立森林生态效益补偿制度的历程//森林良治——西南山区森林治理研讨会论文，2004
124. 王志高，胡柏炯，石敏．速生丰产林在农村产业结构调整中大有作为——苏北地区杨树丰产林发展的调查与启示．林业经济，2002(5)
125. 危结根，徐志刚，徐晋涛．劳动力市场发育、产权改革与中国森林资源退化．北京林业大学学报(社会科学版)，2005，4(2)
126. 温作民．森林生态税的政策设计与政策效应．世界林业研究，2002，15(4)
127. 夏自谦，董彬．世界林产品贸易现状及前景分析．北京林业大学学报(社会科学版)，2002，Vol. 1，No. 2/3
128. 夏自谦．三北防护林一、二期成果的巩固与发展//中华人民共和国林业部．“三北防护林体系建设三期工程规划(1996~2000)”，1995
129. 谢晨，汤晓文，于英，等．天然林资源保护和退耕还林工程监测与评价体系．林业工作研究，2002(11)
130. 谢晨．农用林业计量经济模型．生态经济，1994(2)

131. 谢晨．中国农用林产品国内外贸易改革、趋势及影响(在东南亚地区农用林产品市场研讨会上提交的论文)，2005
132. 熊大桐等．我国近代林业史．北京：中国林业出版社，1989
133. 徐晋涛，陶然，徐志刚．退耕还林：成本有效性、结构调整效应与经济可持续性——基于西部三省农户调查的实证分析．经济学季刊，2004，14(1)：139～162
134. 徐康宁，王剑．自然资源丰裕程度与经济发展水平关系的研究．经济研究，2006(1)
135. 徐孝庆．速生丰产林建设与森林环境保护//森林与环境——我国高级专家研讨会文集．北京：中国林业出版社，1993
136. 杨小凯．张定胜，张永生译．发展经济学：超边际与边际分析．北京：社会科学文献出版社，2003
137. 姚顺波．我国西北地区生态林业发展政策研究．我国生态农业学报，2005，13(1)：170～172
138. 姚洋．土地、制度和农业发展．北京：北京大学出版社，2004
139. 尹润生，徐晋涛．变化、问题、对策——黔东南四县木材市场开放情况调查．林业问题，1987(4)
140. 雍文涛．林业分工论——我国林业发展道路的研究．北京：中国林业出版社，1992
141. 于宗先，毛育刚，林卿．两岸农地利用比较．北京：社会科学文献出版社，2004
142. 张会萍．退耕还林与农民福利改善之关系研究——以宁夏南部山区为例．农业经济，2004(2)
143. 张建龙．市场经济对三北防护林工程的影响及对策．林业经济，1993(6)：38～41
144. 张蕾，奉国强，崔平．南方集体林产权问题研究．林业经济，2003(5)
145. 张力小，宋豫秦．三北防护林体系工程政策有效性评析．北京大学学报(自然科学版)，2003，39(4)
146. 张敏新，肖平．南方集体林区森林产权的界定与清晰．林业经济问题，1999(5)：9～14
147. 张培刚．发展经济学教程．北京：经济科学出版社，2001
148. 张耀启．森林生态效益经济补偿问题初探．林业经济，1996(2)：70～76
149. 赵敏娟．西北地区农村资源利用方式变迁的分析．中国农村经济，2002，(2)：76～79

150. 浙江省林业志编委会．浙江省林业志．北京：中华书局，2001
151. 支玲，林德荣，田治威，等．西部退耕还林工程社会影平价以会泽县、清镇市为例．林业科学，2004，40(3)：2～11
152. 中国可持续发展林业战略研究项目组．中国可持续发展林业战略研究总论．北京：中国林业出版社，2002
153. 中国木材市场供需研究课题组．中国木材供给总量与结构研究．林业经济，1999(5)：61～74
154. 钟懋功，何群，谢晨，等．华北中原地区林业发展道路研究//雍文涛．林业分工论．北京：中国林业出版社，1992
155. 钟志勤，吴边．关于江苏省木材加工业发展的思考．林业工作研究，2003(2)：17～21
156. 钟中，王汉杰．三北防护林体系建设前后华北春季生态环境对比．气象，2001，27(9)
157. 仲志勤，吴边．关于江苏省木材加工业发展的思考．林业工作研究，2003
158. 周爱民．高级宏观经济学．北京：经济管理出版社，2001
159. 周经纬，文冰．森林采伐限额政策之寻租行为分析．西南林学院学报，2004，24(4)：49～52
160. 周青，黄贤金，濮励杰，等．经济快速发展地区农业土地利用变化驱动机制研究——以无锡市东亭镇、安镇镇和羊尖镇为例．经济地理，2004，24(6)
161. 朱东亮．社会变迁中的村级土地制度．厦门：厦门大学出版社，2003
162. 朱芬萌，冯永忠，杨改河．美国退耕还林工程及其启示[J]．世界林业研究，2004，17(3)：48～51

后　记

转眼间博士毕业已经4年了。本想毕业后进一步丰富和完善论文后再出版，但再没有时间和精力完成了。所幸的是4年后再读论文，仍有一些对我国当前农村林业发展有启迪的内容，就决定保持原状发表了。细细读来，思想的火花和技术的笨拙犹存，完整地保持着那个时期对农村林业发展问题的一段深入思考，让我感到一些欣慰，只是觉得愧对导师李周教授的期待。

中国社会科学院研究生院3年的博士生学习是我人生中最重要、最难忘的经历之一，使我在离开大学多年之后重新享受博览群书、启迪思想、创新发现的乐趣。虽然我目前的学术水平还很低，但我知道我已比入学前长进了一大步，其中最重要的是获得了迅速进入一个学术领域并将其做深做透的能力。我能有这样的进步，首先要感谢我的导师李周教授，是他接纳了我这样一个理论功底不深、很笨拙的学生。在后来的学习和论文选题、写作过程中，每一次与他的谈话和交流，都能得到新的启迪和提高。他严谨的治学态度、正直的品格和孜孜不倦的学习精神将使我受用终生。

在农业部农业经济研究中心的张晓辉研究员热心帮助下，我获准使用农村固定观测点的数据，使我论文中核心的实证研究部分得以完成；北京大学的徐晋涛教授在我论文的写作过程中，提供了有重要参考价值的图书和资料；美国著名的林业经济学家 William. F. Hyde 将他未完成的书稿发给我作参考，使我的论文在农林地转换和林业发展进程理论方面获得重要进展，在此对他们致以衷心的感谢；感谢中国社会科学院数量经济研究所的郑易生研究员，他对我的论文提出了很好的修改意见。

感谢我的同窗好友李颖明，在3年的学业中，我们互相支持、互相帮助，结下了深厚的友谊。在论文完成过程中，还得到了同学张志辉、王文烂、王晓娟、胡世明、杨晓智的帮助，在此致谢。

我研究室的同事于英、赵金成、黄东、张志涛和蒋立在我读书和论文写作期间，分担了许多理应由我承担的工作。在此，衷心地感谢他们的理解和支持。

感谢中国林业出版社的邵权熙副总编辑，在他的积极引荐下我终于下决心出版该书了。感谢本书的责任编辑，他们以可贵的敬业精神和娴熟的职业技术在很短的时间内就完成了本书的编辑工作，使我这本迟出的书得以迅速出版。

我是在工作负担繁重和身体超负荷运转的情况下艰难地完成博士论文的，没有我丈夫王志友和女儿王冰洁在精神上和生活上的坚强支持，我不能坚持下来。感谢命运让我拥有他们！感谢远在家乡的父母、姊妹，感谢一直牵挂着我的公公、婆婆，他们的鼓励和支持也是我坚持下来的力量之一。

怀着对科研工作的执着和热爱，对知识彼岸的敬畏与神往，我将继续前行。

谢　晨

2009 年 3 月